최상일 · 한문석 지음

알기쉬운 코틀린 모바일 프로그래밍

성공적인 안드로이드 앱 개발의 완성

도서출판 홍릉

저자소개

최상일 강릉원주대학교 컴퓨터공학과 교수

University of Nebraska at Omaha 컴퓨터공학과 박사
Iowa State University 컴퓨터공학과 석사
강릉원주대학교 컴퓨터공학과 학사

한문석 강릉원주대학교 컴퓨터공학과 교수

성균관대학교 컴퓨터공학과 박사
중앙대 컴퓨터공학과 석사
중앙대 컴퓨터공학과 학사

알기쉬운
코틀린
모바일 프로그래밍

인 쇄: 2023년 8월 4일 초판 1쇄
발 행: 2023년 8월 10일 초판 1쇄

저 자: 최상일 · 한문석
발행인: 송 준
발행처: 도서출판 홍릉
주 소: 01093 서울시 강북구 인수봉로 50길 10
등 록: 1976년 10월 21일 제5-66호

전 화: 02-999-2274~5
팩 스: 02-905-6729
e-mail: hongpub@hongpub.co.kr
http://www.hongpub.co.kr
ISBN: 979-11-5600-117-1(93000)

정 가: 16,000원

PREFACE

코딩의 세계에 오신 것을 환영합니다. 여기서는 열린 마음과 상상력, 그리고 끊임없는 배움의 의지만 있으면 새로운 가능성이 펼쳐지는 곳입니다. 이 책은 그런 여정을 안내해줄 나침반이 될 것입니다. 특히 '안드로이드 앱 개발'이라는 방대한 주제를 '코틀린'이라는 강력한 프로그래밍 도구를 사용하여 탐색하게 될 것입니다.

본 교재는 프로그래밍을 처음 시작하는 이들부터 이미 다양한 경험을 가진 개발자들까지, 코틀린 언어를 이용한 안드로이드 앱 개발에 관심 있는 모든 사람들을 위해 준비되었습니다. 본 교재에서는 안드로이드 앱 개발의 기본 사항부터 고급 주제까지 체계적으로 설명하며, 이론적인 내용을 다루는 동시에 실제 앱 개발 프로젝트를 통해 실질적인 실습 경험도 제공합니다.

코틀린은 안드로이드 앱 개발을 위해 공식적으로 선정된 언어로서, 그 간결함, 안전성, 그리고 다양한 현대적인 기능들이 개발자들에게 많은 이점을 제공합니다. 이 책을 통해 코틀린의 기본적인 문법부터 상세한 사용 방법, 그리고 실제 앱 개발에서의 활용까지 전반적인 코틀린 언어에 대한 깊이 있는 이해를 기르실 수 있을 것입니다.

그러나 이 책이 단순히 코딩 기술을 가르치는 것을 넘어서 여러분이 더 큰 틀에서 문제를 바라보고, 창의적인 해결책을 구현하는 방법을 배울 수 있도록 돕고자 합니다. 이러한 방식은 단지 개발자로서 더 나은 결과물을 만드는 것이 아니라, 새로운 기술 트렌드와 변화하는 시장에 적응하고, 심지어는 이를 선도하는 데 도움이 될 것입니다.

이 책을 통해 여러분이 코틀린과 안드로이드 앱 개발에 대한 높은 자신감을 얻고, 그 능력을 바탕으로 더 나은 앱, 더 나은 경험, 그리고 더 나은 미래를 만드는데 기여하시길 바랍니다.
이 과정은 힘들 수도 있지만, 그만큼의 성취감과 배움이 담겨있다는 것을 기억해주십시오.
그럼, 새로운 여정을 시작해볼까요?

CONTENTS

1차시

I. 안드로이드 플랫폼과 코틀린 언어

2차시

II. 모바일 애플리케이션 개발 환경 구축

3차시

III. 안드로이드 스튜디오를 이용한 첫 번째 앱 제작

4차시

IV. 코틀린 언어 학습을 위한 통합 개발환경 구축

5차시

V. 변수와 자료형

6차시

VI. 조건문과 반복문

12차시

XII. 리소스 활용

13차시

XIII. 이벤트 처리

14차시

XIV. 액티비티와 인텐트

1차시

I. 안드로이드 플랫폼과 코틀린 언어

1. 학습목표

안드로이드 플랫폼과 코틀린 언어 소개

2. 수업내용

- 안드로이드 플랫폼을 소개합니다.
- 앱 컴포넌트의 종류 및 특징을 공부합니다.
- 빌드 시스템인 그래들과 환경설정파일인 매니페스트 파일을 살펴봅니다.
- 코틀린 언어의 특징을 살펴봅니다.

3. 수업성과

- 안드로이드 플랫폼과 코틀린 언어의 특징을 이해할 수 있습니다.
- 앱 컴포넌트의 종류 및 특징을 구별할 수 있습니다.
- 빌드 시스템과 환경설정파일을 사용할 수 있습니다.

1 안드로이드 플랫폼

안드로이드는 모바일 애플리케이션이 동작하기 위한 운영체제입니다. 다른 말로 하면 스마트폰 운영체제의 한 종류라고 할 수 있습니다. '모바일 애플리케이션'이란 용어는 간단히 줄여서 '스마트폰 앱', '어플', '모바일 앱'혹은 한 단어로 '앱'으로 사용되고 있습니다. 개인용 컴퓨터(PC)를 이용하여 특정 작업을 수행하기 위해서는 이 작업을 수행하기 위한 소프트웨어가 필요하듯이 스마트폰을 통해 원하는 일을 하기 위해서는 이를 위한 애플리케이션이 필요합니다. 대표적인 스마트폰용 애플리케이션으로는 문자 메시지를 주고받기 위한 앱이 있습니다. 스마트폰에서 앱을 사용하기 위해서는 이러한 앱의 동작을 담당하는 운영체제가 필요합니다. PC에서 다양한 종류의 소프트웨어를 사용하기 위해 운영체제가 필요한 것과 같은 원리입니다. 즉, 안드로이드는 이러한 스마트폰용 앱을 위한 운영체제라고 이해하면 됩니다. 안드로이드는 스마트폰의 각종 하드웨어와 다양한 종류의 하드웨어를 사용하여 사용자의 요구사항을 처리하기 위한 모바일 앱의 중간자 역할을 담당합니다. 여기까지 읽으면서 눈치를 챈 분도 있겠지만, 왜 유독 '모바일'이란 용어를 계속 쓰는 걸까요? 그건 아마도 대부분의 사용자들이 스마트폰을 휴대하고 다니기 때문에 '움직인다'는 뜻의 '모바일'이라는 용어를 붙여서 사용한다고 할 수 있습니다.

이 책을 읽고 있는 여러분은 아마도 스마트폰용 앱을 개발하는 데 관심이 있을 것입니다. 앱 개발을 위해 가장 먼저 해야 할 일은 앱을 위한 운영체제를 선택하는 것입니다. 그렇다면 앱을 위한 운영체제는 어떤 것을 선택해야 할까요? 여러분 머릿속에 떠오르는 대표적인 스마트폰용 운영체제는 2개가 있을 겁니다. 안드로이드와 iOS 중에 우리는 왜 안드로이드를 선택해야 할까요? 개인마다 자기만의 기준이 있을 수 있습니다. 스마트폰용 운영체제로 가장 널리 쓰이고 있는, 즉 점유율이 하나의 기준이 될 수 있지 않을까요? 2023년 1월 기준 약 72%의 스마트폰 사용자가 안드로이드 운영체제를 사용하고 있습니다[1]. 나머지 28%는 iOS가 시장을 점유하고 있습니다. 많은 사용자가 사용할 앱을 제작하기 위한 목적이라면 충분한 이

1) 'statcounter' 사이트의 Mobile Operating System Market Share Worldwide 참조

유가 될 수 있지 않을까요?

안드로이드 플랫폼은 Linux 커널을 기반으로 그림 I-1[2]과 같은 다양한 구성요소로 이루어져 있습니다. 각 구성요소에 대한 설명은 다음과 같습니다.

- Linux 커널: 스마트폰 기기의 다양한 하드웨어를 접근할 수 있는 하드웨어 드라이버를 제공
- 하드웨어 추상화 계층(HAL): HAL은 상위 계층에 위치한 자바 API 프레임워크에서 스마트폰 기기의 하드웨어를 사용할 수 있도록 하는 표준 인터페이스 제공
- 안드로이드 런타임(ART): 소스코드를 안드로이드 플랫폼에서 실행될 수 있는 DEX 바이트코드로 컴파일
- 네이티브 C/C++ 라이브러리: ART 및 HAL 등에서 필요로하는 C 및 C++로 작성된 라이브러리 제공
- 자바 API 프레임워크: 안드로이드용 앱 제작을 위한 JAVA 언어로 제작된 API 제공. 앱 개발자는 자바 API 프레임워크에서 제공해주는 API를 통해 안드로이드 플랫폼에서 동작하는 앱을 개발하는 것이 가능

2022년 8월에 안드로이드 13 버전이 정식 출시되었습니다. 안드로이드 13의 API 레벨은 33입니다. 가장 널리 사용되는 PC용 운영체제인 윈도우도 버전 정보가 있는 것처럼 안드로이드 또한 이 정보를 가지고 있습니다. 구글은 2008년 안드로이드 1.0 버전을 출시한 이후 지속적으로 새로운 버전을 만들고 있습니다. 표 I-1은 안드로이드 플랫폼의 버전 변화를 보여주는데 안드로이드 버전 1.5 부터 9.0 까지 버전 정보와 함께 유명한 디저트 이름을 사용하여 별명을 부여했습니다. 예를 들어 안드로이드 2.3 버전의 별명은 진저브레드 입니다.

모바일 앱 개발자는 안드로이드용 앱을 개발하는 데 있어 안드로이드 플랫폼의 버전 정보와 함께 안드로이드 API 레벨 정보를 연계해서 알아둘 필요가 있습니다. 표 I-1은 안드로이드 플랫폼 버전과 API 레벨과의 관계를 보여줍니다. 이 표는 특정 안드로이드 플랫폼에서 지원

2) 'https://developer.android.com/guide/platform?hl=ko'의 그림 1

하는 자바 API 버전이 어떤 것인지 보여줍니다. 개발자 입장에서는 주로 자바 API 버전 정보를 활용하여 앱을 개발하는 경우가 많습니다. 앱 개발이 완료된 후 해당 앱이 설치될 수 있는 안드로이드 플랫폼 버전 정보를 연계해서 알아두는 것이 중요합니다. 그렇지 않으면 개발된 앱과 안드로이드 플랫폼 간의 호환성 문제가 발생할 수 있습니다. 본인이 개발하려는 앱을 계획할 때 특정 안드로이드 버전을 염두에 두고 개발한다면 이와 같은 문제가 발생할 가능성을 최소화할 수 있을 것입니다.

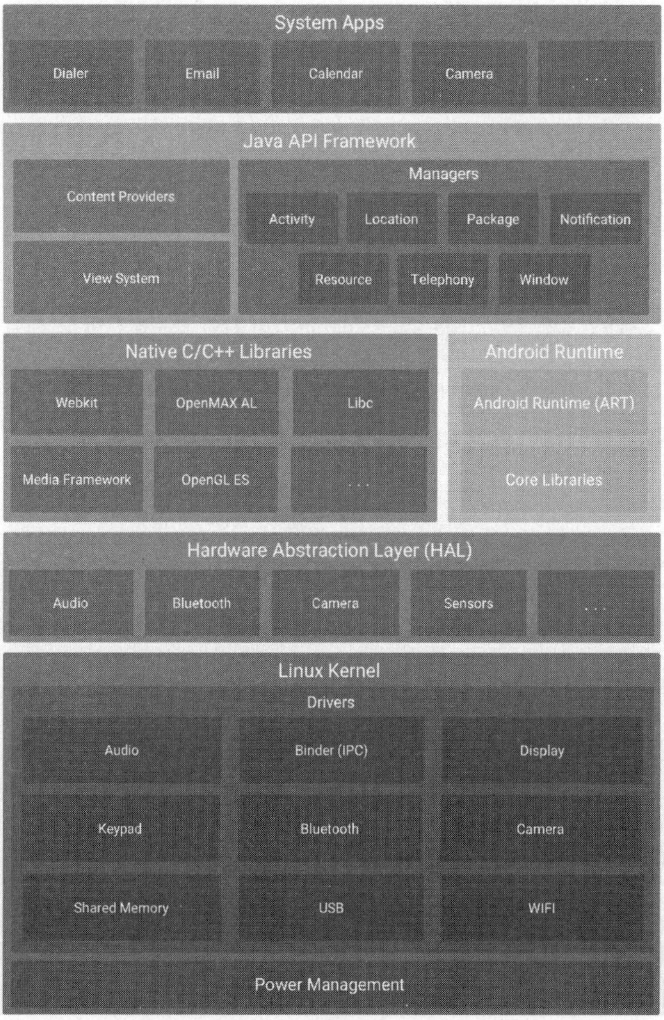

그림 I-1 안드로이드 플랫폼 구성요소

표 I-1 플랫폼 버전과 API 레벨의 관계

플랫폼 버전	API 레벨	버전 코드
Android 13	33	–
Android 12	31/32	–
Android 11	30	–
Android 10	29	–
Android 9	28	PIE
Android 8.0/8.1	26/27	OREO
Android 7.0/7.1	24/25	NOUGAT
Android 6	23	MARSHMALLOW
Android 5.0/5.1	21/22	LOLLIPOP
Android 4.4 Android 4.1/4.2/4.3 Android 4.0	19/20 16/17/18 14/15	KITKAT JELLY_BEAN ICE_CREAM_SANDWICH
Android 3.0/3.1/3.2	11/12/13	HONEYCOMB
Android 2.3 Android 2.2 Android 2.0/2.1	9 8 6/7	GINGERBREAD FROYO ECLAIR
Android 1.6 Android 1.5 Android 1.1 Android 1.0	4 3 2 1	DONUT CUPCAKE – –

2 앱 컴포넌트

Android 앱은 Kotlin, Java, C++ 언어를 사용하여 작성할 수 있습니다. Android SDK 도구는 모든 데이터 및 리소스 파일과 함께 코드를 컴파일하여 하나의 APK를 만듭니다. Android 패키지는 접미사가 *.apk인 압축 파일입니다. 한 개의 APK 파일에는 Android 앱의 모든 콘텐츠가 들어 있으며, Android로 구동하는 기기가 앱을 설치할 때 바로 이 파일을 사용합니다.

Android 운영체제는 다중 사용자 리눅스 시스템으로, 여기서 각 앱은 각기 다른 사용자와 같습니다. 기본적으로 시스템이 각 앱에 고유한 Linux ID를 할당합니다(이 ID는 시스템만 사용할 수 있으며 앱에서는 인식하지 못함). 시스템은 앱 안의 모든 파일에 대해 권한을 설정하여 해당 앱에 할당된 사용자 ID만 이에 액세스할 수 있도록 합니다. 각 프로세스에는 자체적인 가상머신(VM)이 있고, 그래서 한 앱의 코드가 다른 앱과는 격리된 상태로 실행됩니다. 기본적으로 모든 앱이 앱 자체의 Linux 프로세스에서 실행됩니다. Android 시스템은 앱의 구성요소 중 어느 하나라도 실행해야 하는 경우 프로세스를 시작하고, 더 이상 필요 없거나 시스템이 다른 앱을 위해 메모리를 복구해야 하는 경우 해당 프로세스를 종료합니다.

Android 시스템은 이런 방식으로 최소 권한의 원리를 구현합니다. 다시 말해, 각 앱은 기본적으로 자신의 작업을 수행하는 데 필요한 구성요소에만 액세스 권한을 가지고 그 이상은 허용되지 않습니다. 이렇게 하면 대단히 안전한 환경이 구성되어 앱이 시스템에서 권한을 부여받지 못한 부분에는 액세스할 수 없게 됩니다. 그러나 앱이 다른 앱과 데이터를 공유하고 시스템 서비스에 액세스하는 방법은 여러 가지가 있습니다.

두 개의 앱이 같은 Linux 사용자 ID를 공유하도록 설정할 수도 있습니다. 이 경우 두 앱은 서로 파일에 액세스할 수 있게 됩니다. 시스템 리소스를 절약하기 위해 사용자 ID가 같은 앱들이 같은 Linux 프로세스에서 실행되고 같은 가상머신을 공유하도록 설정할 수도 있습니다. 또한 이러한 앱은 같은 인증서로 서명해야 합니다.

앱은 사용자의 연락처, SMS 메시지, 마운트 가능한 저장소(SD 카드), 카메라, 블루투스를 비롯한 여러 가지 기기 데이터에 액세스할 권한을 요청할 수 있습니다. 사용자는 이러한 권한을 명시적으로 부여해야 합니다.

앱 구성요소는 Android 앱을 구축하는 필수 요소입니다. 각 구성요소는 시스템이 여러분의 앱에 들어갈 수 있는 다른 포인트입니다. 모든 구성요소가 사용자의 실제 진입점이 되는 것은 아니며 일부는 서로 의존하지만, 각각은 자신의 실체로 존재하며 특정 임무를 수행합니다. 각 구성요소는 앱의 전체 동작을 정의하는 데 도움을 주는 독특한 구축 단위(building block)입니다.

다음에 기술하는 내용은 그림 I-2와 같이 안드로이드 앱을 구성하는 4가지 타입의 앱 컴포넌트를 나타내며 여기에는 액티비티, 서비스, 콘텐츠제공자와 방송수신자가 포함됩니다. 앱을 구성하는 컴포넌트 간의 통신 방식은 인텐트를 통한 메시징 방법으로 수행합니다. 따라서 구성요소들 사이에서 인텐트로 상호 간의 데이터를 주고받을 수 있습니다.

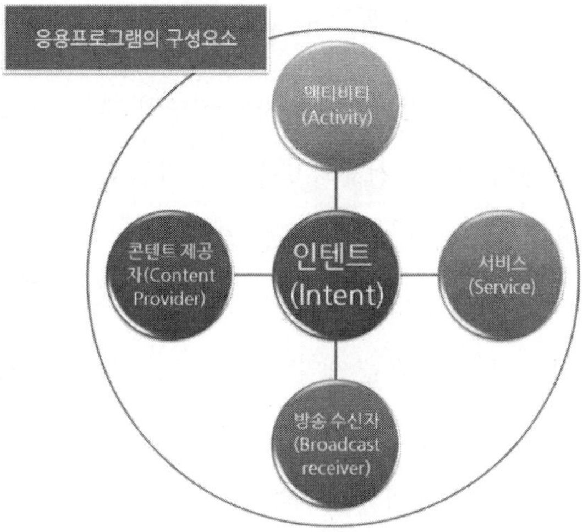

그림 I-2 앱 컴포넌트

1) 액티비티 (Activity)

한 액티비티가 독립된 프로그램이 되기도 하지만, 여러 개가 모여서 하나의 서비스를 구성하기도 하고, 다른 프로그램의 액티비티를 사용할 수도 있습니다. 액티비티는 사용자 인터페이스가 있는 단일 화면을 나타냅니다. 예를 들어, 이메일 앱에 새로운 목록, 이메일, 이메일을 구성하는 다른 액티비티, 그리고 이메일 읽기에 대한 다른 액티비티를 보여주는 하나의 액티비티가 있을 수 있습니다. 비록 그 액티비티들은 e-메일 앱에서 결합력 있는 사용자 경험을 형성하기 위해 함께 동작하지만, 각각은 서로 독립적입니다. 전자 메일 앱이 허용하는 경우 다른 앱은 이 액티비티들 중 하나를 시작할 수 있습니다. 예를 들어 카메라 앱은 사용자가 사진을 공유하기 위해 새 메일을 구성하는 전자 메일 앱의 액티비티를 시작할 수 있습니다.

2) 방송수신자 (Broadcast Receiver)

하드웨어나 운영체제로부터 발생하는 이벤트를 수신할 수 있는 일종의 리스너입니다. 예를 들어, 기기를 가로로 눕혔을 때 화면을 제대로 표현하기 위해서는 방송수신자를 통해 가로 혹은 세로로 변경되었다는 이벤트를 인식해야 합니다. 네트워크가 끊겼을 때, 3G에서 WIFI로 변경되었을 때도 방송수신자를 통해 알 수 있습니다.

Broadcast Receiver는 시스템이 정기적인 사용자의 진행 밖에서 이벤트를 앱에 전달하도록 지원하는 구성요소로서 앱이 시스템 전체의 방송 알림에 응답할 수 있게 합니다. Broadcast Receiver도 앱으로 들어갈 수 있는 또 다른 명확한 진입점이기 때문에 현재 실행되지 않은 앱에도 시스템이 방송을 전달할 수 있습니다. 예를 들어 앱이 사용자에게 예정된 이벤트에 대해 알리는 알림을 게시하기 위한 알람을 예약할 경우, 그 알람을 앱의 Broadcast Receiver에 전달하면 알람이 울릴 때까지 앱을 실행하고 있을 필요가 없습니다. 대다수의 방송은 시스템에서 발생합니다. 예컨대 화면이 꺼졌거나 배터리가 부족하거나 사진을 캡처했다고 알리는 방송이 대표적입니다. 앱도 방송을 시작할 수 있습니다. 예를 들어 다른 앱에 일부 데이터가 기기에 다운로드 되었고 이를 사용할 수 있다는 것을 알리는 데 사용합니다. Broadcast Receiver는 사용자 인터페이스를 표시하지 않지만, 상태 표시줄 알림을 생성하여 사용자에게 방송 이벤트가 발생했다고 알릴 수 있습니다. 다만 Broadcast Receiver는 그저 다른 구성요소로의 게이트웨이인 경우가 더 보편적이고, 극소량의 작업만 수행하도록 만들어진 경우가 많습니다.

3) 콘텐츠제공자 (Content Provider)

콘텐츠제공자는 다른 프로그램들과 데이터를 공유하기 위해 사용합니다. 예를 들어 전화번호부 프로그램은 콘텐츠제공자로 만들어져야 다른 프로그램에서도 쉽게 데이터에 접근할 수 있습니다.

콘텐츠제공자는 앱 상호 간에 공유하는 앱 데이터 집합을 관리합니다. 콘텐츠제공자를 통해 다른 앱이 데이터를 쿼리하거나 수정할 수 있습니다. 예를 들어, Android 시스템은 사용자의 연락처 정보를 관리하는 콘텐츠제공자를 제공합니다. 이처럼, 적당한 권한 어떤 앱이든 특정인에 대한 정보를 읽고 쓰기 위하여 콘텐츠제공자의 일부에 대해 쿼리할 수 있습니다.

콘텐츠제공자는 공유되지 않고 앱에 개인 데이터 읽기 및 쓰기에도 유용합니다. 예를 들어 노트 패드 샘플 앱은 메모를 저장하기 위하여 콘텐츠제공자를 사용하여 저장합니다.

콘텐츠제공자를 데이터베이스에 대한 추상화로 생각하기 쉽습니다. 이런 일반적인 사례에 대해 콘텐츠제공자에 빌드된 API 및 지원이 많기 때문입니다. 다만 시스템 설계 관점에서 볼 때 핵심 목적이 서로 다릅니다. 시스템의 경우 콘텐츠제공자는 URI 구성표로 식별되고 이름이 지정된 데이터 항목을 게시할 목적으로 사용됩니다. 따라서 앱에서 URI 네임스페이스에 넣을 데이터를 사상할 방식을 결정하고, 해당 URI를 다른 엔티티에 전달할 수 있습니다. 이를 전달받은 엔티티는 URI를 사용하여 데이터에 접근합니다. 시스템이 이렇게 할 수 있는 데에는 앱 관리에 다음과 같은 몇 가지 특별한 점이 있기 때문입니다.

첫째, URI를 할당하더라도 앱을 계속 실행할 필요가 없으므로 URI를 소유한 앱이 종료된 후에도 URI를 유지할 수 있습니다. 시스템은 URI를 소유한 앱이 해당 URI에서 앱의 데이터를 검색할 때만 실행되도록 하면 됩니다.

둘째, 이 URI는 중요하고 정밀한 보안 모델을 제공합니다. 예를 들어 앱은 클립보드에 있는 이미지에 URI를 할당하고 콘텐츠제공자가 검색하도록 하여, 다른 앱이 자유롭게 이미지에 접근하지 못하게 막을 수 있습니다. 두 번째 앱이 클립보드에서 해당 URI에 접근하려고 시도하면 시스템에서는 임시 URI 권한을 부여하여 그 앱이 데이터에 액세스하도록 허용할 수 있습니다. 따라서 두 번째 앱에서는 URI 뒤에 있는 데이터 외에 다른 것에는 액세스할 수 없습니다.

4) 서비스 (Service)

서비스는 액티비티가 비활성화되었을 때도 백그라운드에서 특정 기능이 동작하기 위한 목적으로 사용됩니다. 이를 위해서는 서비스의 작동을 시작하고, 변경하고, 멈출 수 있게 하기 위한 액티비티가 함께 제공되어야 합니다. 예를 들어, 라디오 프로그램을 만든다고 할 때, 이

메일 작성 프로그램을 실행하기 위해서는 이메일 작성 액티비티가 실행되고 라디오 프로그램 액티비티는 비활성화되어야 하지만, 라디오 앱이 종료된다면 불편할 수 있습니다. 서비스는 백그라운드에서 실행되어 오랫동안 앱 실행을 수행하는 구성요소입니다. 원격 프로세스에 대한 작업을 수행할 수 있습니다. 서비스에서는 사용자 인터페이스를 제공하지 않습니다. 예를 들어, 서비스는 사용자가 다른 앱을 사용하는 동안 백그라운드에서 음악을 재생합니다. 또는 사용자 상호작용을 차단하지 않고 네트워크를 통해 데이터를 가져올 수 있습니다. 액티비티 같은 구성요소가 서비스를 시작하고 상호 작용하기 위해 서비스를 실행할 수 있습니다.

3 그래들 (Gradle)과 앱 매니페스트

1) 그래들이란?

그래들은 소프트웨어를 구축하는 소프트웨어입니다. 이전에 make(C/C++), rake(루비), Ant(자바), Maven(자바) 등과 같은 환경에서 빌드 시스템을 사용한 경험이 있다면 그래들을 이해하기 수월합니다. 이러한 도구는 고유한 기능과 규칙을 통해 앱을 생성할 때 필요한 요구사항 및 앱 생성 방법을 알고 있습니다. 빌드 시스템이 응용 프로그램을 직접 컴파일, 링크, 패키지 하지는 않습니다. 별도의 컴파일러, 링커, 패키저(packager) 등에게 앱 빌드 작업을 하도록 지시하는 역할을 담당합니다.

2) 앱 매니페스트

모든 앱 프로젝트는 그림 I-3과 같이 프로젝트 소스 집합의 가장 상위에 AndroidManifest.xml 파일이 있어야 합니다. 매니페스트 파일은 Android 빌드 도구, Android 운영체제 및 Google Play에 앱에 관한 필수 정보를 제공합니다.

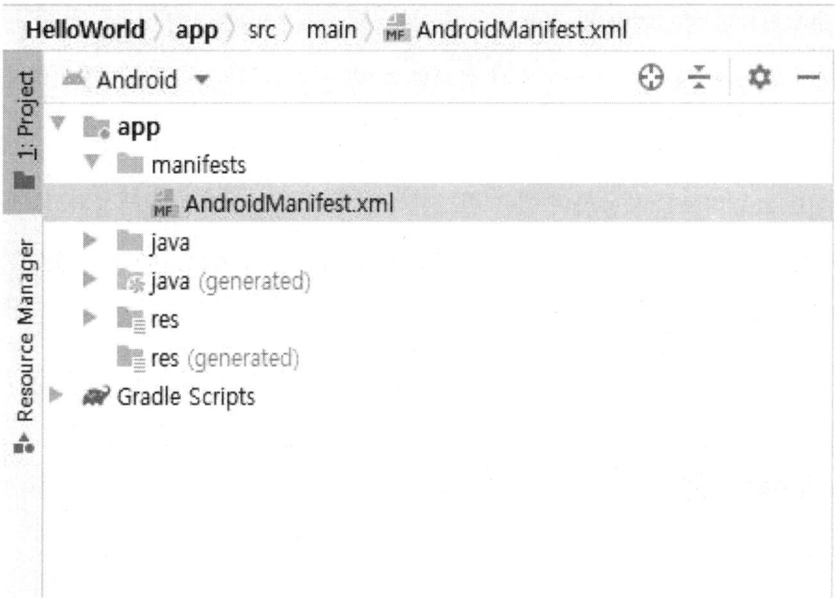

그림 I-3 앱 매니페스트 파일

매니페스트 파일은 앱과 관련된 다른 여러 가지 정보를 제공하지만, 특히 다음과 같은 내용을 선언해야 합니다.

- 앱의 패키지 이름

  Android 빌드 도구는 프로젝트를 빌드할 때 이 이름으로 코드 개체의 위치를 확인합니다. 앱을 패키징 할 때 빌드 도구가 이 값을 Gradle 빌드 파일의 애플리케이션 ID로 대체하며 안드로이드 시스템과 구글 플레이에서 고유한 앱 식별자로 사용합니다.

- 앱의 구성요소(모든 액티비티, 서비스, Broadcast Receiver, 콘텐츠제공자 포함)

  각 구성요소는 코틀린이나 자바 클래스의 이름과 같은 기본 속성을 정의해야 합니다. 또한 자신이 처리할 수 있는 기기 구성의 종류, 그리고 구성요소가 어떻게 시작되는지를 설명하는 인텐트 필터와 같은 기능을 선언할 수도 있습니다.

- 앱이 시스템 또는 다른 앱의 보호된 부분에 액세스하는 데 필요한 권한

  이것은 다른 앱이 이 앱의 콘텐츠에 액세스하고자 하는 경우 반드시 있어야 하는 모든 권한을 의미합니다.

- 앱에 필요한 하드웨어 및 소프트웨어 기능
  이에 따라 앱을 Google Play에서 설치할 수 있는 기기의 종류가 달라집니다.

안드로이드 스튜디오를 사용하여 앱을 빌드한다면 매니페스트 파일이 생성되고, 앱을 빌드하는 동안(특히, 코드 템플릿을 사용하는 시점에서) 대부분의 기본적인 매니페스트 요소가 추가될 것입니다.

4 코틀린 언어

코틀린 언어는 2017년 구글에서 안드로이드 기반의 모바일 앱을 개발하기 위한 공식 언어로 채택되었습니다. 코틀린 이전에는 주로 JAVA로 앱을 개발했습니다. 코틀린은 2011년에 JetBrains에서 공개한 프로그래밍 언어입니다. JetBrains는 자바 통합 개발환경인 Eclipse 다음으로 많이 사용되는 IntelliJ IDEA 통합 개발환경을 만든 회사로 유명합니다. 2017년 이후로 안드로이드 기반 앱을 위한 언어가 JAVA에서 코틀린으로 바뀌게 된 것입니다. 그럼 이제 코틀린 언어가 가지는 몇 가지 특징에 대해 알아보도록 하겠습니다. 코틀린은 다음과 같은 4가지 특징을 가집니다.

- 간결성: 현대 프로그래밍 언어의 대표적인 특징으로 평균적으로 JAVA의 1/3 정도의 코드로 같은 기능을 구현할 수 있다고 알려짐
- 안전성: 프로그램하면서 가장 빈번하게 발생하는 널 포인터 예외와 같은 프로그래밍 실수를 줄일 수 있는 장치가 마련되어 있음
- 호환성: JAVA와 100% 호환되어 JAVA에서 제공하는 모든 API를 특별한 변환없이 그대로 사용하는 것이 가능
- 함수형 프로그래밍: 함수를 변수에 할당, 함수를 다른 함수의 매개변수로 전달, 반환값으로 함수 사용 등과 같은 함수형 프로그래밍 가능

코틀린으로 만들어진 코드의 확장자는 ".kt"를 사용합니다. 코틀린 소스 코드는 코틀린 컴파일러에 의해 이진 코드로 컴파일된 후 이 코드가 자바 컴파일러에 의해 자바 바이트 코드로 바뀝니다. 최종적으로 자바 가상머신에서 자바 바이트 코드를 실행하는 방식으로 코드가 실행됩니다. 즉, 그림 I-1의 Android Runtime에서 코틀린 코드가 실행된다고 생각하시면 됩니다.

2차시

II. 모바일 애플리케이션 개발 환경 구축

1. 학습목표

모바일 애플리케이션 개발 환경 구축

2. 수업내용

- 안드로이드 스튜디오를 소개합니다.
- 안드로이드 스튜디오를 설치합니다.

3. 수업성과

- 안드로이드 스튜디오를 사용할 수 있습니다.

1 개발환경 개요

안드로이드 애플리케이션 개발이 항상 Android 스튜디오(AS)에서 수행되는 것은 아닙니다. 안드로이드 앱 개발 초창기에 개발자는 상당히 오래된 방식인 명령줄(command-line) 도구 및 Ant 빌드 스크립트(Apache Ant)의 묶음인 순수 SDK만 사용하여 앱을 구축하였습니다. 하지만 그 후에 곧 이클립스(Eclipse) 용 안드로이드 개발자 도구(ADT)가 출시되었습니다. 이클립스는 안드로이드 스튜디오가 등장하기 전까지 안드로이드 개발을 위해 가장 널리 사용된 도구였습니다.

안드로이드 스튜디오는 2013년에 출시되었습니다. 베타 버전이었지만 깔끔한 환경을 갖추었습니다. 안드로이드 스튜디오는 현재 안드로이드 앱 개발을 위한 공식 개발도구가 되었습니다.

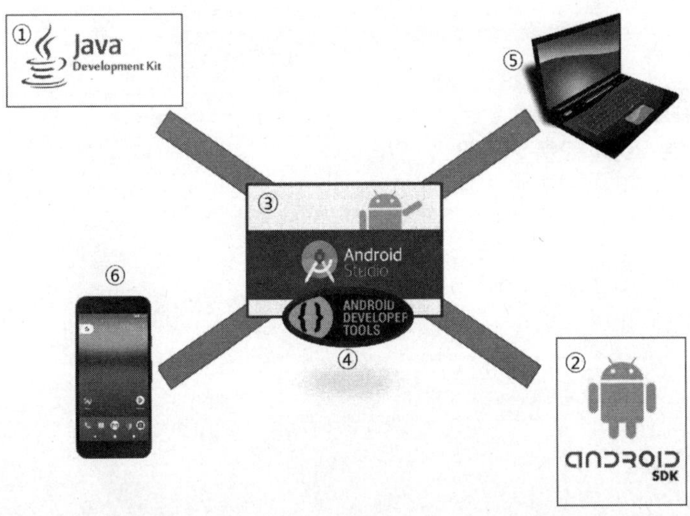

그림 II-1 안드로이드 개발환경: 교차개발환경

이전에는 안드로이드 전용 통합 개발 환경이 없어서 이클립스 환경에서 안드로이드 기반 프로그래밍을 하였으며 이는 여러 가지 개발 툴체인을 차례로 설치해야 했기 때문에 개발 환경을 구축하는 데 어려움이 있었습니다. 현재는 안드로이드 스튜디오가 통합 개발 환경을 제공함으로써 안드로이드용 모바일 앱을 개발하기 위한 환경 구축이 훨씬 수월해졌습니다.

안드로이드 기반 앱의 개발은 그림 II-1과 같은 교차개발환경(cross development environment)에서 수행합니다.

① 우선 안드로이드 개발언어인 자바나 코틀린 언어를 사용하기 위하여 JDK(최신 버전, Java Development Kit)를 사용합니다. 참고로 안드로이드 스튜디오는 Open JDK가 번들로 포함되어 별도로 설치할 필요는 없습니다.

② JDK 이외에도 안드로이드 플랫폼 앱 개발을 위해 안드로이드 SDK가 포함되어 있습니다. 물론 현재 버전의 개발 API(Application Programming Interface)가 포함되어 있을 뿐 모든 API를 가지고 있지 않기 때문에 개발자가 필요한 다른 버전이 있다면 해당 API를 추가로 다운로드 받아 사용할 수 있습니다.

③ 안드로이드 스튜디오는 안드로이드 개발 플랫폼의 통합 개발 환경(Integrated Development Environment)으로 교차개발환경의 중심 구성요소로 사용자 인터페이스 설계와 앱의 코드를 작성할 수 있습니다.

④ ADT(Android Development Tools)는 안드로이드 스튜디오와 안드로이드 SDK를 연결하는 플러그인입니다.

⑤ 위의 설치 과정이 완료되면 안드로이드 가상기계(AVD: Android Virtual Machine)인 에뮬레이터나 실제 스마트폰에 USB 연결을 통해 간단한 프로그램을 만들어 동작하는 것을 확인할 수 있습니다. 자신의 안드로이드 폰에 응용프로그램을 넣고자 한다면, 우선 그 폰의 USB 드라이버(제조사에서 제공됨)를 설치하고, 자동으로 인식되지 않을 때는 안드로이드 SDK 폴더 안에 있는 usb_driver 폴더의 android_winusb.inf 파일을 일부 수정해야 합니다.

⑥ 교차환경에서 앱을 개발하려는 컴퓨터를 통해 GUI를 디자인하고 코드를 작성합니다. 개발 컴퓨터에 각각의 SDK 경로를 잘 설정하고 코드를 작성하면 됩니다. 응용 프로그램 개발을 위해 사용되는 프로그래밍 언어는 JAVA 또는 Kotlin을 사용할 수 있습니다. 본 교재는 코틀린을 사용합니다.

2 안드로이드 스튜디오

안드로이드 운영체제 기반의 모바일 애플리케이션(이하 모바일 앱)을 개발하기 위해서는 먼저 안드로이드 스튜디오 최신 버전을 설치해야 합니다. 안드로이드 스튜디오는 해당 웹사이트(https://developer.android.com)에서 무료로 다운로드 받아 설치할 수 있습니다. 이 웹사이트로 접속한 후 "Download Android Studio"메뉴로 이동하여 사용자의 운영체제 형식(윈도우, 맥OS, 리눅스 등)에 맞는 설치파일을 다운로드 후 설치를 진행하면 됩니다. 그림 II-2는 안드로이드 스튜디오 설치를 위한 초기화면을 보여줍니다. 이 화면에서 "Download options"메뉴를 선택하면 그림 II-3의 화면을 볼 수 있습니다. 여기서 사용자의 운영체제에 맞는 설치파일을 다운로드 받아서 설치를 진행합니다. 그림 II-3에서 보는 바와 같이 안드로이드 스튜디오는 윈도우, 맥OS, 리눅스 등 널리 사용되는 각 운영체제에 대한 설치파일을 제공합니다. 여기서는 윈도우 운영체제를 중심으로 안드로이드 스튜디오를 설치하는 방법에 대해서 다룹니다.

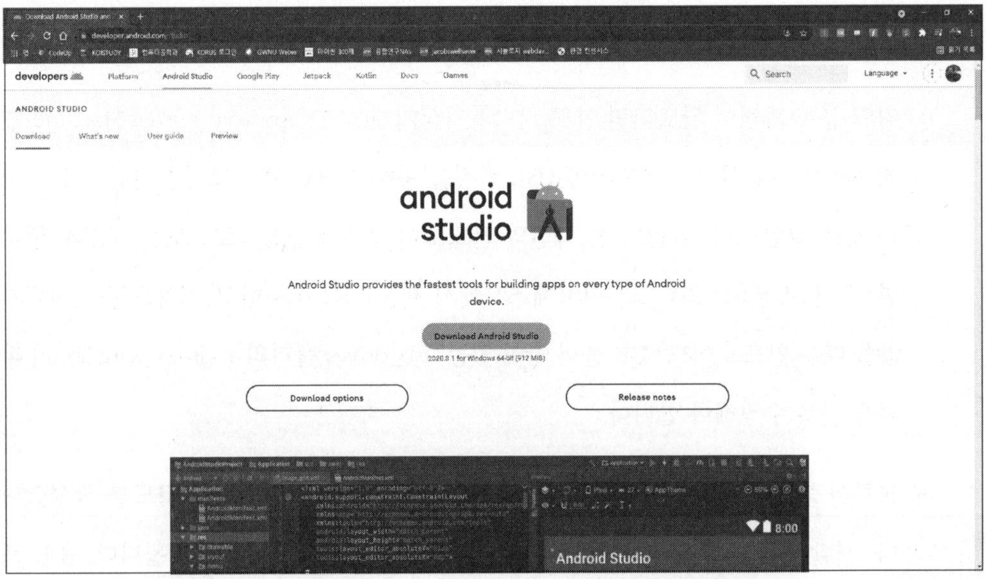

그림 II-2 안드로이드 스튜디오 설치 초기 화면

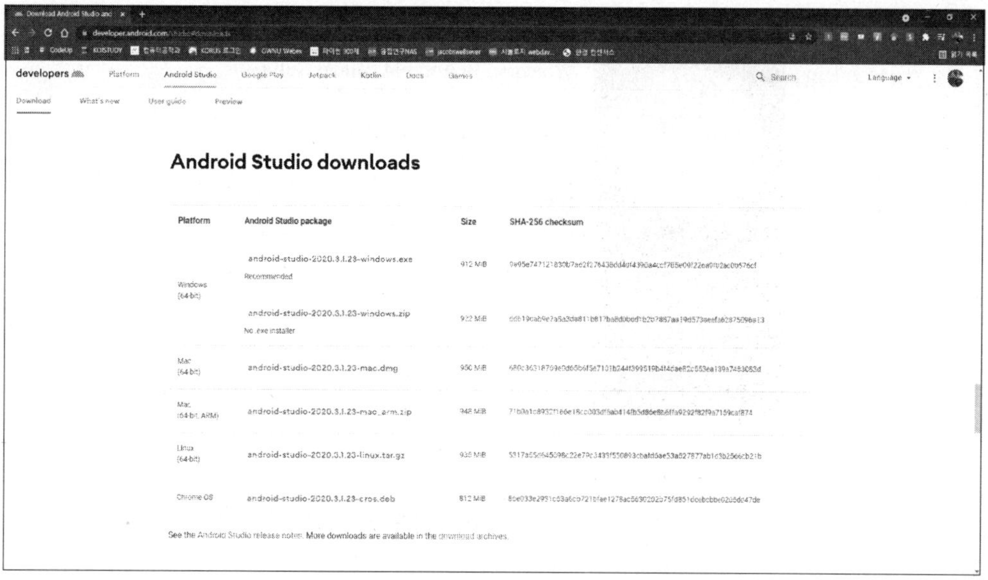

그림 II-3 안드로이드 스튜디오 설치 옵션 화면

3 안드로이드 스튜디오 설치

안드로이드 스튜디오를 설치하는 단계별 과정(총 6단계)에 대해 자세히 알아보도록 합시다. 먼저 윈도우 운영체제 기반의 설치파일을 다운로드한 후 해당 파일을 더블클릭하면 그림 II-4와 같은 설치 화면(1단계)이 나타납니다. 'Next'버튼을 클릭하여 다음 단계로 이동합니다.

그림 II-4 안드로이드 스튜디오 설치 초기 화면(1단계)

2번째 단계에서는 설치할 컴포넌트를 선택하는 대화상자(2단계)가 등장합니다. 화면에 보이는 설정을 그대로 놔두고 'Next'버튼을 클릭하여 다음 단계로 이동합니다.

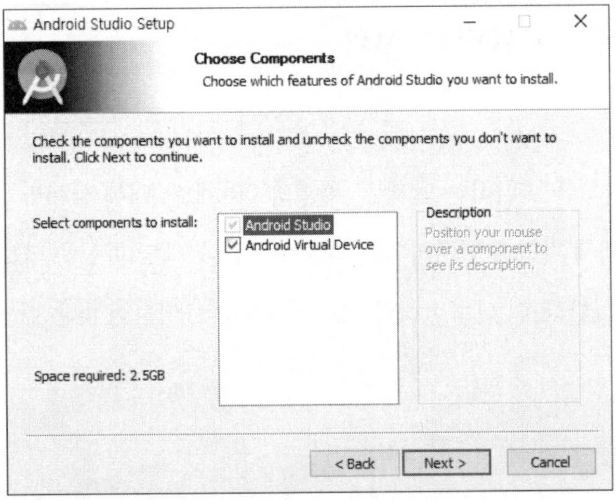

그림 II-5 설치할 컴포넌트 선택 화면(2단계)

3번째 단계에서는 안드로이드 스튜디오가 설치될 폴더의 위치를 선택하는 화면(3단계)이 나타납니다. 만약 사용자가 안드로이드 스튜디오를 특정 폴더에 설치하기를 원하면 'Browse'버튼을 클릭하여 원하는 폴더를 선택합니다. 현재 상태를 그대로 유지한 채로 'Next'버튼을 클릭하면 그림 II-6에 나타난 폴더에 안드로이드 스튜디오가 설치됩니다.

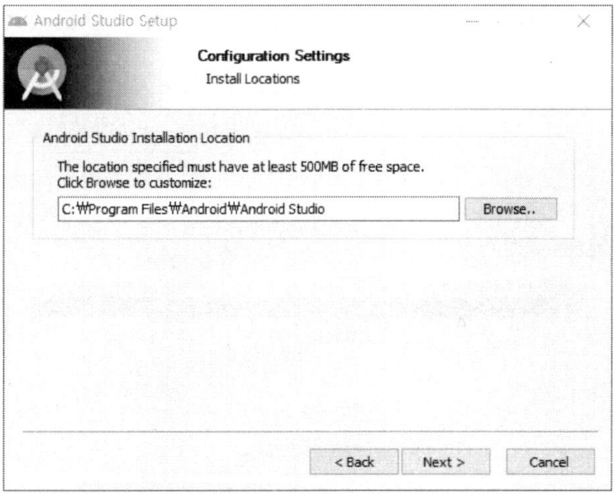

그림 II-6 안드로이드 스튜디오 설치 폴더 선택 화면(3단계)

4번째 단계에서는 윈도우의 시작 메뉴에 안드로이드 스튜디오 실행을 위한 단축 메뉴를 설정(4단계)합니다. 단축 메뉴의 이름을 변경하길 원한다면 사용자가 원하는 이름으로 변경할 수 있습니다. 현재 이름을 그대로 사용하기를 원하면 "Install"버튼을 클릭하여 설치를 시작합니다.

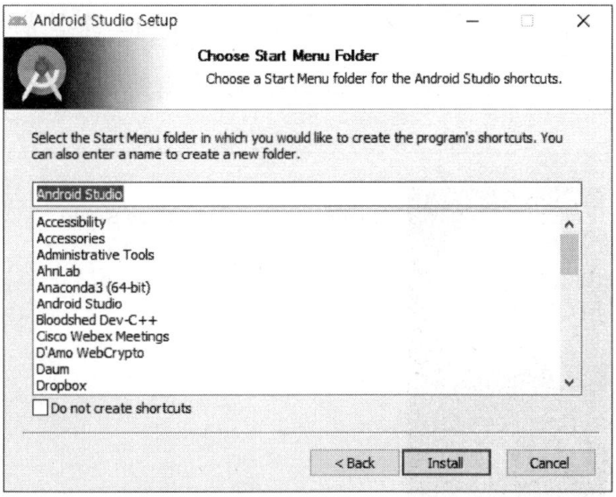

그림 II-7 안드로이드 스튜디오 실행을 위한 단축메뉴 설정 화면(4단계)

5단계는 안드로이드 스튜디오가 사용자의 컴퓨터에 설치되는 진행 상황을 보여줍니다. 설치가 완료되면 그림 II-8의 화면처럼 "Installation Complete"라는 메시지를 볼 수 있습니다.

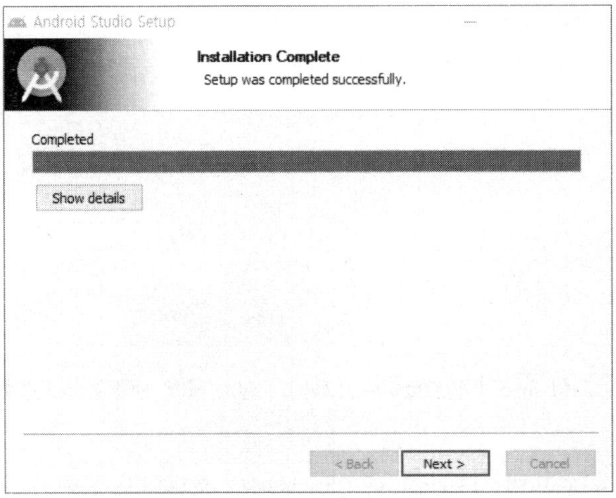

그림 II-8 안드로이드 스튜디오 설치 완료 화면(5단계)

마지막 6단계에서는 그림 II-9처럼 안드로이드 스튜디오가 정상적으로 사용자의 컴퓨터에 설치 완료되었음을 알리는 메시지가 출력되고 설치된 안드로이드 스튜디오를 실행할 것인지를 묻는 화면이 나타납니다. 만약 바로 안드로이드 스튜디오를 실행하기를 원하면 이 화면에서 "Finish"버튼을 클릭하여 안드로이드 스튜디오를 실행할 수 있습니다.

그림 II-9 안드로이드 스튜디오 설치 마지막 화면(6단계)

지금까지 총 6단계에 걸친 안드로이드 스튜디오 설치 과정에 대해서 알아봤습니다. 안드로이드 스튜디오를 이용하여 모바일 앱을 개발할 때 최소 시스템 요구사항은 아래와 같습니다. 안드로이드 스튜디오는 시스템 자원을 많이 사용하기 때문에 아래 제시된 시스템 요구사항을 고려하여 모바일 앱을 개발할 필요가 있습니다.

표 II-1 모바일 앱 개발을 위한 시스템 요구사항

항목	내용
CPU	인텔 i3~i5
RAM	최소 4GB, 권장 8GB
하드디스크	최소 2GB, 권장 4GB
화면해상도	최소 1280 × 800
Java 버전	Java Development Kit (JDK) 7

4 안드로이드 스튜디오 추가 설치

안드로이드 스튜디오를 최초로 설치하는 경우 모든 설치 과정 후 추가적인 설치가 뒤따릅니다. 이번 절에서는 안드로이드 스튜디오의 추가 설치 과정에 대해 살펴보겠습니다. 그림 II-9 화면에서 "Finish"버튼을 클릭하면 환경 설정과 관련된 파일을 불러올 것인지 물어보는 대화상자가 나타납니다. 이전에 안드로이드 스튜디오를 설치한 이력이 없기 때문에 대화상자에서 "Do not import setting"를 체크하고 "OK"버튼을 클릭하여 다음 단계로 이동합니다. 이제 안드로이드 스튜디오가 실행됩니다. 하지만, 아직 설치가 완료된 것은 아닙니다. 안드로이드 스튜디오가 설치된 후 처음 시작될 때는 초기 설정을 위한 추가 설치가 필요합니다. 이를 위해 그림 II-10과 같은 "Setup Wizard"대화상자가 나타납니다. 먼저, "Next"버튼을 클릭하여 다음 단계로 넘어갑시다.

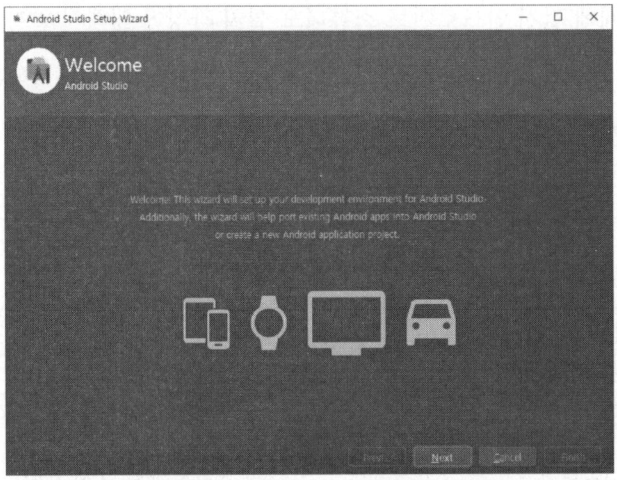

그림 II-10 안드로이드 스튜디오 추가 설정을 위한 화면

그림 II-11 화면에서는 설치 유형을 선택합니다. "Standard"가 선택된 화면을 그대로 두고 "Next"버튼을 클릭하여 다음 단계로 이동합니다.

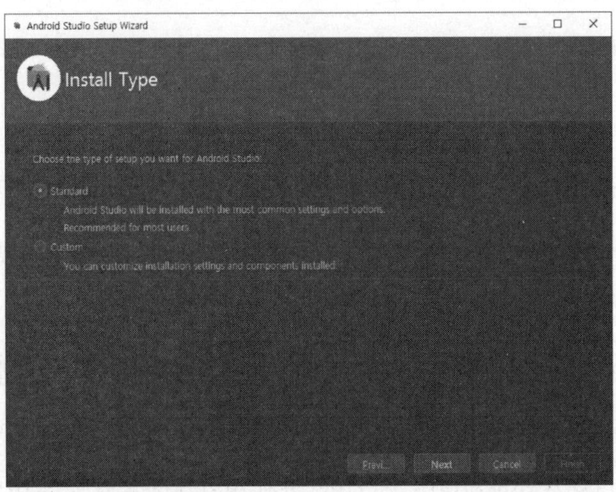

그림 II-11 안드로이드 스튜디오 설치 유형 선택 화면

3번째 단계에서는 안드로이드 스튜디오의 기본 테마를 선택합니다. 사용자는 그림 II-12 화면에 나온 2가지 옵션("Darcula", "Light") 중 하나를 선택하여 기본 테마를 지정할 수 있습니다.

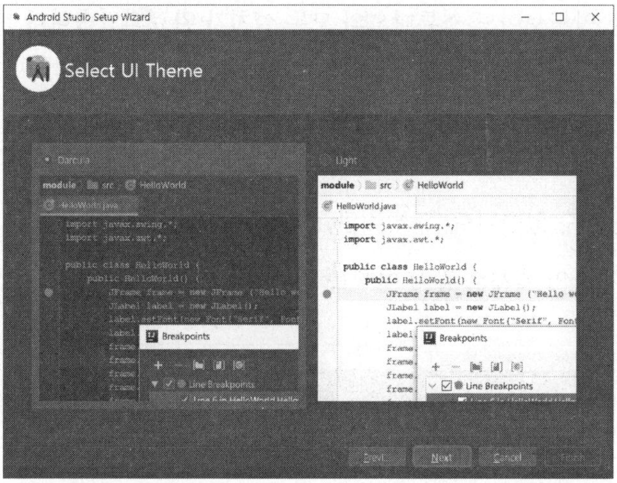

그림 II-12 안드로이드 스튜디오 기본 테마 지정 화면

안드로이드 추가설치를 위한 요약 화면이 다음에 나타납니다. 그림 II-13 화면에서"Finish" 버튼을 클릭하여 추가 설치를 진행합니다.

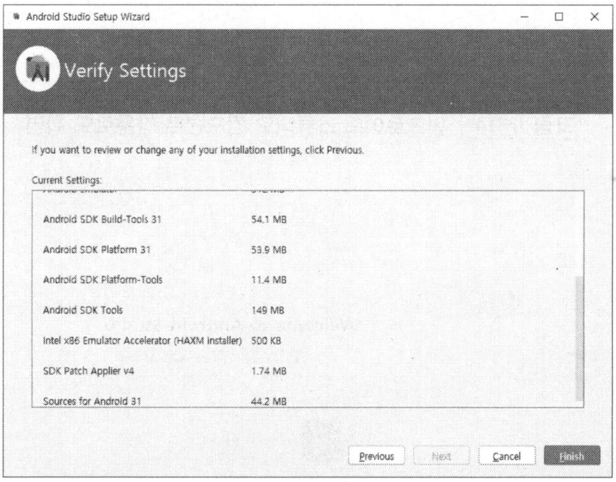

그림 II-13 안드로이드 스튜디오 추가 설치를 위한 요약 화면

그림 II-14와 같이 추가 설치와 관련된 컴포넌트들이 다운로드 됩니다. 다운로드 파일의 크기가 크기 때문에 설치가 진행되는 데 시간이 몇 분 이상 소요될 수 있습니다. 다운로드 완료 후 설치가 끝나면 "Finish"버튼을 클릭하여 추가 설치 마법사를 종료합니다. 설치가 끝나고 그림 II-15와 같이 안드로이드 스튜디오의 시작화면이 보이면 오른쪽 닫기(×)를 눌러 종료합

니다. 이제 비로소 안드로이드 스튜디오의 모든 설치가 완료되었습니다.

마지막으로 노파심에 한 말씀 드리겠습니다. 교재에 나온 화면과 다른 설치 화면이 나온다고 해서 당황하지 마시기 바랍니다. 버전이 업데이트되면서 여러분이 교재에서 보는 화면과 다른 화면 디자인일 수 있습니다. 그렇지만, 전체적인 내용은 크게 다르지 않으니 걱정하지 마세요. 이제 앱 제작의 세계로 같이 여행을 해볼까요?

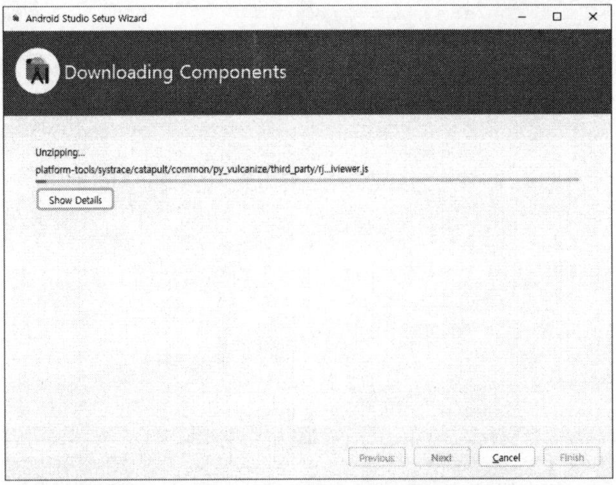

그림 II-14 안드로이드 스튜디오 컴포넌트 다운로드 화면

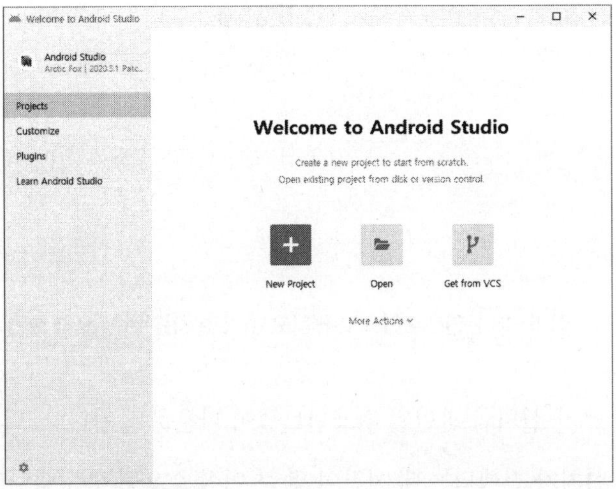

그림 II-15 안드로이드 스튜디오 설치 완료 화면

3차시

III. 안드로이드 스튜디오를 이용한 첫 번째 앱 제작

1. 학습목표

안드로이드 스튜디오를 이용한 첫 번째 앱 제작

2. 수업내용

- 안드로이드 스튜디오를 이용하여 단계별로 앱을 만드는 과정을 설명한다.

3. 수업성과

- 안드로이드 스튜디오를 사용하여 간단한 앱을 만들 수 있다.

안드로이드 모바일 앱 개발에 오신 것을 환영합니다. 이 장에서는 첫 번째 안드로이드 앱을 구축하는 방법과 안드로이드 프로젝트를 만들고 응용 프로그램의 디버깅 버전을 실행하는 방법을 배웁니다. 또한 간단한 사용자 인터페이스를 구축하고 사용자 입력을 처리하는 방법을 포함하여 안드로이드 앱 디자인의 일부 기초를 다룹니다.

우리는 점진적으로 여러분에게 안드로이드 개발에 대한 몇 가지 기본 개념을 가르칠 수 있도록 작은 안드로이드 앱을 구축하는 방법을 설명하게 됩니다. 여러분이 각 단계를 성실히 수행하는 것이 중요합니다. 안드로이드 스튜디오 통합 개발 환경(IDE)에서 안드로이드 플랫폼의 최신 버전의 앱을 작성하고 안드로이드 에뮬레이터를 통해 앱을 구동시켜볼 수 있습니다.

우리는 2장에서 이미 개발 환경을 구축하였습니다. 이제 간단한 앱을 처음 만들어 봄으로써 전반적인 안드로이드 플랫폼 기반의 개발 과정을 이해하기로 합시다.

1 개요

우리는 앞에서 안드로이드 스튜디오를 성공적으로 설치하였습니다. 여러분은 안드로이드 스튜디오를 이용하여 업무용 앱, ebook, 게임 등 다양한 앱을 만들 수 있지만, 그 모든 것을 수행하기 전에, 안드로이드 스튜디오에서 앱을 생성, 빌드, 테스트하는 기본적인 방법을 알아야 합니다. 본 장은 전반적인 앱 생성과정과 실행과정을 학습할 것입니다.

이제 아주 간단한 "Hello, World" 문자열을 모바일 디바이스에 출력하는 앱을 만들어 보기로 합시다. 이를 통하여 전체적인 안드로이드 개발을 위한 작업 과정을 익혀 보기로 합니다.

이 장에서는 안드로이드용 IDE(통합 개발 환경)인 안드로이드 스튜디오를 사용하여 앱을 개발하는 방법을 설명합니다. 안드로이드 앱 프로젝트는 개발자의 아이디어를 실현하는 데 필요한 아이디어와 요구 사항의 정의로 시작됩니다. 다양한 앱 기능에 대한 사용자 인터페이스를 안드로이드 스튜디오에서 디자인할 수 있습니다. 사용자 인터페이스의 모양과 작동 방식을 보여주려면 도면, 모형 및 프로토타입 등의 방법을 사용하여 만들어 보아야 합니다.

코딩을 시작할 준비가 되면 안드로이드 스튜디오를 사용하여 그림 III-1과 같은 개발 단계를 진행하면 됩니다.

그림 III-1 안드로이드 앱 개발 과정

❶ Android Studio에서 프로젝트를 만들고 적절한 템플릿을 선택합니다.

❷ UI 요소가 있는 각 화면의 레이아웃을 정의합니다. 레이아웃 편집기를 사용하여 화면에 UI 요소를 배치하거나 XML(Extensible Markup Language)로 직접 코드를 작성할 수 있습니다.

❸ 코틀린 프로그래밍 언어를 사용하여 코드를 작성합니다. 앱의 모든 구성요소에 대한 소스 코드를 만들어 줍니다.

❹ 실제 또는 가상장치에서 앱을 빌드하고 실행해 봅니다. 기본 빌드 구성을 사용하거나 다른 버전의 앱에 대한 사용자 지정 빌드를 만들어 사용해도 됩니다.

❺ 앱의 수행 논리와 사용자 인터페이스를 테스트하고 디버그 합니다.

이제 우리가 첫 앱을 만들기 전에 좀 더 상세하게 개발자 측면에서 그림 III-2에 제시한 작업 흐름을 살펴보기로 합시다. 안드로이드용 앱을 개발하는 작업 흐름은 다른 플랫폼의 앱 개발 방식과 개념적으로 다른 점이 없습니다. 그러나 안드로이드용으로 잘 설계된 앱을 효율적으로 빌드 하려면 몇 가지 특수한 도구가 필요합니다. 다음에 언급하는 사항은 안드로이드 앱을 빌드 하는 프로세스를 간략하게 소개하고 각 개발 단계에서 사용해야 하는 일부 안드로이드 스튜디오 도구를 소개합니다.

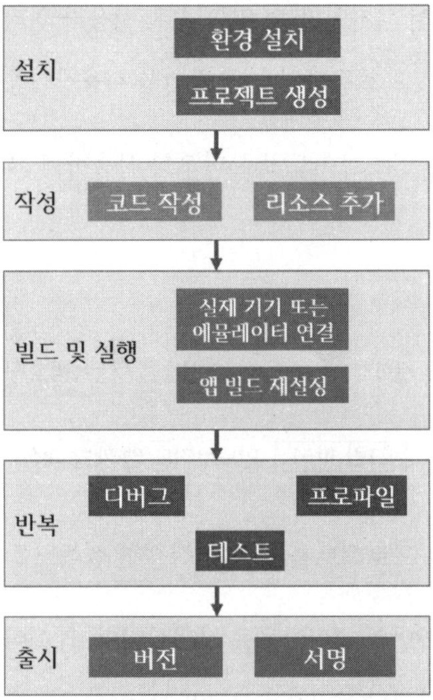

그림 III-2 개발자 작업 흐름도

1) 작업 환경 설정

아마도 이 단계는 이미 안드로이드 스튜디오 설치를 통해 완료했습니다. 설치된 안드로이드 스튜디오를 통해 프로젝트를 생성하게 됩니다.

2) 앱 작성

앱 개발을 위한 환경 설정이 완료되면 비로소 앱을 제작할 수 있습니다. 안드로이드 스튜디오에는 다양한 도구와 정보가 포함되어 있어 더 빠르게 작업하고, 고품질의 코드를 작성하고, UI를 디자인하고, 다양한 기기 유형에 관한 리소스를 만들 수 있습니다. 사용 가능한 도구 및 기능에 관한 자세한 내용은 실제 앱을 만들면서 익히도록 합니다.

3) 빌드와 실행

이 단계에서는 에뮬레이터 또는 안드로이드 지원 기기에서 설치하고 실행할 수 있는 디버그 가능한 APK 패키지로 프로젝트를 빌드 합니다. 코드를 실행하는 방법에 관한 내용은 뒤에 기술되는 앱 빌드 및 실행을 참조하기로 합니다.

디바이스에서 실행할 앱에 대한 빌드 방법을 다양한 방식으로 맞춤 설정을 할 수도 있습니다. 예를 들어 같은 프로젝트에서 다양한 유형의 APK를 생성하는 빌드 변형을 만들고 코드와 리소스를 줄여서 APK 파일을 더 작게 만들 수 있습니다.

4) 디버깅, 프로파일링 및 테스트

이 단계는 버그를 제거하고 앱 성능을 최적화하는 데 중점을 두고 앱을 계속 작성하는 반복 단계입니다. 물론, 테스트 프로젝트를 생성하면 이러한 작업에 도움이 되기도 합니다.

5) 게시

앱을 사용자에게 출시할 준비가 되면 앱 버전 관리 및 키 서명과 같은 몇 가지 사항을 고려해야 하며 자세한 내용은 앱 게시 방법을 참고하면 됩니다.

2 안드로이드 스튜디오를 이용하여 앱을 만드는 과정

안드로이드 스튜디오는 앱 화면을 디자인하고 앱의 목적에 맞는 코드를 작성할 수 있는 환경을 제공합니다. 즉, 앱 제작 관리 기능을 제공한다고 볼 수 있습니다. 안드로이드 스튜디오를 이용하여 앱을 만드는 과정은 크게 3단계로 구분됩니다. 안드로이드 스튜디오에서는 프로젝트 단위로 앱을 관리하기 때문에 가장 먼저 해야 할 작업은 새로운 프로젝트를 만드는 것입니다. 첫 번째 단계에서는 앱의 기본 화면 구성과 프로젝트와 관련된 여러 가지 환경을 설정하는 작업을 합니다. 두 번째 단계에서는 앱이 실행될 에뮬레이터를 추가하고 실행하는 일을 수행합니다. 개발된 앱은 최종적으로 태블릿이나 스마트폰 환경에서 작동하게 되는데 직접 해당 기기들에 앱을 업로드하여 실행하기 전에 이러한 기기들과 동일한 실행 환경을 갖춘 에뮬레이터를 추가하여 테스트하는 과정을 거칩니다. 마지막으로 2단계에서 추가한 에뮬레이터에 앱을 업로드하여 실제로 앱이 에뮬레이터 상에서 작동하는 모습을 확인하면 안드로이드 스튜디오를 이용하여 앱을 제작하는 모든 과정이 마무리됩니다.

1단계: 프로젝트 만들기

안드로이드 스튜디오를 시작하면 그림 III-3과 같은 화면이 나타납니다. 이 그림에서 오른쪽 상단의 'New Project'버튼을 클릭하여 프로젝트 만들기를 시작합니다. 안드로이드 앱의 동작 방식은 사용자들이 보는 화면이 기준입니다. 앱을 이용하여 사용자들은 화면에 제시된 여러 다양한 기능을 선택하거나 텍스트를 입력하여 원하는 정보를 얻을 수 있습니다. 따라서, 모바일 앱 개발에 있어서 앱을 실행했을 때 최초로 보이는 화면을 어떻게 설계할지를 선택하는 작업을 가장 먼저 하게 됩니다. 안드로이드 스튜디오에서는 그림 III-4와 같이 여러 다양한 템플릿을 제공하는데 앱 개발자는 안드로이드 스튜디오를 통해 개발할 앱이 어떤 환경에서 작동하는지에 따라 적절한 템플릿을 선택함으로써 앱의 시작화면을 설정할 수 있습니다. 이 화면의 좌측에는 만들려고 하는 앱이 어떤 환경에서 실행되는지를 선택할 수 있는 옵션이 있습니다. 'Phone and Tablet', 'Wear OS', 'Android TV', 'Automotive', 이렇게 총 4가지 옵션 중 하나를 고를 수 있습니다. 본 교재에서는 주로 스마트폰에서 실행될 앱을 제작하는 것이 목적이기 때문에 현재 기본으로 선택된 'Phone and Tablet'을 사용합니다. 다음으로 화면 템플릿을 정해야 하는데 여기서는 아무것도 없는 'Empty Activity'를 선택해서 작업하겠습니다. 'Next'버튼을 클릭하여 다음 단계로 이동합니다.

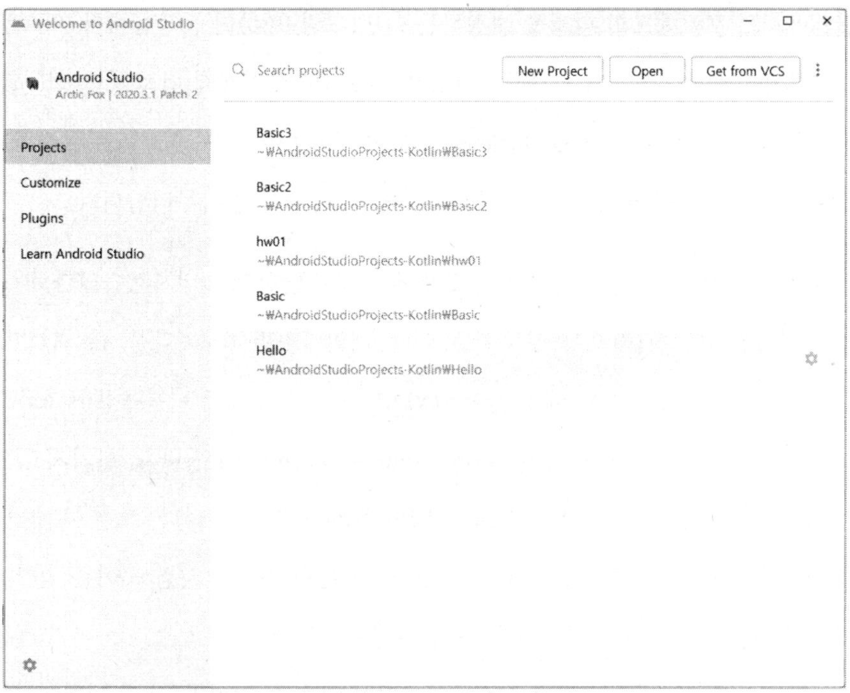

그림 III-3 안드로이드 스튜디오의 프로젝트 만들기 화면

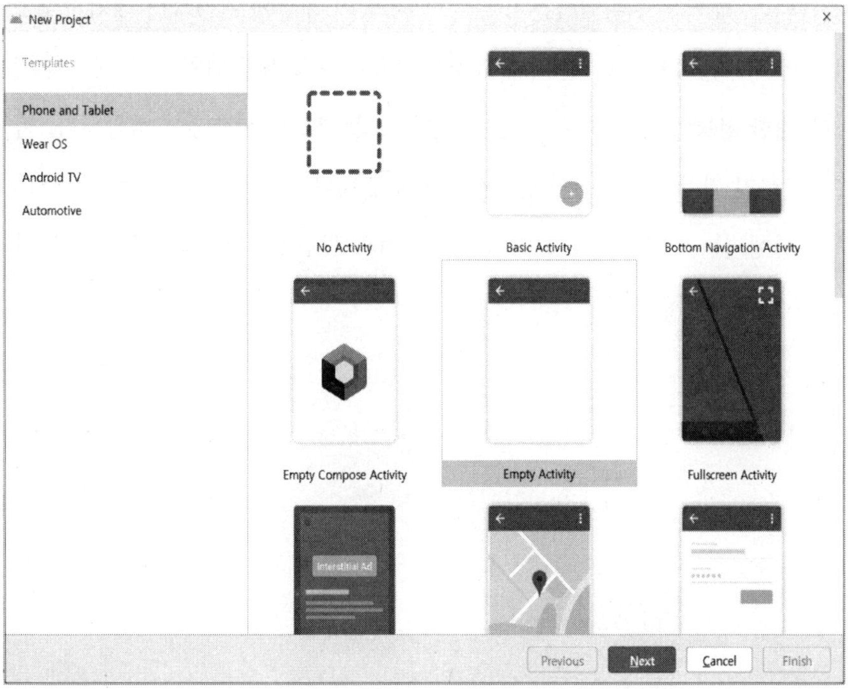

그림 III-4 앱 첫 화면을 위한 템플릿 선택 화면

다음 단계에서는 프로젝트의 환경을 설정하는 화면(그림 III-5)이 등장합니다. 프로젝트 및 패키지 이름을 만들고, 저장 위치, 사용 언어, 안드로이드 운영체제 버전 등을 선택할 수 있습니다. 여기서는 프로젝트 이름을 'Firstapp'그리고 사용 언어를 'Kotlin'으로 설정하고 나머지 설정은 그대로 둔 채 'Finish'버튼을 클릭하여 첫 번째 단계를 마무리합니다.

그림 III-5의 프로젝트 환경을 설정하는 각 요소에 대해 간단하게 설명하겠습니다. 'Name' 은 프로젝트 이름입니다. 여러분이 프로젝트 이름을 입력하면 바로 다음 요소인 'Package name' 이 자동으로 결정됩니다. 예를 들어 그림 III-5처럼 프로젝트 이름을 'Firstapp'으로 입력하면 기본적으로 'Package name' 은 'com.example.firstapp' 이 됩니다. 한가지 잊지 말아야 할 사실은 'Package name' 은 모두 소문자로만 구성된다는 것입니다. 그럼 이 패키지명은 무엇일까요? 패키지명은 앱의 고유 아이디라고 생각하면 됩니다. 사람의 이름 역할을 한다고 생각하면 조금 쉽게 이해될까요? 패키지명은 앱을 식별하는 목적으로 쓰이기 때문에 고유해야 합니다. 우리가 사는 세계에서는 동명이인이 있을 수 있지만, 앱의 세계에서는 그럴 수 없습니다. 다시 말해서 앱은 앱스토어에 등록될 때 고유의 아이디를 가져야 비로소 등록할 수 있습니다. 패키지명은 얼마든지 수정할 수 있기 때문에 지금부터 패키지명을 만드는데 너무 고민하지 않아도 됩니다. 다음 요소는 프로젝트의 저장 위치와 앱 개발을 위해 사용할 언어에 대한 정보입니다. 언어는 기본적으로 코틀린으로 선택되어 있습니다. 만약 자바 언어로 개발하기 원한다면 언어를 변경해주어야 합니다. 마지막으로 'Minimum SDK' 는 개발된 앱이 실행되는 안드로이드 운영체제의 버전과 관련됩니다. 이 버전 아래에서는 앱이 정상적으로 실행되지 않을 수 있습니다.

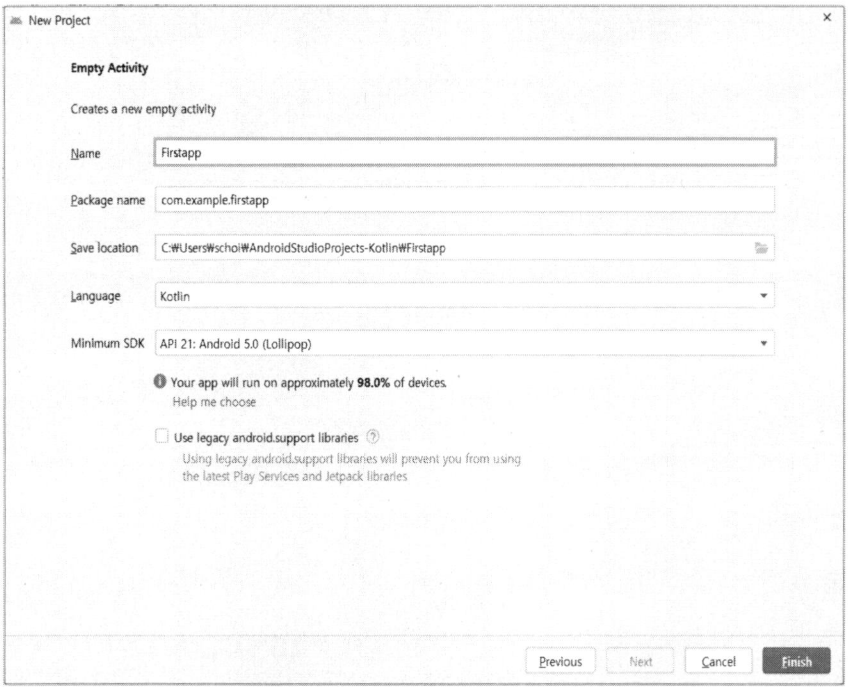

그림 III-5 프로젝트 환경 설정 화면

'Finish'버튼 클릭 후 다음 화면이 보일 때까지 상당한 시간이 소요될 수 있습니다. 일반적으로 안드로이드 스튜디오를 설치 후 처음으로 프로젝트를 생성하는 경우 그렇지 않을 때보다 더욱 많은 시간이 소요됩니다. 프로젝트를 구동하기 위한 사전 작업이 완료되고 난 후 그림 III-6의 화면이 등장합니다. 그림 III-6을 보면 프로젝트 화면은 크게 세 가지 부분 화면으로 이루어져 있습니다. 화면 왼쪽 부분에는 프로젝트와 관련된 폴더와 파일을 트리 형태로 보여주고 있습니다. 그리고 이 화면 오른편에는 코틀린 코드와 화면 구성을 위한 XML 파일이 기본으로 생성됩니다. 그리고 화면 하단에는 다양한 탭으로 구성되어 있는데 각 탭을 클릭하면 탭의 제목에 따른 메시지가 출력되고 있습니다. 그림 III-6의 화면은 'Build'탭을 선택한 모습을 나타내고 있고 그에 따른 메시지를 보여줍니다. 프로젝트가 만들어지는데 약 25초의 시간이 소요되었음을 이 메시지를 통해 알 수 있습니다.

그림 III-6 프로젝트 초기 화면

2단계: 에뮬레이터(가상 시뮬레이션 기기) 만들기

1단계를 통해 프로젝트를 성공적으로 만들었다면 다음 단계는 안드로이드 스튜디오에 내장된 에뮬레이터를 통해 가상으로 앱을 실행할 수 있습니다. 에뮬레이터는 실제 단말기에서 앱을 실행하는 것과 흡사한 환경을 제공하므로 앱을 단말기에 업로드하기 전 앱이 정상적으로 작동하는지를 테스트해볼 수 있는 좋은 도구입니다. 그림 III-6 화면에서 'AVD Manager' 아이콘을 클릭하여 앱 실행 및 테스트를 위한 에뮬레이터를 추가하는 작업을 해보도록 하겠습니다.

그림 III-6화면의 오른쪽 상단에서 아이콘을 클릭합니다. 그림 III-7의 에뮬레이터를 추가하기 위한 화면이 등장합니다. 'Create Virtual Device'버튼을 클릭하여 에뮬레이터 추가 작업을 시작합니다. 가장 먼저 할 일은 에뮬레이터 기기를 선택하는 것입니다. 그림 III-8 화면으로부터 앱을 작동하기 원하는 기기를 선택합니다. 여기서는 'Pixel 2'를 선택하겠습니다. 이렇게 에뮬레이터 기기를 선택하면 단말기의 크기와 해상도가 결정됩니다. 'Next'버튼을 클릭하여 다음 단계로 이동합니다. 다음 단계에서는 시스템 이미지를 선택하는 화면이 나타납니다. 시스템 이미지는 앱 실행을 관장하는 운영체제라고 생각하면 됩니다. 여기서는 'x86 Images'탭에 있는 시스템 이미지 중 하나를 다운로드하여 설치합니다. 이 이미지를 선택하는 이유는 일반 데스크탑이나 노트북 환경에서 에뮬레이터를 실행할 때 속도가 조금 더 빠르기 때문입니다. 'x86 Images'탭을 선택한 후 'ABI'컬럼의 값이 'x86_64'인 것을 다운로드합니다. 또한, 'Target'컬럼 값이 'Google APIs'로 표시된 링크를 클릭하여 다운로드를 진행합니다. 그림 III-9와 같이 'Android 11.0 (Google APIs)'를 선택합니다.

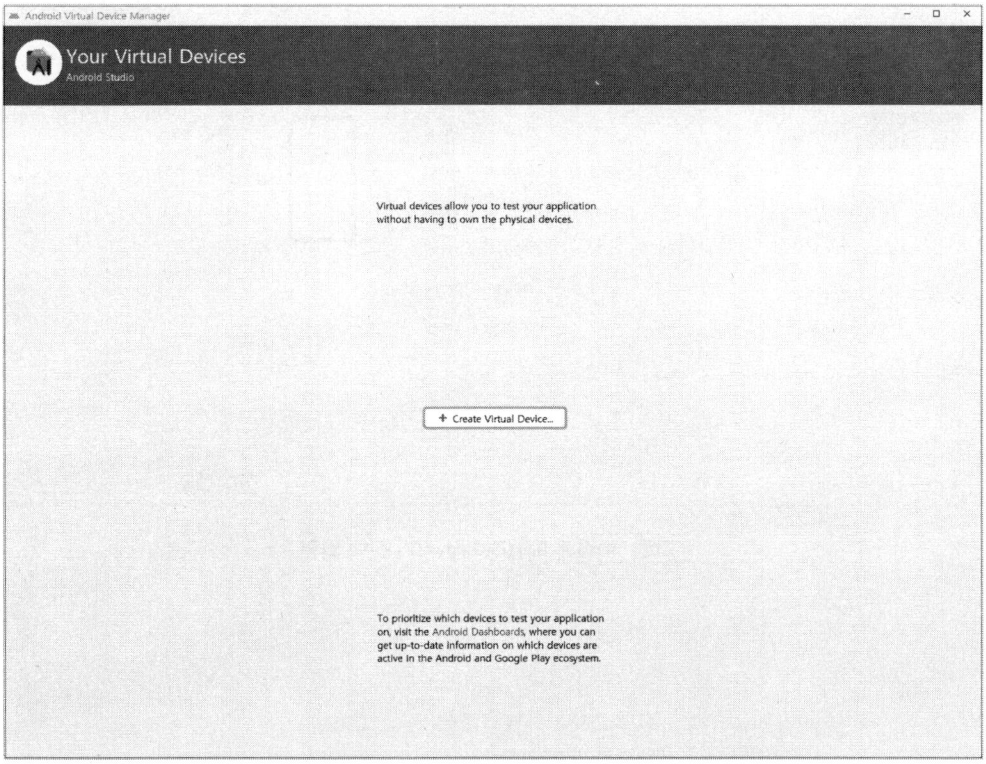

그림 III-7 에뮬레이터 추가 화면

그림 III-9 화면에서 선택한 시스템 이미지에 대한 다운로드 링크를 클릭하면 그림 III-10 화면이 나타나면서 다운로드 되는 파일과 진행상황을 확인할 수 있습니다. 이 또한 어느 정도의 시간이 소요됩니다. 다운로드가 완료되면 'Finish'버튼을 클릭하여 다운로드를 종료합니다. 에뮬레이터 기기와 시스템 이미지에 대한 요약 정보를 확인할 수 있습니다. 그림 III-11은 여기서 선택한 에뮬레이터는 무엇인지와 시스템 이미지 버전이 어떤 것인지를 요약하여 보여주고 있습니다. 이제 우리는 1단계에서 만든 앱(실제로 우리가 앱을 만들기 위해 코딩한 것은 아무 것도 없습니다)을 실행할 에뮬레이터를 만들었습니다.

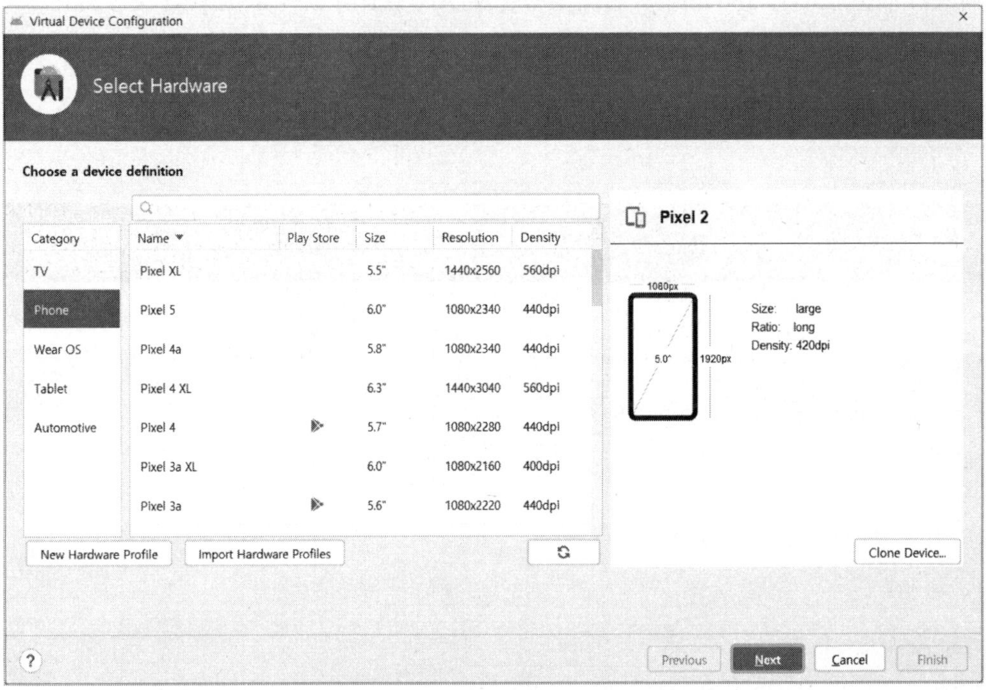

그림 III-8 에뮬레이터 기기 선택 화면

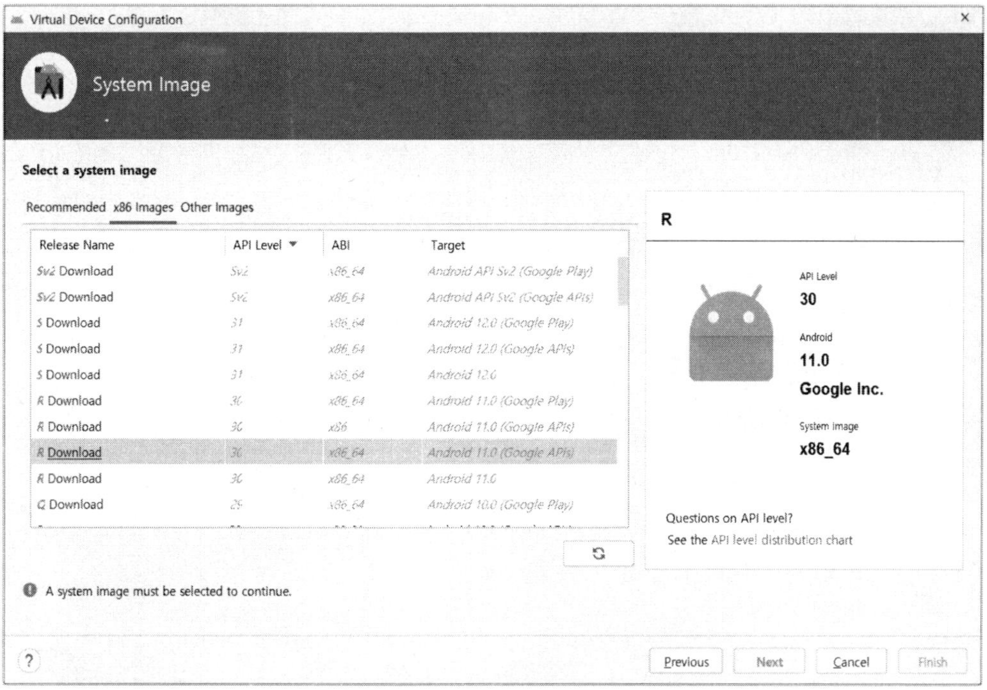

그림 III-9 시스템 이미지 선택 화면

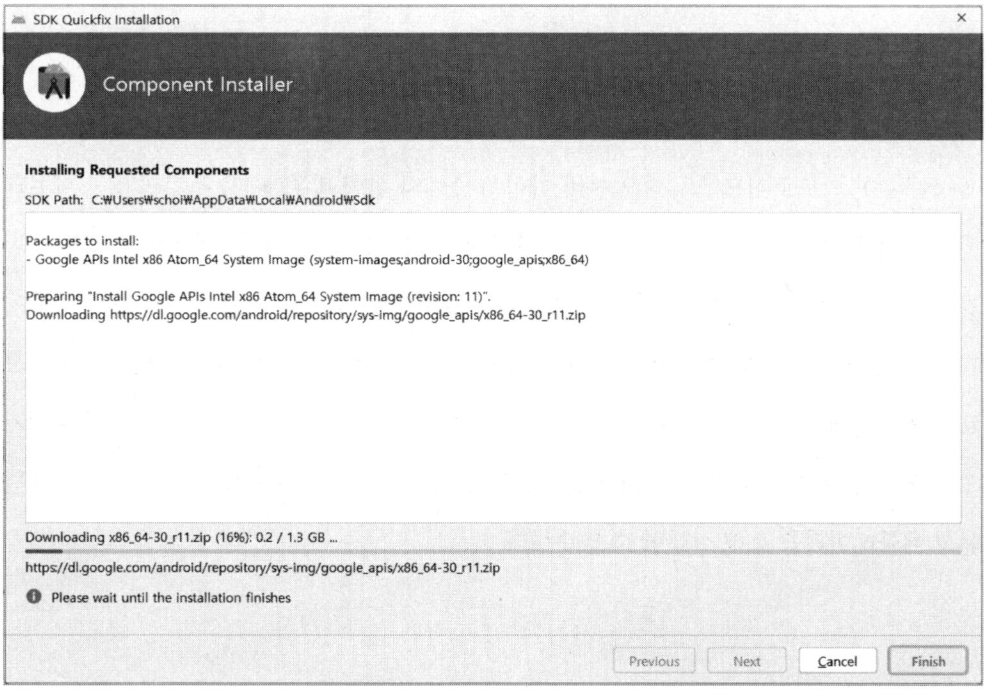

그림 III-10 시스템 이미지 다운로드 화면

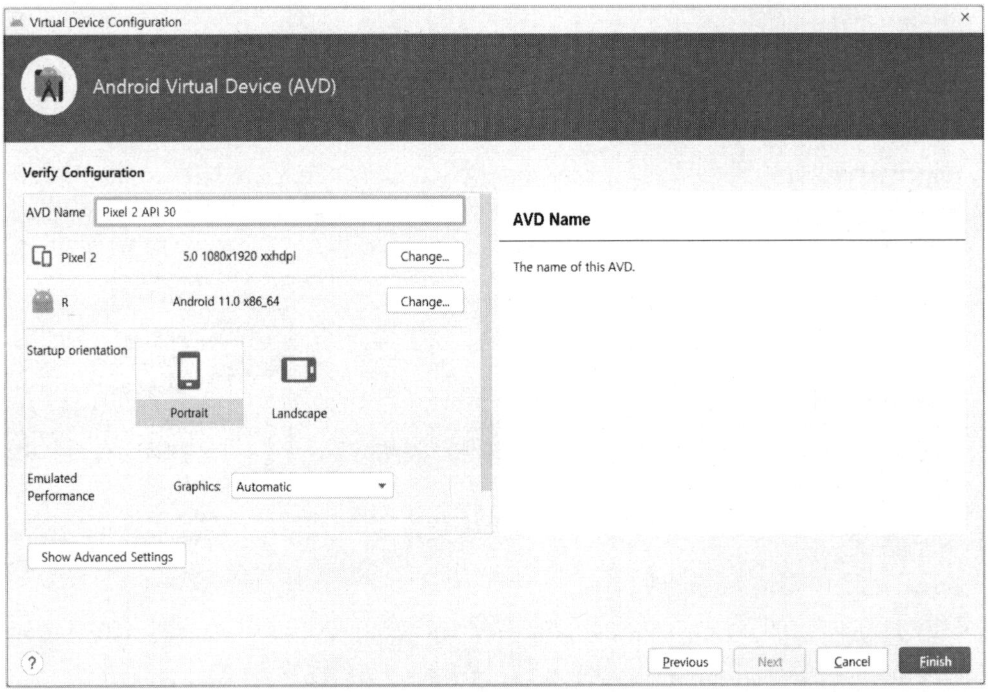

그림 III-11 에뮬레이터 정보 요약 화면

3단계: 앱 실행하기

마지막 단계는 2단계에서 만든 에뮬레이터를 이용하여 1단계에서 제작한 앱을 실행시키는 과정입니다. 안드로이드 스튜디오 툴바 아이콘 중에서 실행 버튼(▶)을 누르면 앱을 에뮬레이터로 업로드한 후 실행할 수 있습니다. 에뮬레이터를 최초로 실행할 때는 어느 정도의 시간이 필요합니다. 실행에 필요한 모든 과정이 완료되면 아래 그림과 같은 화면을 만나게 됩니다. 앞에서도 언급했지만 어떤 코틀린 코드도 입력한 것이 없지만, 첫 번째 앱은 기본적으로 화면 중앙에 "Hello World"라는 문자열을 화면에 출력합니다. 이러한 이유로 비록 우리가 코딩을 직접 하지 않았지만 그림 III-12와 같이 첫번째 앱을 안드로이드 스튜디오를 통해 만들고 에뮬레이터를 통해 실행할 수 있습니다.

그림 III-12 에뮬레이터가 앱을 실행한 화면

안드로이드 스튜디오 내의 에뮬레이터를 이용하여 앱을 실행할 수도 있지만, 스마트폰이나 태블릿을 이용하여 앱을 구동시킬 수도 있습니다. 우리는 지금까지 에뮬레이터를 이용하는 방법에 대해 알아보았습니다.

3 안드로이드 스튜디오 메인 화면 구성

안드로이드 스튜디오를 이용하여 프로젝트를 만들고 에뮬레이터를 이용하여 앱을 구동하는 예제를 살펴봤습니다. 앱 제작을 위해 사용하는 안드로이드 스튜디오의 메인 화면이 어떻게 구성되어 있는지 이번 절에서 자세히 살펴보도록 하겠습니다. 그림 III-13에 제시된 안드로이드 스튜디오 메인 화면은 ⓐ: 프로젝트 구조 창, ⓑ: 코드 편집기, ⓒ: 메시지 출력 화면으로 이루어져 있습니다. 가장 많은 정보를 담고 있는 프로젝트 구조 창부터 알아보겠습니다.

그림 III-13에서 ⓐ를 자세히 보면 크게 2가지 구성요소로 이루어진 것을 알 수 있습니다. 첫 번째 구성요소는 'app'이고 두 번째 구성요소는 'Gradle Scripts' 입니다. 'app'은 다시 'manifests', 'java', 'res' 폴더로 구성되어 있습니다. 'manifests' 폴더를 먼저 살펴봅시다. 이 폴더에는 'AndroidManifest.xml' 파일이 있습니다. 이 파일 내용은 앱과 관련된 여러가지 설정과 관련된 정보를 담고 있습니다. 예를 들어 앱의 패키지 정보, 아이콘 속성, 실행 아이콘 이미지, 앱의 테마 정보 등 앱의 설정과 관련된 다양한 정보를 담고 있습니다. 다음으로 'java' 폴더에는 앱을 제작하기 위해 작성한 코틀린 소스 코드를 포함합니다. 그림 III-13의 ⓑ에 나타난 'MainActivity.kt' 파일이 코틀린 소스 코드입니다. 이 파일의 위치가 바로 'java' 폴더라고 생각하시면 됩니다. 마지막으로 'res' 폴더는 앱이 작동하는 데 필요한 각종 자원에 대한 정보를 가지고 있습니다. 이 폴더 안에는 'drawable', 'layout', 'mipmap', 'values', 이렇게 총 네 개의 하위폴더가 있습니다. 'drawable' 폴더는 앱에서 사용하는 이미지 파일을 담고 있고, 'layout' 폴더에는 앱 화면에 등장하는 다양한 구성요소들을 어떻게 배치할 것인가와 관련된 레이아웃 XML 파일이 들어 있습니다. 'mipmap' 폴더에는 앱을 실행할 때 사용자가 클릭하는 아이콘과 관련된 이미지들이 등록됩니다. 마지막으로 'values' 폴더에는 앱에서 사용하는 색상과 문자열과 같은 값을 별도로 XML 파일로 관리합니다.

그림 III-13 안드로이드 스튜디오 메인 화면

두번째 구성요소인 'Gradle Scripts' 에 대해 알아보겠습니다. 그래들은 안드로이드 앱의 빌드 도구입니다. 다른 프로그래밍언어에서 제공되는 컴파일러와 비슷한 기능을 한다고 생각하시면 이해하기 쉬울 겁니다. 소스 코드를 만든 후 해당 코드를 실행하기 위해서는 소스 코드를 컴파일하여 바이너리 코드로 만들고 바이너리 코드를 실행함으로써 우리가 원하는 결과를 얻을 수 있는 것처럼 코틀린으로 소스 코드를 만들고 화면 레이아웃을 설계하는 것만으로 앱이 작동하지는 않습니다. 그래드 파일에서 설정한 다양한 빌드 정보에 따라 빌드 과정을 거쳐야만 비로소 앱이 실행됩니다. 이 항목에서 여러분이 눈여겨보아야 할 파일은 'build.gradle(Module)' 입니다. 이 파일에는 코틀린 소스 코드를 컴파일하기 위한 컴파일러의 버전 정보를 비롯하여 앱의 식별자, SDK 버전 설정 및 앱의 버전 설정 정보, 그리고 컴파일 옵션과 라이브러리와 관련된 각종 설정 정보를 담고 있습니다. 여러분은 이 파일의 각종 설정 정보 중 수정하기 원하는 항목을 찾아 수정함으로써 앱을 여러분이 원하는 방향으로

빌드할 수 있습니다. 지금까지 프로젝트 구조 창에 있는 두 구성요소인 'app'과 'Gradle Scripts'에 대해 자세히 살펴봤습니다. 프로젝트 구조 창의 여러 가지 항목이 낯설고 용어도 어려웠을 것입니다. 처음부터 이 모든 내용을 완벽히 이해해야 앱을 제작할 수 있는 것은 아닙니다. 이전 절에서 처음으로 앱을 만들 때 이 절에서 설명한 어떤 내용도 알지 못했습니다. 그렇기 때문에 이번 절에서 설명한 내용이 너무 어렵게 느껴지더라도 책의 목차에 따라 차근차근 내용을 공부하고 익히다보면 힘들게 느껴지던 용어 및 내용이 친숙하게 다가올 날이 있을 겁니다. 힘내세요!

4 SDK 매니저

그림 III-13의 안드로이드 스튜디오 메인 화면의 오른쪽 위를 보면 다양한 아이콘 형태의 메뉴가 존재합니다. 이 부분을 '툴바'라고 하는데 이 툴바의 아이콘 중 을 찾아보세요. 그리고 마우스 포인터를 이 아이콘 위에 위치시키면 'SDK Manager' 라는 풍선 도움말이 뜹니다. SDK Manager는 이름 그대로 SDK 를 관리할 수 있는 다양한 메뉴를 제공합니다. 그림 III-14는 SDK Manager 아이콘을 클릭하여 SDK Manager 창을 띄운 모습입니다. SDK 매니저는 'SDK Platforms', 'SDK Tools', 'SDK Update Sites' 이라는 총 3개의 탭으로 구성되어 있습니다.

첫 번째 탭은 'SDK Platforms' 탭입니다. 이 탭에서는 현재 안드로이드 플랫폼 버전과 API 레벨에 대한 리스트를 보여줍니다. 현재 안드로이드 스튜디오에 설치된 SDK는 체크 표시가 되어 있습니다. 설치하기 원하는 SDK 를 찾아서 체크 박스에 표시를 하면 'Apply' 버튼이 활성화되면서 해당 SDK를 설치할 수 있습니다.

두 번째 탭은 'SDK Tools'탭입니다. 모바일 앱을 개발하는 개발자들이 활용할 수 있는 다양한 개발 도구에 대한 리스트를 보여줍니다. 안드로이드 스튜디오를 처음으로 설치할 때 기본적인 개발 도구들은 자동으로 설치가 됩니다. 에뮬레이터 관련 도구들이 설치되어있는 것을 확인할 수 있습니다.

마지막 탭은 'SDK Update Sites' 탭입니다. 이 탭에서는 SDK를 최신 버전으로 유지하고 업데이트하기 위한 여러 사이트 정보를 제공합니다.

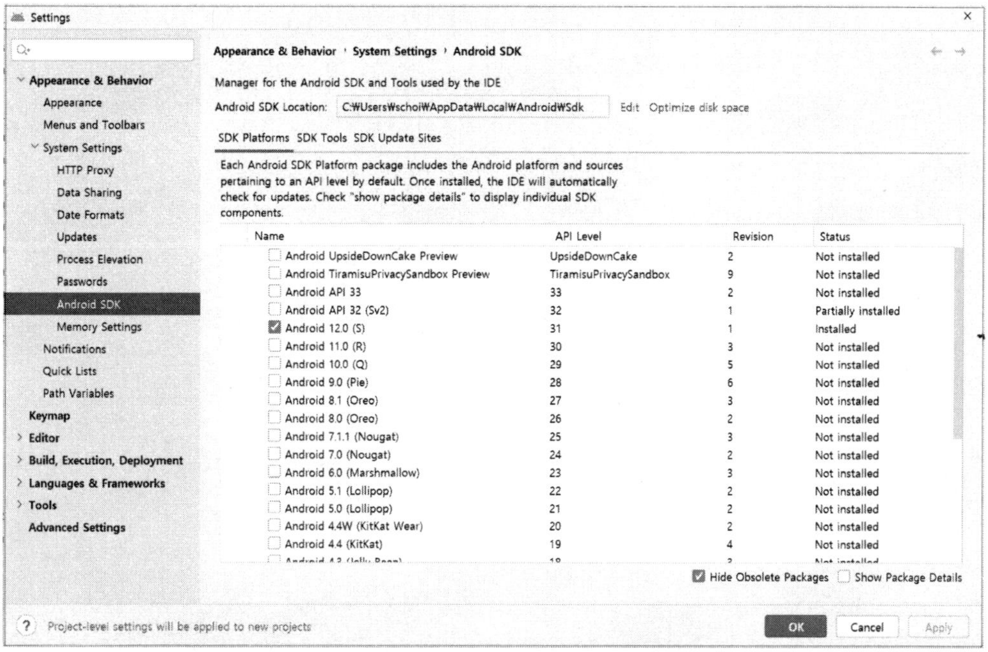

그림 III-14 SDK Manager 화면

4차시

IV. 코틀린 언어 학습을 위한 통합 개발환경 구축

1. 학습목표

코틀린 언어 학습을 위한 통합 개발환경 구축

2. 수업내용

- IntelliJ IDEA를 소개합니다.
- IntelliJ IDEA를 설치합니다.
- IntelliJ IDEA 통합 개발환경에서 코틀린을 이용하여 'Hello World'프로그램을 만듭니다.

3. 수업성과

- IntelliJ IDEA를 사용하여 코틀린 언어를 학습합니다.

1 IntelliJ IDEA 커뮤니티 에디션

2장에서는 안드로이드 운영체제 기반의 모바일앱 제작을 위한 개발환경을 구축하는 방법에 대해 살펴봤습니다. 이번 장에서는 코트린 언어 학습을 위한 IntelliJ IDEA 통합 개발환경을 구축하는 과정을 함께 알아보도록 하겠습니다. 안드로이드용 모바일앱의 공식 언어가 코틀린이고, 이를 위한 모바일앱 개발환경을 이미 구축하였음에도 불구하고 추가적인 개발환경을 구축하는 것에 대해 의문점이 생길 수 있습니다. 이렇게 하는 이유는 안드로이드 스튜디오의 사용 목적은 모바일 앱 제작입니다. 따라서 안드로이드 스튜디오를 사용하면 그 결과물은 모바일 앱 형식입니다. 이렇게 제작된 모바일 앱은 일반적으로 안드로이드 운영체제 기반의 스마트폰에서 해당 앱을 실행하거나 안드로이드 스튜디오에 내장된 가상의 에뮬레이터에서 동작합니다. 이렇게 함으로써 코틀린을 사용하여 제작한 모바일 앱이 의도한 대로 동작하는지를 테스트합니다. 우리의 목적은 모바일 앱 제작이기 때문에 안드로이드 스튜디오만으로 충분할 것으로 생각할 수 있습니다. 하지만, 가상 에뮬레이터를 실행시켜 모바일 앱이 제대로 동작하는지를 테스트하는 과정은 컴퓨터의 자원을 많이 사용하기 때문에 실행 속도가 아주 느립니다. 한 번에 완벽하게 코딩하여 아무 문제 없이 모바일 앱이 동작하면 좋겠지만, 대부분은 여러 번의 디버깅 및 테스트 과정을 거쳐야 비로소 우리가 원하는 대로 동작합니다. 이러한 이유로 코틀린 언어를 처음 접하는 초보자의 경우 처음부터 안드로이드 스튜디오를 사용하여 코틀린을 익히게 되면 안드로이드 스튜디오의 더딘 실행 속도로 인해 코틀린을 배우는 과정이 다소 힘들게 느껴질 수 있습니다. 이러한 번거로움을 해결하고 초기 단계에는 코틀린 언어의 문법 학습에 집중하기 위해 이번 장에서는 코틀린 언어 학습을 위한 통합 개발환경인 IntelliJ IDEA를 설치하는 방법을 살펴볼 것입니다.

IntelliJ IDEA 개발환경은 JetBrains 사에서 개발한 통합 개발환경입니다. 자바를 이용한 대표적인 애플리케이션 제작 개발환경인 이클립스와 양대 산맥을 이룰 정도로 통합 개발환경 분야에서 명성을 떨치고 있고, IntelliJ IDEA 15버전부터 코틀린을 지원 언어로 포함했습니다. 현재 최신 버전은 IntelliJ IDEA 홈페이지에서 내려받아 설치할 수 있습니다. IntelliJ IDEA는 구독료를 지불하는 Ultimate Edition과 무료로 배포되는 Community Edition 두 종류가 있습니다. 기본적인 코틀린 언어 학습을 위해서는 무료 버전인 커뮤니티 에디션만으로 충분합니다. 이 장에서는 커뮤니티 에디션을 내려받아 설치하는 과정을 단계별로 살펴보도록 하겠습니다.

2 IntelliJ IDEA 커뮤니티 에디션 설치

1단계: IntelliJ IDEA 커뮤니티 에디션 다운로드

IntelliJ IDEA 커뮤니티 에디션을 설치하기 위해 젯브레인즈사의 IntelliJ 다운로드 웹사이트(https://www.jetbrains.com/idea/)에 접속합니다. 그림 IV-1과 같은 화면을 만나게 됩니다. 그림 IV-1의 화면 중앙 혹은 오른쪽 위의 'Download'버튼을 클릭하여 다운로드 화면으로 이동합니다. 이렇게 하면 그림 IV-2의 화면이 나타납니다. IntelliJ IDEA 통합 개발환경은 윈도우, 맥OS, 리눅스 이렇게 3가지 운영체제 기반의 설치파일을 제공합니다. 또한, Ultimate와 Community 이렇게 2가지 옵션을 제공합니다. 이 옵션과 관련된 자세한 사항은 그림 IV-2의 웹사이트에 자세히 설명되어 있으니 참고하시기 바랍니다.

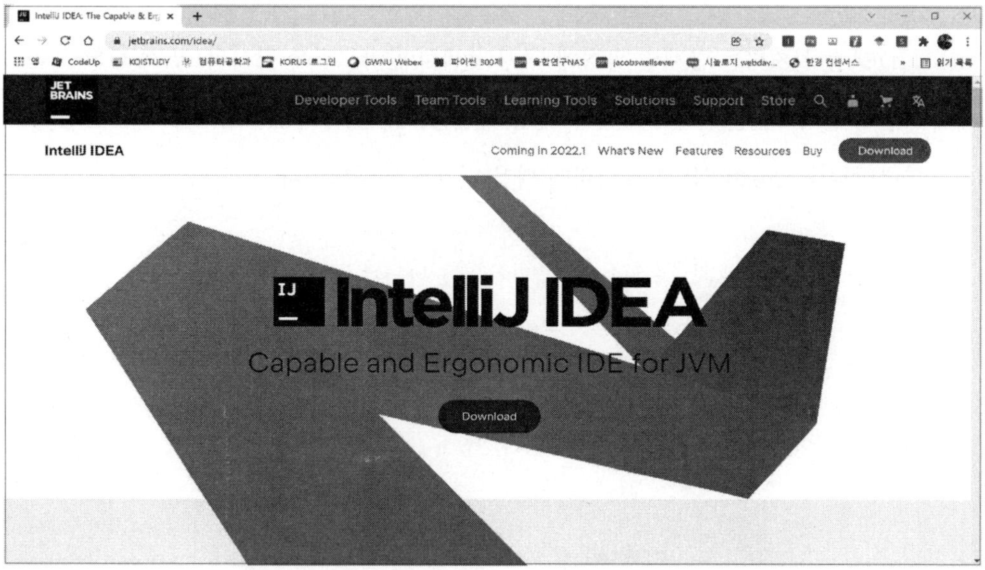

그림 IV-1 젯브레인즈사의 IntelliJ IDEA 다운로드 웹사이트

여기서는 윈도우 운영체제 개반의 커뮤니티 버전을 다운로드하여 설치하겠습니다. 커뮤니티 버전의 다운로드 버튼을 클릭하여 다운로드를 진행합니다.

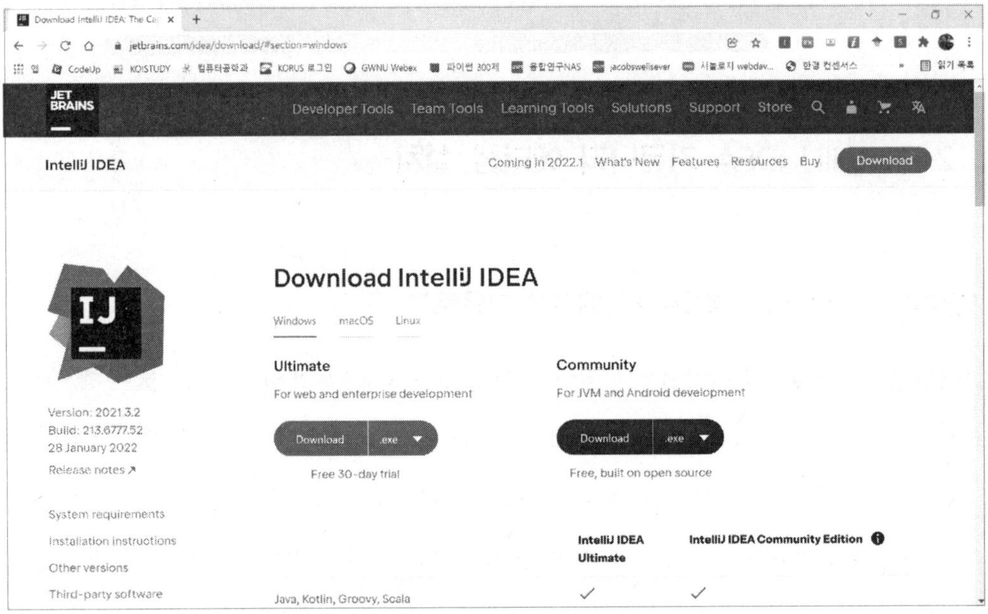

그림 IV-2 IntelliJ IDEA 설치 옵션 화면

2단계: IntelliJ IDEA 커뮤니티 에디션 설치

IntelliJ IDEA를 설치하는 단계별 과정에 대해 자세히 알아보도록 합시다. 먼저 윈도우 운영체제 기반의 설치파일을 다운로드한 후 해당 파일을 더블클릭하면 그림 IV-3과 같은 설치 화면이 나타납니다. 'Next'버튼을 클릭하여 다음 단계로 이동합니다.

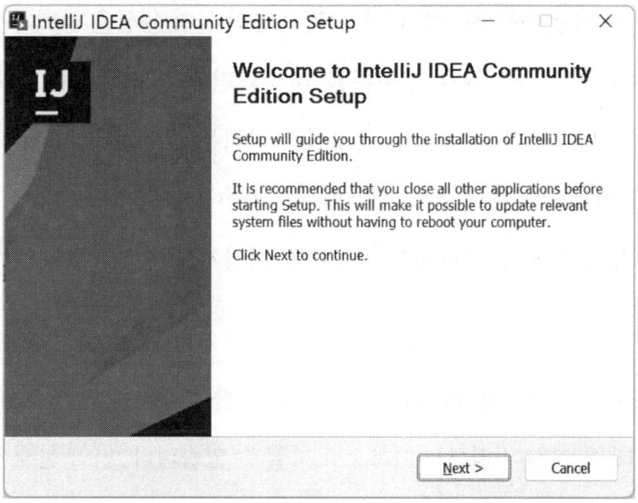

그림 IV-3 IntelliJ IDEA 커뮤니티 에디션 설치 초기 화면

2번째 단계에서는 IntelliJ IDEA가 설치될 폴더의 위치를 선택하는 화면(그림 IV-4)이 나타납니다. 만약 사용자가 IntelliJ IDEA를 특정 폴더에 설치하기를 원하면 'Browse'버튼을 클릭하여 원하는 폴더를 선택할 수 있습니다. 현재 상태를 그대로 유지한 채로 'Next'버튼을 클릭하여 다음 화면으로 이동합니다.

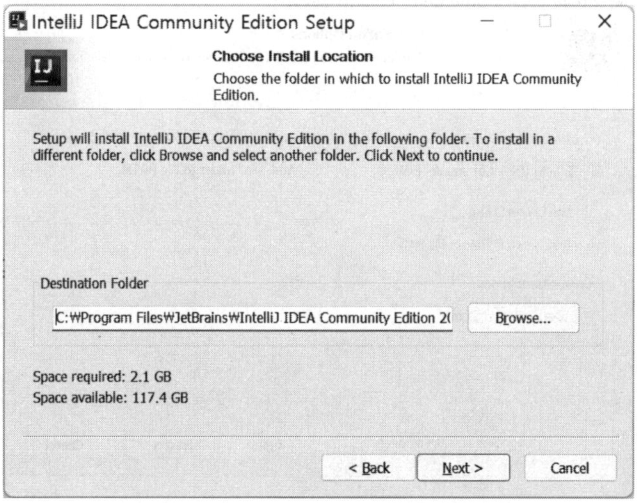

그림 IV-4 IntelliJ IDEA 설치 폴더 선택 화면

IntelliJ IDEA가 설치될 폴더를 선택한 다음 그림 IV-5의 설치 옵션을 선택하는 화면이 등장합니다. 설치 옵션으로는 바로가기 아이콘을 바탕화면에 만드는 것, 윈도우 환경변수인 'PATH'에 IntelliJ IDEA 'bin'폴더에 대한 경로를 추가하는 것, IntelliJ IDEA 개발환경에서 지원하는 확장자를 연결하는 문제 등을 선택할 수 있습니다. 여기서 'Add "bin"folder to the PATH'옵션과 가장 아래에 있는 IntelliJ IDEA 관련 확장자를 연결하는 것에는 체크하기를 권장합니다.

다음 단계는 윈도우 시작메뉴에 IntelliJ IDEA 바로가기를 설정하는 단계(그림 IV-6)입니다. 바로가기 메뉴의 이름을 자신이 원하는 이름으로 바꿀 수 있습니다. 만약 현재 적용된 이름을 그대로 사용하길 원한다면 'Install'버튼을 클릭하여 설치를 진행합니다. 그림 IV-7은 IntelliJ IDEA의 설치 진행 중인 화면을 보여줍니다. 모든 설치가 완료되면 그림 IV-8 화면이 등장하는데 여기서는 시스템을 재부팅하여 IntelliJ IDEA 통합 개발환경 설치를 마무리합니다.

지금까지 IntelliJ IDEA 커뮤니티 에디션을 다운로드하여 컴퓨터에 설치하는 과정을 자세히 살펴봤습니다. 여기에 나오는 대로 단계별로 과정을 밟아 나간다면 큰 어려움 없이 설치를 완료할 수 있습니다.

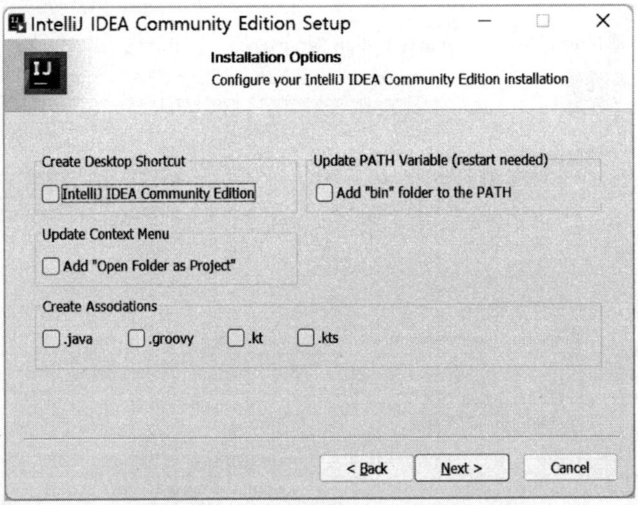

그림 IV-5 IntelliJ IDEA 옵션 선택 화면

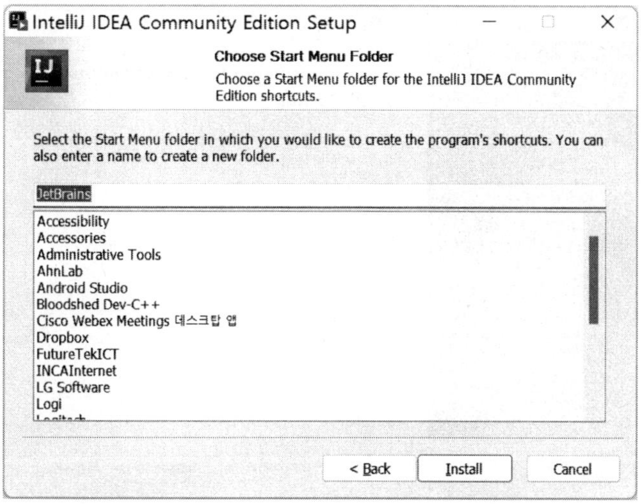

그림 IV-6 윈도우 시작메뉴에 IntelliJ IDEA 바로가기 설정 화면

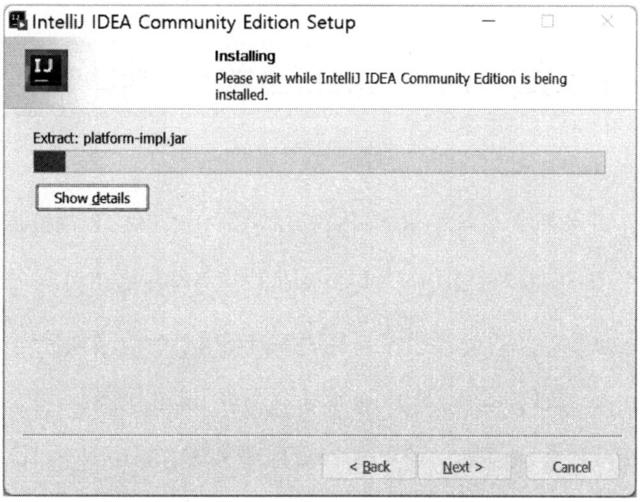

그림 IV-7 IntelliJ IDEA 설치 진행 화면

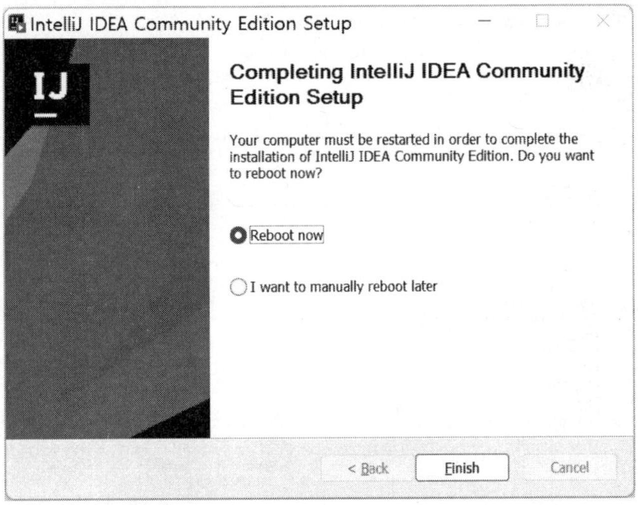

그림 IV-8 IntelliJ IDEA 설치 마무리 화면

3 코틀린을 이용한 'Hello World'프로그램 제작

IntelliJ IDEA 통합 개발환경 설치가 마무리되었습니다. 일반적으로 새로운 프로그래밍언어를 학습할 때 제일 먼저 모니터 화면에 'Hello World'문자열을 출력하는 간단한 프로그램을 작성하곤 합니다. 코틀린을 접하기 전에 다른 프로그래밍언어를 접해본 독자들은 이미 이러한 경험이 있으리라 생각합니다. 이전 절에서 설치한 IntelliJ IDEA 개발환경을 이용하여 'Hello World'프로그램을 제작하는 방법에 대해서 알아보도록 하겠습니다. 가장 먼저 바탕화면에 있는 IntelliJ IDEA Community Edtion 바로가기 아이콘을 클릭하여 개발환경을 실행시킵니다. 그럼 아래와 같이 그림 IV-9 화면이 등장합니다. 이 화면에서 가운데에 3가지 옵션을 선택할 수 있는 버튼이 존재합니다. 'New Project'를 선택하면 코틀린을 사용하여 새로운 프로그램을 만들 수 있습니다. 'Open'메뉴는 기존의 프로젝트를 불러오는 기능을 제공합니다. 마지막으로 'Get from VCS'메뉴는 깃과 같은 버전 관리 시스템으로부터 이전에 작업하던 프로젝트를 불러올 때 사용합니다. 안드로이드 스튜디오와 마찬가지로 IntelliJ IDEA 개발환경 또한 기본적으로 프로젝트 기반으로 코드를 관리하고 프로그램을 개발합니다. 아무

래도 이 2개의 툴을 만든 회사가 같으므로 프로그램을 개발하는 방식 또한 통일되어있다고 볼 수 있습니다. 요즈음에 나오는 대부분의 개발툴 또한, 이러한 방식을 따르고 있으므로 이러한 개발 방식에 익숙해질 필요가 있습니다. 우리는 코틀린 언어를 이용하여 새로운 프로그램을 개발할 것이기 때문에 'New Project'메뉴를 선택합니다. 그림 IV-9에서 보는 바와 같이 기본적으로 IntelliJ IDEA 개발환경은 어두운 테마를 취하고 있습니다. 만약 여러분이 밝은 테마를 원하신다면 그림 IV-9의 왼쪽 메뉴 중 'Customize'를 선택한 후 'Color theme'를 'IntelliJ Light'로 변경하여 사용하기를 추천합니다.

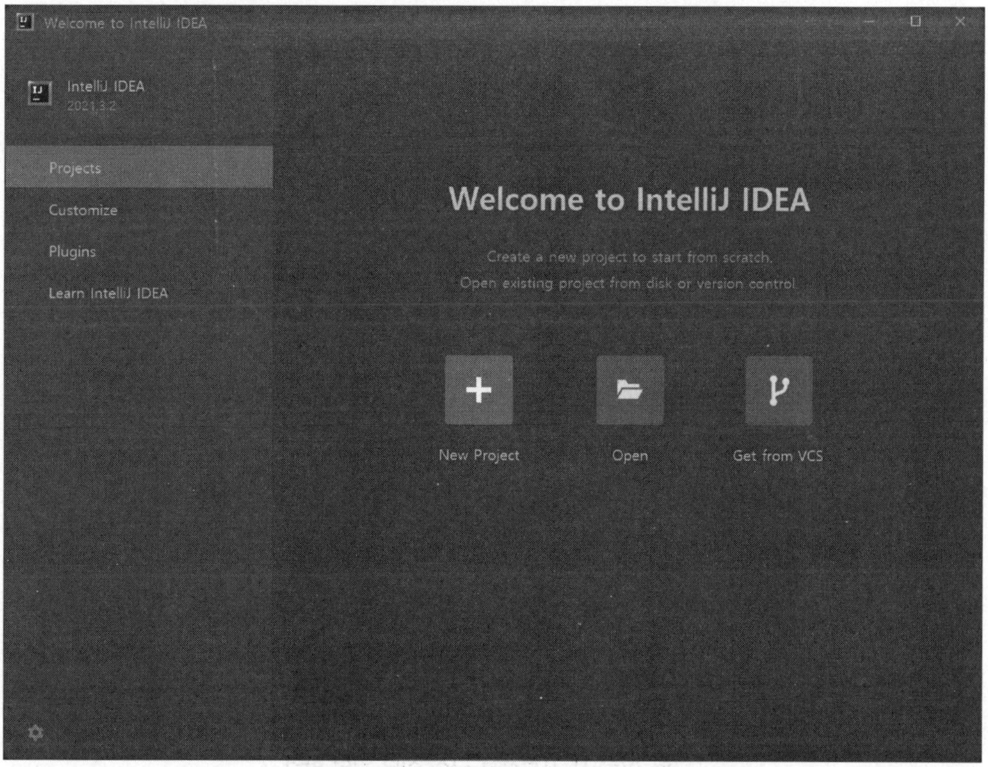

그림 IV-9 IntelliJ IDEA 실행 초기 화면

'New Project'메뉴를 선택 후 다음 단계로 이동하면 그림 IV-10 화면이 등장합니다. IntelliJ IDEA 개발환경에서 'File' | 'New' | 'Project'메뉴를 선택하여도 같은 결과를 얻을 수 있습니다. 그림 IV-10 화면의 왼쪽에 보면 다양한 메뉴가 있습니다. 우리는 IntelliJ IDEA를 사용하는 목적이 코틀린 언어를 이용하기 위한 것이기 때문에 'Kotlin'을 선택합니다. 다음으로 프

로젝트 이름을 정합니다. 'Name'이라고 되어 있는 텍스트 입력 상자에 그림과 같이 'HelloWorld'라고 입력합니다. 해당 프로젝트가 어느 폴더에 위치하는지를 나타내는 정보는 'Location'에 나타납니다. 다른 부분은 수정할 것이 없으므로 'Next'버튼을 클릭하여 다음으로 넘어갑니다.

다음에 등장하는 화면(그림 IV-11)은 추가적인 프로젝트의 구성 정보를 나타냅니다. 특별히 수정할 부분이 없으므로 'Finish'버튼을 클릭하여 프로젝트 구성을 마무리합니다.

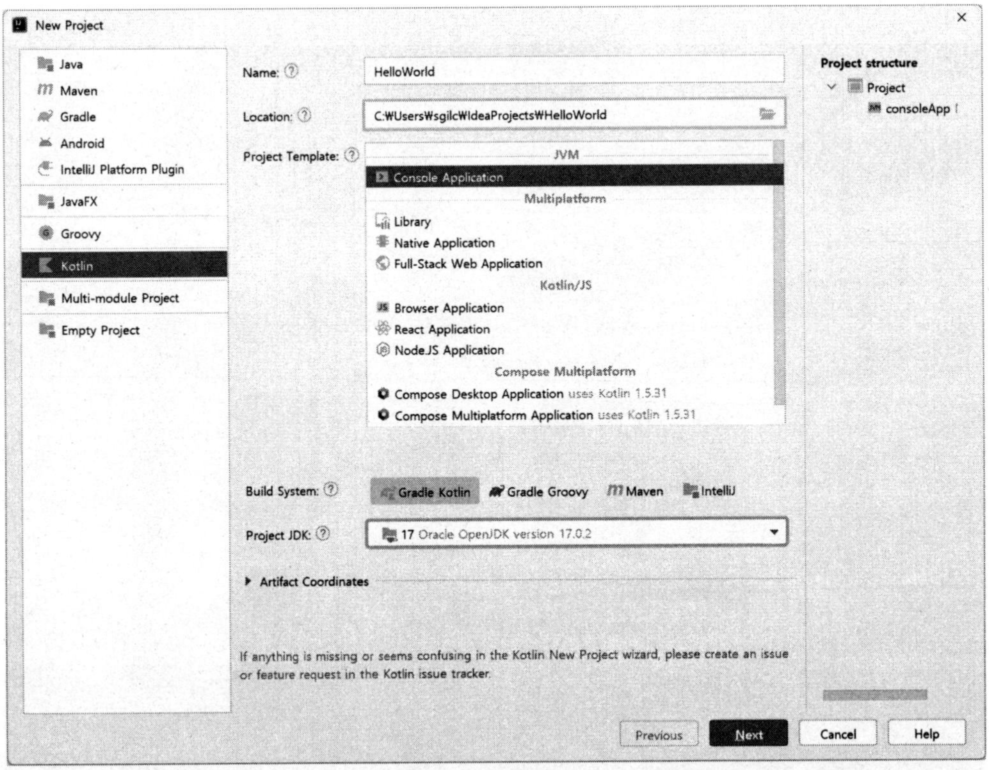

그림 IV-10 프로젝트 구성 정보 입력 화면

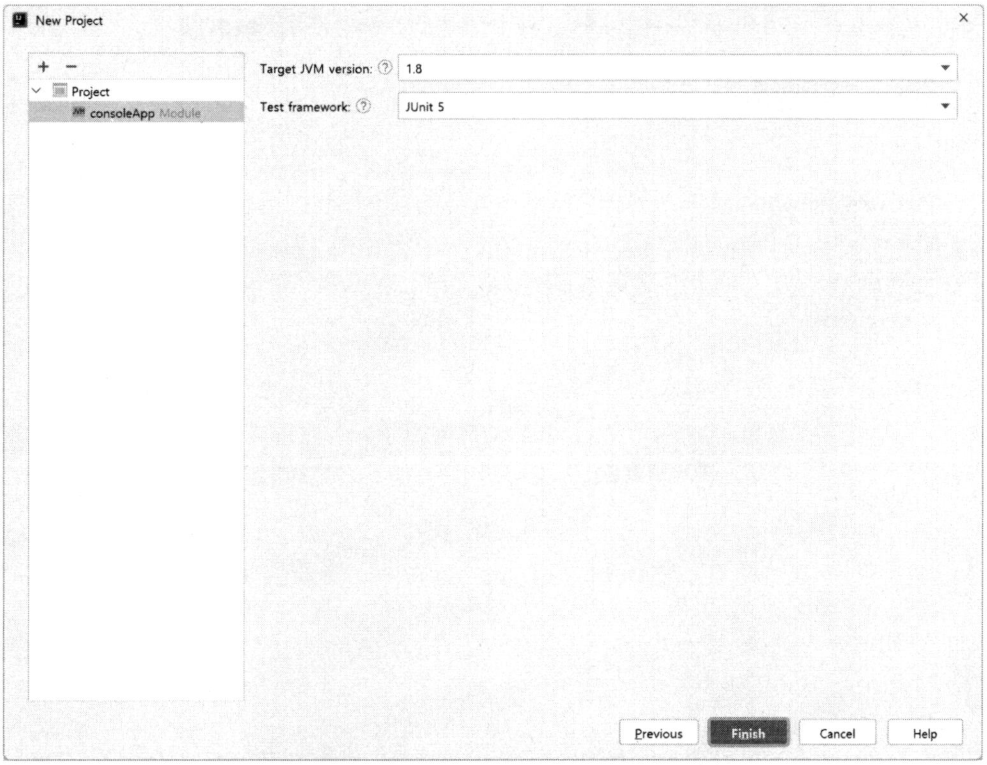

그림 IV-11 프로젝트 추가 구성 정보 화면

프로젝트 구성이 마무리되고 나면 그림 IV-12와 같은 IntelliJ IDEA 프로그램 개발 화면이 나타납니다. 처음 실행할 때에는 여러 가지 백그라운드 작업으로 인해 시간이 소요되는 점을 감안하여 인내심을 가지고 기다려야 합니다. 아래 그림의 오른쪽에는 'Main.kt'라는 파일이 기본으로 열려있는 것을 확인할 수 있습니다. 파일 확장자 'kt'는 이 파일이 코틀린 언어로 작성되었음을 나타냅니다. 일반적으로 코틀린으로 작성된 소스 코드를 나타내는 확장자로 사용되고 있습니다. 그리고 'fun'이라는 키워드는 함수를 나타냅니다. 따라서 'Main.kt'파일은 'main'이라는 함수 하나를 가지고 있습니다.

'Main.kt'파일의 위치는 그림 IV-12 왼쪽에 프로젝트와 관련된 다양한 폴더가 있는 프로젝트 창에서 'src'폴더 아래에 위치합니다. 이 폴더를 클릭하면 'main'폴더가 있고 그 밑에 있는 'Kotlin'폴더를 클릭하면 'Main.kt'파일이 있습니다. 우리가 작성하는 대부분의 소스 코드는 바로 'src'폴더 아래에 있습니다.

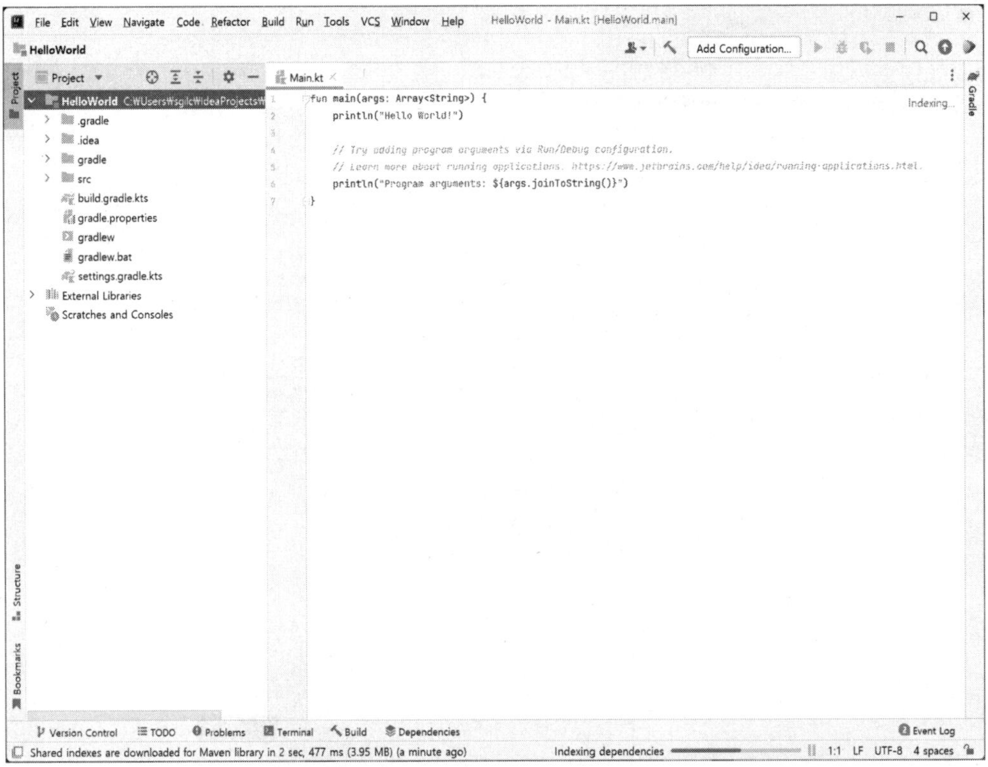

그림 IV-12 IntelliJ IDEA 프로그램 개발 화면

'main'함수에는 이미 IntelliJ IDEA 개발환경에서 작성한 샘플 코드가 들어 있습니다. 이 함수는 총 2 줄의 코드로 구성되어 있습니다. 첫 번째 문장은 'Hello World!'문자열을 출력하는 코드이고, 두 번째 문장은 프로그램 실행시 'main'함수에 전달된 파라미터 정보를 출력합니다. 이미 작성되어 있는 2줄의 코드를 지우고 아래 코드를 작성하여 프로그램을 수정해보도록 하겠습니다.

코드 IV-1 사용자가 입력한 이름을 출력하는 코틀린 코드

```
fun main() {
    println("What's your name?")
    val name = readln()
    println("Hello, $name!")
}
```

코드 IV-1은 먼저 화면에 'What's your name?'이라는 문자열을 출력합니다. 프로그램 실행자는 자신의 이름을 모니터 화면에 입력합니다. 'readln()'함수가 이렇게 입력된 사용자 이름을 변수 'name'에 저장한 후 'Hello'문자열과 사용자가 입력한 문자열을 화면에 출력한 후 프로그램은 종료됩니다.

IntelliJ IDEA에서 코드를 실행하는 방법은 첫째, 'Run'메뉴를 통해 실행하는 방법이 있습니다. 둘째, 단축키 'Ctrl + Shift + F10'를 사용하는 방법이 있고, 마지막으로 프로그램 실행 아이콘(▶)을 클릭하여 실행하는 방법, 이렇게 총 3가지 방법이 있습니다. 각자에게 맞는 방법을 선택하여 프로그램을 실행하면 됩니다. 그림 IV-13은 코드 IV-1의 실행결과를 보여줍니다. 프로그램 실행 후 이름을 'Smith'로 입력했고 최종 결과는 'Hello Smith'를 화면에 출력했습니다. 사용자가 입력한 이름을 변수에 저장하여 기억하였다가 'Hello'문자열과 함께 화면에 출력했습니다. 여기서 유의할 점은 사용자가 입력한 정보 (문자열 혹은 숫자)를 받아들이는 'readln()'함수는 코틀린 버전 1.6부터 사용 가능합니다. 따라서, 만약 이전 버전의 코틀린 플러그인을 사용하고 있다면 최신 버전으로 업데이트해주어야 합니다. IntelliJ IDEA 개발환경은 이렇게 지원되지 않는 함수를 사용할 경우 플러그인을 업데이트하라는 메시지를 알림창(IntelliJ IDEA 개발환경 화면의 오른쪽 아래에 팝업 메시지로 알려줍니다)에 띄워 줍니다. 'Update'를 선택하여 최신 버전의 플러그인 설치를 진행합니다. 모든 업데이트가 끝난 후 'build.gradle.kts'파일을 열어서 그림 IV-14처럼 최신 버전의 플러그인 버전 정보를 입력합니다. 현재 최신 코틀린 플러그인 버전은 1.6이므로 그림 IV-14와 같이 버전 정보를 수정해주면 됩니다. 버전 정보를 수정하게 되면 해당 파일의 내용이 변경되고 이 변경된 내용을 반영시켜야 하는데 이것은 단순히 해당 파일을 저장하는 것만으로 이루어지지 않습니다. 그림 IV-14를 자세히 보면 플러그인 버전 정보를 변경하는 순간 해당 라인의 오른쪽 끝에 2개의 아이콘이 팝업됩니다. 2개의 아이콘 중 코끼리 모양의 아이콘을 클릭하면 비로소 플러그인 버전 정보를 변경한 내용이 프로젝트 전체에 영향을 미치게 되고 해당 정보가 완전히 프로젝트에 반영됩니다. 이 작업은 약간의 시간을 소모하니 참고 바랍니다.

지금까지 코틀린 언어 학습을 위한 IntelliJ IDEA 커뮤니티 에디션을 설치하는 과정과 코틀린 언어를 이용하여 화면에 문자열을 출력하고 사용자가 입력한 문자열을 입력 받은 후 해당 문자열을 변수에 저장하고 최종적으로 해당 문자열을 화면에 출력하는 코틀린 코드를 작성했습니다. 이제부터 본격적으로 IntelliJ IDEA 개발환경 아래에서 코틀린 언어의 기본 문법을 자세히 공부하도록 합시다.

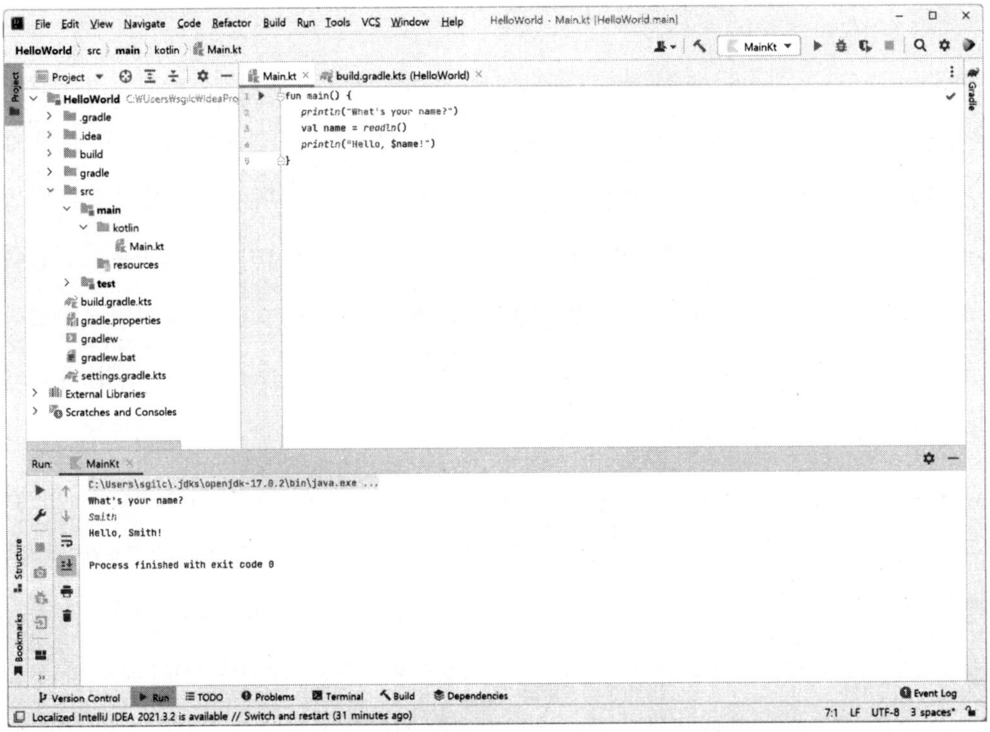

그림 IV-13 코드 4-1의 실행 결과 화면

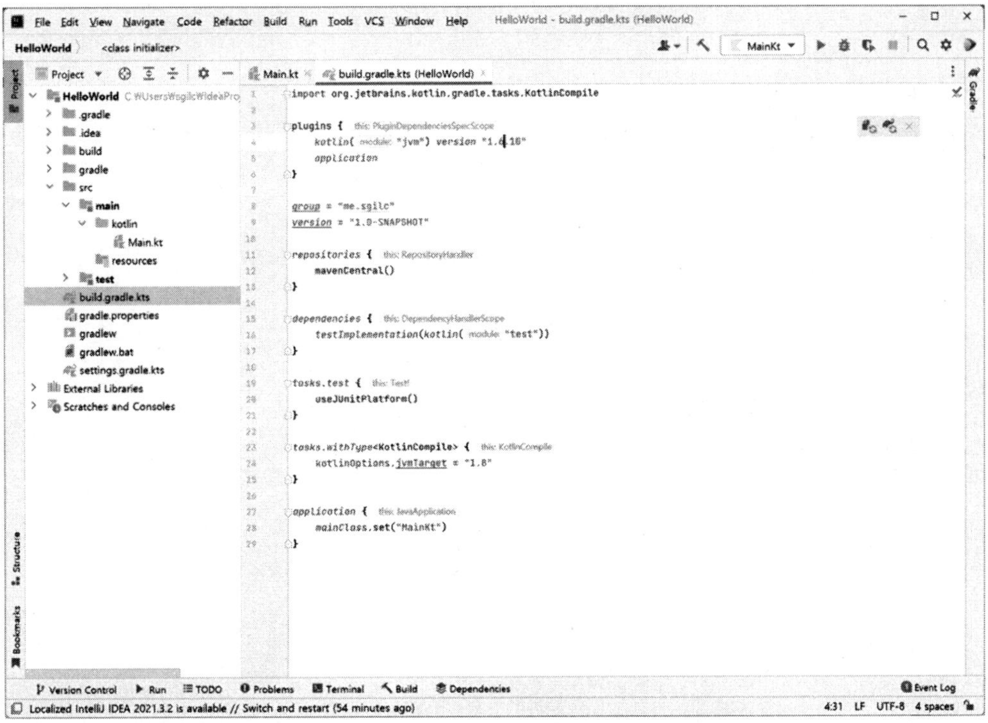

그림 IV-14 코틀린 플러그인 정보 업데이트 화면

5차시

V. 변수와 자료형

1. 학습목표

변수와 자료형

2. 수업내용

- 변수의 개념과 다양한 변수의 자료형을 공부한다.
- 코트린 언어에서 제공하는 읽기전용 변수의 개념을 이해한다.
- 변수명 명명규칙을 학습한다.
- 널 허용 변수 선언 방법을 공부한다.
- 지연 초기화 방식을 학습한다.

3. 수업성과

- 변수의 개념과 다양한 변수의 자료형을 이해한다.
- 코트린 언어에서 제공하는 읽기전용 변수의 개념을 익힌다.
- 변수명 명명규칙을 적용할 수 있다.
- 널 허용 변수를 선언할 수 있다.
- 지연 초기화 방법을 적용할 수 있다.

변수는 데이터를 저장하는 임시 저장소의 역할을 담당합니다. 변수명은 주기억장치 내에 저장된 데이터의 고유주소를 가지고 있습니다. 이러한 이유로 똑같은 변수명을 사용할 수 없는 것입니다. 또한, 변수에 저장되는 데이터의 크기에 따라 변수의 자료형을 적절하게 정해주어야 합니다. 프로그램에서 데이터를 다루기 위한 기본 요소가 바로 변수입니다. 이번 장에서는 변수와 관련된 기본 개념과 변수에 저장되는 데이터의 크기에 따른 다양한 변수 자료형에 관해 설명합니다.

1 | 변수

1) 코틀린 변수의 종류

코틀린에는 크게 2가지 종류의 변수가 존재합니다. 첫 번째는 'var'키워드를 사용해서 변수를 선언하는 것이고, 두 번째는 'val'키워드를 사용한 방법입니다. 'var'키워드를 이용하여 변수를 선언하면 변수에 저장된 값을 언제든지 변경할 수 있지만, 'val'키워드를 이용하여 변수를 선언한 후 값을 초기화하면 이후로 그 값을 변경할 수 없습니다. 다시 말해서 'var'키워드를 사용하여 변수를 선언하면 변수 본연의 목적에 맞게 사용하는 것이고, 'val'키워드를 사용한 변수는 상수 역할을 한다고 생각하면 됩니다. 상수는 그 값이 한 번 정해지면 더이상 바꿀 수 없습니다. 예를 통해 자세히 알아보겠습니다. 코드 V-1은 'var'키워드를 사용한 변수 선언 방법을 나타냅니다. 변수를 선언하면서 해당 변수의 값을 10으로 초기화하였습니다. 이후에 그 값을 20으로 변경합니다. 변수 'a'는 'var'키워드로 선언했기 때문에 해당 변수의 값을 언제든지 변경할 수 있습니다. 변수 선언과 초기화에 대해서는 이후에 자세히 설명하겠습니다.

코드 V-1 'var'키워드를 사용한 변수 선언

```
// 'var'키워드를 사용한 변수 선언
fun main(args: Array<String>) {
    var a: Int = 10
    a = 20        // 성공
}
```

코드 V-2는 'val'키워드를 사용하여 변수를 선언한 방법을 보입니다. 'val'키워드를 사용한 변수는 'var'를 사용한 방법과 달리 한 번 저장된 값은 변경할 수 없습니다. 코드 V-2에서처럼 변수 'b'의 값을 '10'에서 '20'으로 바꾸려는 시도는 유효하지 않습니다.

코드 V-2 'val'키워드를 사용한 변수 선언

```
// 'val'키워드를 사용한 변수 선언
fun main(args: Array<String>) {
    val b: Int = 10
    b = 20        // 실패
}
```

2) 변수 선언과 초기화

코틀린에서 변수를 선언하고 초기화하는 방법은 크게 2가지가 있습니다. 첫 번째 방법은 변수를 선언하면서 동시에 값을 할당하는 것이고, 두 번째 방법은 변수 선언과 초기화를 나누어서 코드를 작성하는 방법입니다. 첫 번째 방법은 두 번째 방법과 달리 변수의 자료형을 정해줄 필요가 없습니다. 그 이유는 코틀린에서는 변수에 할당되는 값을 바탕으로 변수의 자료형을 스스로 추론할 수 있기 때문입니다. 다시 말해서 값이 할당되는 순간 값의 형태에 따라 변수의 자료형이 결정됩니다. 두 번째 방법은 변수를 선언할 때 값을 할당하지 않습니다. 이렇게 되면 자동으로 변수의 자료형을 추론할 수 없습니다. 따라서, 반드시 변수의 자료형(데이터 타입)을 명시해주어야 합니다.

문법 V-1은 첫 번째 방법을 이용하여 변수를 선언하는 문법 형식을 보여줍니다.

문법 V-1 변수 선언과 초기화

```
var 변수명 = 값
val 변수명 = 값
```

코드 V-3은 첫 번째 방법을 이용하여 변수를 선언한 예입니다. 변수 'number'는 값이 정수 10입니다. 따라서 코틀린 컴파일러는 이 변수에 대한 자료형이 명시적으로 선언되어 있지 않지만 정숫값을 보고 해당 변수의 자료형을 자동으로 추론합니다. 변수 'name'의 값은 문자열

입니다. 따라서 자료형을 String으로 추론할 수 있습니다.

코드 V-3 변수 선언과 초기화 예제 코드

```
var number = 10
val name = "Bob"
```

첫 번째 방법으로 변수를 선언할 때 아래 예제(코드 V-4)와 같이 변수의 자료형을 명시해주어도 무방합니다. 변수 선언 시 변수의 자료형을 명확하게 명시해주는 습관을 들이는 것은 무엇보다 중요합니다. 파이썬과 같이 변수의 자료형 자체를 사용하지 않는 경우를 제외하고는 코딩할 때 변수의 자료형을 명확하게 명시해주는 습관을 들이도록 합시다.

코드 V-4 변수의 자료형을 명시한 변수 선언과 초기화 예제 코드

```
var number: Int = 10
val name: String = "Bob"
```

문법 V-2는 변수의 선언과 초기화를 분리하여 변수를 선언하는 문법 형식을 보여줍니다.

문법 V-2 변수 선언과 변수 자료형 명시

```
var 변수명: 변수의 자료형
변수명 = 값
val 변수명: 변수의 자료형
변수명 = 값
```

코드 V-5는 두 번째 방법을 이용하여 변수를 선언한 예입니다. 이 예제에서는 첫 번째 줄에서 변수 'number' 를 선언합니다. 변숫값이 지정되지는 않습니다. 변수에 저장되는 값의 형

코드 V-5 변수의 자료형만을 명시한 후 초기화를 나중에 해준 예제 코드

```
var number: Int
number = 10
val name: String
name = "Bob"
```

태를 코틀린 컴파일러가 알아서 추론할 수 없으므로 변수의 자료형을 반드시 명시해주어야 합니다. 두 번째 줄에서는 변수 'number'에 정수 10을 저장합니다.

변수 선언시 변수의 자료형만을 명시해 준 경우에 유의할 사항은 해당 변수를 사용하기 전에 반드시 초기화를 해주어야 한다는 것입니다. 그렇지 않을 경우 IntelliJ IDEA 개발환경에서는 '해당 변수가 반드시 초기화가 되어야 함'이라는 에러 메시지를 출력합니다. 아래 예제를 통해 잘못된 변수 사용의 예를 확인하기 바랍니다. 변수 's'를 선언할 때 변수의 자료형만을 명시하였습니다. 그 후에 변수 's'와 문자열 "Bob"을 if 비교문을 사용하여 비교합니다. 여기서 문제는 변수 's'는 아무런 값을 가지고 있지 않다는 것입니다. 아무 값도 없는 데 특정 문자열과 비교할 수는 없습니다. 따라서 변수를 선언할 때 값을 할당하지 않으면 반드시 변수를 사용하기 전에 해당 변수를 초기화해야 합니다. 코드 V-6을 수정한 코드를 코드 V-7에 나타냈습니다. 따라서, 가장 좋은 변수 선언 및 초기화 방법은 선언과 동시에 초깃값을 할당하는 것입니다. 변수의 초깃값을 결정할 수 없을 때는 수치 변수의 경우 0을, 문자열 변수의 경우 공백으로 해당 변수를 초기화해주는 습관을 들이시기 바랍니다.

코드 V-6 잘못된 변수 사용의 예제 코드

```
fun main() {
    val s: String

    if (s != "Bob") // 에러: 변수 's'에 값이 없음
        println("Two strings are different")
}
```

코드 V-7 코드 V-6을 수정한 코드

```
fun main() {
    val s: String
    s = "Smith"

    if (s != "Bob")
        println("Two strings are different")
}
```

2 변수 자료형(데이터 타입)

변수에 저장되는 데이터는 그 크기에 따라 자료형(데이터 타입이라고도 함)을 결정해줘야 합니다. 각 자료형은 표현할 수 있는 값의 범위가 정해져 있습니다. 변수에 저장하려는 값은 100 이하의 수인데 표현하려는 수보다 너무 큰 범위의 자료형을 선택하면 메모리의 낭비를 초래할 수 있습니다. 반대로 변수의 자료형이 저장할 수 있는 값은 작은데 너무 큰 값을 저장하려고 한다면 데이터의 손실이 발생할 수 있습니다. 따라서 저장하려는 값의 범위를 고려하여 적절한 자료형을 선택하는 것이 중요합니다. 물론 앞에서 언급한 바와 같이 변수를 선언할 때 값을 할당해준다면 자료형을 선언해줄 필요가 없지만, 항상 변수 선언과 함께 초기화가 이뤄지지 않을 수도 있습니다. 결론적으로 가장 좋은 방법은 저장하려고 하는 값에 맞는 적절한 자료형을 선택하여 변수 선언할 때 사용하고 초깃값을 할당하는 습관을 들이는 것입니다. 이번 절에서는 코틀린에서 제공하는 기본 자료형에 대해 자세히 알아봅니다.

표 V-1 코틀린 변수 자료형

구분	데이터 타입	크기	값의 범위
숫자형	Double	64비트(8바이트)	−1.7E+308의 근사값~ 1.7E+308의 근사값
	Float	32비트(4바이트)	−3.4E+38의 근사값~ 3.4E+38의 근사값
	Long	64비트(8바이트)	$-2^{63} \sim 2^{63} - 1$
	Int	32비트(4바이트)	$-2^{31} \sim 2^{31} - 1$
	Short	16비트(2바이트)	$-2^{15} \sim 2^{15} - 1$
	Byte	8비트(1바이트)	$-2^{7} \sim 2^{7} - 1$
문자형	Char	16비트(2바이트) 1개의 문자	$0 \sim 2^{15} - 1$
	String	한 개이상의 문자	
논리자료형	Boolean	1비트	true, false

코틀린에서 제공하는 변수의 기본 자료형을 표 V-1에 나타냈습니다. 변수 자료형은 크게 숫자형, 문자형, 논리자료형으로 구분됩니다. 이 중에서 String 자료형은 값의 범위가 정해져 있지 않습니다. 다시 말해서 그 범위가 고정되어 있지 않고 가변적입니다. 가변성은 문자열 자체가 갖는 속성입니다. 지금부터 각각의 자료형에 따른 변수 선언 및 값을 할당하는 방법에 대해 자세히 살펴보겠습니다.

1) Double 자료형의 변수 선언 및 값 할당

실숫값을 다룰 때 사용하는 가장 대표적인 자료형입니다. 코드 V-8에 Double 자료형을 사용하여 변수를 선언하고 값을 할당한 예를 나타냈습니다.

코드 V-8 Double 자료형의 변수 선언 및 값 할당

```
var dblNumber: Double
dblNumber = 3.14
```

2) Float 자료형의 변수 선언 및 값 할당

Double 자료형과 마찬가지로 실숫값을 다룰 때 사용하는 자료형입니다. Float과 Double의 가장 큰 차이점은 표현할 수 있는 값의 범위입니다. 즉, Double 자료형은 Float 자료형보다 훨씬 큰 값을 저장하고 다룰 수 있습니다. 코틀린에서는 Double 자료형과 Float 자료형을 구분하기 위해 Float 자료형의 경우 숫자 끝에 'F'를 붙입니다. 만약 형추론을 통해 변수에 값을 할당하는 경우 값의 끝에 'F'를 붙이면 해당 변수의 자료형은 Float이 되고 그렇지 않으면 Double 자료형이 됩니다. 즉, 만약 변수를 선언하면서 자료형을 명시하지 않고 실숫값을 초깃값으로 할당하면 코틀린 컴파일러는 해당 변수의 자료형을 Double로 결정합니다. 하지만 아래 보인 코드에서처럼 실숫값 뒤에 'F'를 붙여서 값을 할당하면 Float 자료형으로 판단합니다. 코드 V-9에 Float 자료형을 사용하여 변수를 선언하고 값을 할당한 예를 보였습니다.

코드 V-9 Float 자료형의 변수 선언 및 값 할당

```
var fltNumber: Float
fltNumber = 3.14F
```

3) Long 자료형의 변수 선언 및 값 할당

Long 자료형은 큰 정숫값을 다룰 때 사용하는 숫자 자료형입니다. 정수 데이터를 다루는 Int 자료형과 구분하기 위해 숫자 끝에 'L'을 붙여서 사용합니다. 코드 V-10에 Long 자료형을 사용하여 변수를 선언하고 값을 할당한 예를 나타냈습니다.

코드 V-10 Long 자료형의 변수 선언 및 값 할당

```
var longNumber: Long
longNumber = 1234567890L
```

4) Int 자료형의 변수 선언 및 값 할당

Int 형은 정숫값을 다룰 때 가장 많이 사용하는 자료형입니다. 코드 V-11에 Int 자료형을 사용하여 변수를 선언하고 값을 할당한 예를 보였습니다.

코드 V-11 Int 자료형의 변수 선언 및 값 할당

```
var intNumber: Int
intNumber = 123456
```

5) Short 자료형의 변수 선언 및 값 할당

Int 자료형보다는 작은 정숫값을 다룰 때 사용하는 자료형입니다. 코드 V-12에 Short 자료형을 사용하여 변수를 선언하고 값을 할당한 예를 나타냈습니다.

코드 V-12 Short 자료형의 변수 선언 및 값 할당

```
var shortNumber: Short
shortNumber = 1024
```

6) Byte 자료형의 변수 선언 및 값 할당

정숫값을 다루는 자료형 중 가장 작은 크기인 1바이트의 정숫값을 다룰 때 사용하는 자료형입니다. 코드 V-13에 Byte 자료형을 사용하여 변수를 선언하고 값을 할당한 예를 보였습니다.

코드 V-13 Byte 자료형의 변수 선언 및 값 할당

```
var byteNumber: Byte
byteNumber = 10
```

앞에서 변수를 선언하는 것과 동시에 값을 할당하면 자료형을 명시하지 않을 수 있다고 설명했습니다. 코틀린은 변수에 할당되는 값에 의해 자료형을 자동으로 추론할 수 있습니다. 그런데 정숫값의 경우 이와 관련된 자료형이 총 4개가 있습니다. 자료형 선언 없이 변수를 선언하면서 정숫값을 할당한다면 과연 이 변수의 자료형은 어떻게 될까요? 기본적으로 정숫값을 변수에 저장하면 해당 변수의 자료형은 Int형이 되고, 실숫값은 Double형이 됩니다. 따라서, 값 끝에 'F'를 붙여서 변수에 저장하면 해당 변수의 자료형은 Float이 되고 'L'을 붙이면 해당 변수의 자료형은 Long형이 됩니다. 그러므로, 어떤 변수에 저장되는 값이 정수이면서 그 값이 크지 않다면 변수를 선언하면서 해당 변수의 자료형을 명확하게 제시하는 것이 메모리 낭비를 막을 수 있습니다. 코드 V-14는 작은 정숫값을 다룰 때 변수의 자료형을 명확하게 명시함으로써 메모리 낭비를 막을 수 있는 예입니다.

코드 V-14 언더바를 이용하여 코드의 가독성을 향상시킨 예

```
var number1: Short = 1024
var number2: Byte = 64
```

코틀린 언어는 수에 대한 가독성을 높이기 위해서 언더바(_)로 자릿수를 구분해 줄 수 있습니다. 백만 자릿수를 갖는 수를 표현하기 위해 다음과 같이 변수를 선언한 후 초깃값을 설정하는 것이 가능합니다. 코드 V-15의 예를 보면 언더바로 인해 이 코드에 대한 가독성이 높아진 것을 느낄 수 있습니다.

코드 V-15 언더바를 이용하여 코드의 가독성을 향상시킨 예

```
var number: Int
number = 1_000_000
```

7) Char 자료형의 변수 선언 및 값 할당

Char 자료형은 하나의 문자를 다룰 때 사용하는 자료형입니다. Char 자료형의 변수명과 할당되는 값의 혼동을 줄이기 위해 작은따옴표로 문자를 감싸서 표현합니다. 또한, 작은따옴표를 이용하여 값을 표현하기 때문에 데이터 타입을 명시하지 않아도 Char 자료형으로 쉽게 추론하는 것이 가능합니다. 코드 V-16에 Char 자료형을 사용하여 변수를 선언하고 값을 할당한 예를 보였습니다.

코드 V-16 Char 자료형의 변수 선언 및 값 할당

```
var letter = 'A'
```

8) String 자료형의 변수 선언 및 값 할당

String 자료형은 문자열을 다룰 때 사용하는 데이터 타입입니다. 문자열이란 하나 이상의 문자로 구성된 문자의 나열을 의미합니다. 코드 V-17에 String 자료형을 사용하여 변수를 선언하고 값을 할당한 예를 나타냈습니다. 문자열은 하나의 문자와 구분하기 위해서 큰따옴표로 묶어서 관리합니다.

코드 V-17 String 자료형의 변수 선언 및 값 할당

```
var str: String
str = "Hello World!"
```

9) Boolean 자료형의 변수 선언 및 값 할당

Boolean 자료형은 true 혹은 false와 같이 참과 거짓을 나타내는 값을 다룰 때 사용하는 자료

형입니다. 주로 조건문이나 반복문에서 조건의 참과 거짓을 나타낼 때 사용합니다. 코드 V-18에 Boolean 자료형을 사용하여 변수를 선언하고 값을 할당한 예를 보였습니다.

코드 V-18 Boolean 자료형의 변수 선언 및 값 할당

```
var bool: Boolean
bool = true
```

상수는 읽기 전용 변수로 선언될 때 사용하는 'val'키워드 앞에 'const'키워드를 사용하여 선언하는데, 상숫값으로 사용할 수 있는 데이터 타입은 기본 자료형과 String 자료형만을 사용할 수 있습니다. 코드 V-19는 상수를 선언하고 값을 할당한 예입니다.

코드 V-19 상수 선언 및 값 할당

```
const val PI = 3.14
```

3 변수명 명명규칙

여러 사람이 함께 하나의 프로젝트 내에서 작업하는 경우 변수명, 클래스명, 함수명에 대한 일정한 규칙이 존재한다면 조금 더 수월하게 프로젝트를 진행하는 것이 가능합니다. 이렇게 코드를 작성하는 규칙을 '코딩 컨벤션'이라고 합니다. 클래스명의 명명 규칙은 카멜 표기법을 사용합니다. 클래스명은 단어의 첫 글자는 대문자로, 나머지 글자는 소문자로 표기합니다. 그리고 새로운 단어가 나타나면 첫 글자를 대문자로 표기합니다. 마치 낙타의 등처럼 높낮이가 있는 것처럼 이름을 정한다고 하여 이러한 닉네임이 붙었습니다. 안드로이드 스튜디오에서 코틀린 언어로 주로 코딩하는 파일명이 'MainActivity.kt'인데 여기서 'MainActivity'가 클래스명이고 카멜 표기법으로 클래스명을 명명했다는 것을 알 수 있습니다.

이와 마찬가지로 함수명과 변수명도 나름의 명명 규칙이 존재합니다. 기본적으로 카멜 표기법을 따르며 첫 글자만 소문자로, 이후 새로운 단어의 첫 글자는 대문자로 표기합니다. 상수명

은 일반적으로 모두 대문자로 표기합니다. 만약 상수명이 2개의 단어로 이루어져 있다면 단어와 단어 사이에 언더바로 구분해줍니다. 이상의 명명 규칙이 적용된 코드를 코드 V-20에 보였습니다. 앞으로 변수명, 함수명, 클래스명 등을 만들 때 카멜 표기법을 사용하시기 바랍니다.

코드 V-20 명명 규칙의 예

```
class MainActivity : AppCompatActivity() { // 클래스명: MainActivity
    override fun onCreate(savedInstanceState: Bundle?) {
        super.onCreate(savedInstanceState)
        setContentView(R.layout.activity_main) // 함수명: setContentView

        var intNumber = 10 // 변수명: intNumber
        const val TITLE = "Hello" // 상수명: TITLE
    }
}
```

4 널(Null) 허용 변수 선언

코틀린 언어는 기본적으로 자바 언어의 많은 부분을 공유합니다. 안드로이드용 앱을 개발할 때 코틀린이 안드로이드 진영의 공식 언어가 되기 전에 자바가 공식 안드로이드 앱 개발용 언어였습니다. 그래서 자바는 코틀린과 완벽하게 호환되는 특징이 있습니다. 코틀린은 자바와의 호환성을 위해 자바의 많은 부분을 차용했습니다. 하지만, 이번 절에서 설명할 null 값 처리에서는 자바와 뚜렷하게 구별되는 특징을 가집니다. 코틀린에서는 변수를 선언할 때 반드시 값이 할당되어 있어야 한다는 원칙이 있습니다. 이 점은 분명히 자바와 구별됩니다. 자바나 다른 언어에서는 값을 초기화하지 않아도 특별한 문제가 발생하지 않습니다. 그렇지만, 코틀린에서는 값이 할당되지 않은 변수를 사용하게 되면 오류가 발생합니다. 이러한 이유로 코틀린에서는 프로그래머에게 특정 변수에 값이 할당되어 있지 않다는 것을 의미하는 null을 허용할 것인지를 선택할 수 있도록 합니다. null 값을 변수에 허용하려면 '?'기호를 사용하여 변수를 선언할 수 있습니다.

변수가 null 값을 가진다는 의미는 해당 변수가 아무런 값을 가지고 있지 않다는 것입니다. C 언어에서는 포인터 변수가 가질 수 있는 값은 주솟값인데 만약에 이 포인터 변수가 아무것도 가리키고 있지 않다는 표현을 하기 위해 null을 사용합니다. 그렇지만, 프로그램 실행 중에 값이 null 인 변수에 접근하려고 시도하면 운영체제는 이 시도를 허용하지 않습니다. 왜냐하면 null 은 쉽게 말해 존재하지 않는 그 무언가이기 때문에 C 언어로 작성된 프로그램의 경우에는 프로그램이 비정상적으로 종료됩니다. 그리고 자바와 같이 예외처리를 지원해주는 언어에서는 'NullPointerException'이 발생합니다. 코틀린에서는 이 문제를 아주 간단히 해결했습니다. 그 방법은 변수에 null을 허용하지 않기로 한 것입니다.

아래 주어진 코드(코드 V-21)를 보며 설명을 더욱 이어 나가겠습니다. 아래 코드에서는 변수 'number'에 null 값을 할당하고 있습니다. 즉, 코틀린 언어를 이용하여 이렇게 코드를 작성하면 오류가 발생합니다. 안드로이드 스튜디오에서는 null 밑에 빨간 줄이 생기며 프로그래머에게 오류가 발생했다고 경고합니다. 경고 메시지는 널을 허용하지 않은 변수에 null 값을 할당할 수 없다는 의미입니다. 그렇다면 아래 코드를 수정하여 null 값을 허용하도록 하려면 어떻게 하면 될까요? 앞에서 언급한 것처럼 변수를 선언할 때 물음표 기호를 사용하면 됩니다. 변수를 선언할 때 물음표 기호를 사용하여 코드를 수정한 것을 코드 V-22에 보였습니다.

코드 V-21 null 값을 허용하지 않는 코틀린 예제

```
fun func() {
    var number: Int = 10
    number = null  // 오류: null을 허용하지 않음
    println(number)
}
```

코드 V-22 null 값을 허용하는 코틀린 예제

```
fun func() {
    var number: Int? = 10
    number = null  // 오류없음: null 허용
    println(number)
}
```

코드 V-22에서는 변수 'number'에 null 값을 허용하였습니다. 그런데 이렇게 변수에 null을 허용하게 했을 때 더는 문제가 발생하지는 않을까요? 이 문제에 대해 좀 더 생각해봅시다. 아래 주어진 코드(코드 V-23)는 변수 'number'에 null 값을 허용함으로써 코드에서 오류가 발생하는 것을 보여주는 예시 코드입니다. 이 코드에서는 if 조건문 전에 'number'에 null 값을 할당했습니다. 이것은 아무런 문제가 없는 코드입니다. 그 이유는 해당 변수를 선언하면서 null 값을 할당할 수 있도록 선언했기 때문입니다. 그 이후에 문제는 if 문의 조건식에서 발생합니다. 현재 변수 'number'은 null 값을 가지고 있습니다. 따라서 'number.equals(0)'을 통해 변수 'number'에 저장된 값과 0이 같은지 비교할 수 없습니다. 만약 변수 'number'을 선언할 때 null을 허용하지 않았다면 비교식에서 오류가 발생하지 않았겠지만 아래 코드처럼 null을 허용하게 되면 이러한 문제에 맞닥뜨리게 됩니다. 따라서, 만약 변수에 null을 허용하게 했다면 해당 변수를 참조하기 전에 null 인지 여부를 꼭 조사하는 습관을 들이는 것이 좋습니다. 코틀린에서는 이와 같은 문제를 해결하기 위해 여러 가지 방법을 제시합니다. 이 방법에 대해 자세히 알아보겠습니다.

코드 V-23 null 값 허용으로 인한 오류

```
fun func() {
    var number: Int? = 10
    number = null
    // number가 null이기 때문에 number 변수의 값을 참조할 수 없음
    if( number.equals(0) == true ) {
        println(number.toInt())
    }
}
```

첫 번째 방법은 널 가능 변수를 참조할 때마다 해당 변수의 값이 널인지를 직접 검사하는 것입니다. 코드 V-24에 이 방법을 제시했습니다. 이 방법은 널 허용 변수에 대한 해당 변숫값이 널인지를 직접 검사함으로써 널 허용 변수가 갖는 잠재적 오류를 해결하는 방법입니다. 그렇지만, 매번 이렇게 코딩하기가 쉽지 않을 뿐만 아니라 번거로울 수 있습니다.

코드 V-24 null 허용 변수에 대한 직접 검사

```
fun func() {
    var number: Int? = 10
    number = null
    if(number != null) {
        if( number.equals(0) == true ) {
            println(number.toInt())
        }
    }
}
```

두 번째 방법은 세이프콜을 사용하는 것입니다. 세이프콜이란 함수를 안전하게 호출한다는 뜻인데 null이 할당되어 있을 가능성이 있는 변수를 검사하여 안전하게 함수를 호출하도록 도와주는 기법입니다. 세이프콜을 활용하려면 참조할 변수 이름 뒤에 '?.'을 추가하면 됩니다. 코드 V-25에 세이프콜을 적용하여 코드 V-23을 수정한 코드를 보였습니다.

코드 V-25 세이프콜을 적용한 함수 호출

```
fun func() {
    var number: Int? = 10
    number = null
    if( number?.equals(0) == true ) {
        println(number.toInt())
    }
}
```

위 코드를 실행하면 오류 없이 코드가 잘 실행되는 것을 볼 수 있습니다. 세이프콜은 먼저 해당 변수가 null 인지를 검사한 후 null이 아니면 접근을 시도합니다.

세 번째 방법은 non-null 단정기호 (!!)를 사용하는 것입니다. non-null 단정기호는 변수에 할당된 값이 null 이 아님을 보장하므로 컴파일러가 해당 변수의 값이 null 인지 여부를 검사하지 않습니다. 이 경우 변수에 null 이 할당되어 있다 할지라도 오류가 발생하지 않습니다. 그렇지만 실행 도중에 NullPointerException 이 발생할 수 있습니다.

코드 V-26 non-null 단정 기호를 사용한 코드

```
fun func() {
    var number: Int? = 10
    number = null
    if( number!! == 0 ) {     // NullPointerException 발생
        println(number.toInt())
    }
}
```

코드 V-26은 non-null 단정 기호를 이용한 코드를 나타냅니다. 이 코드는 컴파일 오류는 발생하지 않지만, 실행 중에 오류가 발생하는 단점이 있습니다.

null이 허용된 변수에 조금 더 안전하게 접근하려면 세이프콜과 엘비스 연산자를 함께 사용하면 됩니다. 엘비스 연산자는 현재 변수의 값이 null 인지를 검사하여 null이 아니라면 왼쪽 식을 그대로 실행하고 null이라면 오른쪽 식을 실행합니다. 예제 코드를 통해 좀 더 자세히 알아보겠습니다.

코드 V-27 세이프콜과 엘비스 연산자를 사용한 코드

```
fun func() {
    var number: Int? = 10
    number = null
    println("${number?.toInt() ?: "number is null"}")
}
```

코드 V-27에서는 변수 'number'이 null이면 엘비스 연산자(?:)의 오른쪽 식에 있는 "number is null"메시지가 출력됩니다. 만약 null이 아니라면 변수 'number'에 저장된 값이 출력됩니다.

마지막으로 코틀린에서는 변수에 값을 할당할 때 조건식을 사용할 수 있습니다. 이 방법으로 코드 V-23을 수정한 코드를 아래에 나타냈습니다. 지금까지 코틀린에서 널 값을 다루는 몇 가지 방법을 주제로 공부했습니다. 일반적으로 코틀린 언어는 모바일 앱을 구현하기 위한 목적으로 만들어졌습니다. 이러한 애플리케이션에서는 널 값을 잘 처리하여 실행 중인 앱이 갑자기 종료되는 오류를 최대한 막아야 합니다. 변수에 저장된 값이 널 값인지를 판단

하여 NullPointerException 오류를 관리하는 것이 앱 개발에서는 무엇보다 중요하다고 하겠습니다.

코드 V-28 조건식을 변숫값 할당에 사용하여 null 검사

```
fun func() {
    var number: Int? = 10
    number = null
    val result = if(number != null) number else 0

    if (result != 0)
        println(result)
}
```

5 지연 초기화

코틀린에서는 지연 초기화라는 개념을 사용하여 변수에 null 허용이 무분별하게 쓰이는 것을 막아 줍니다. 코틀린에서는 기본적으로 모든 변수는 초기화되어야만 한다는 전제가 있습니다. 그렇지만, 예를 들어 이런 경우를 생각해봅시다. 모바일 앱 초기화면이 사용자로부터 로그인 정보 즉, 아이디와 비밀번호를 입력받아서 적법한 사용자인지를 확인하는 기능을 수행한다고 했을 때, 아이디와 비밀번호 정보를 담기 위한 변수는 초깃값을 결정할 수 없을 수도 있습니다. 물론 이 두 값이 문자열 타입이라면 해당 변수의 초깃값을 빈 문자열로 할당할 수도 있지만, 프로그래머 관점에서 아이디와 비밀번호 정보는 앱이 실행된 후에 앱을 사용하는 사용자로부터 전달받아야 한다는 생각이 강할 경우 최초에는 널 허용 변수로 선언할 수 있습니다. 또한, 변수 선언 당시 마땅한 초깃값을 생각하지 못하는 경우도 발생할 수 있습니다. 만약 변수를 초기화하는 것을 조금 뒤로 미룰 수 있다면 프로그래머에게 유연성을 부여할 수 있습니다. 이때 사용하는 것이 지연 초기화입니다. 이번 절에서는 지연 초기화에 사용되는 'lateinit'과 'lazy'에 대해 알아보도록 하겠습니다.

1) lateinit

'lateinit' 으로 초기화를 지연시키는 예제 코드를 코드 V-29에 보였습니다. 'Employee'클래스를 보면 멤버 변수 'name'에 'lateinit'키워드를 사용하여 지연 초기화를 적용했습니다. 코틀린에서는 클래스를 선언할 때 멤버 변수에 null 값을 허용하지 않습니다. 그렇지만 이 코드에서는 지연 초기화를 사용하여 예제 코드에서 보는 것처럼 멤버 변수를 선언하면서 초깃값을 할당하지 않았습니다. 클래스의 멤버 변수에 초깃값을 할당하지 않았지만, 컴파일에는 전혀 문제가 없습니다. 그렇다면 클래스의 멤버 변수 'name'은 언제 초기화되는 것일까요? 이 초기화는 함수 'main'에서 이루어집니다. 'Employee'클래스의 객체 'e'를 통해서 멤버 변수 'name'에 "John Smith"라는 문자열을 할당하면서 멤버 변수의 초기화가 이루어집니다. 여기서 주목할 부분은 'Employee'클래스의 메서드 'assignName' 입니다. 클래스의 멤버 변수 'name'에 지연 초기화를 사용했기 때문에 'assignName'메서드에서는 멤버 변수를 참조하기 전에 멤버 변수가 초기화되었는지 아닌지를 'isInitialized'함수를 이용하여 검사합니다. 만약 이렇게 멤버 변수의 초기화 여부를 검사하지 않는다면 오류가 발생합니다. 한 가지 더 주목할 부분은 'assignName' 메서드를 총 2번 호출합니다. 첫 번째 이 메서드를 호출할 때는 변수 'name'이 아직 초기화되지 않았습니다. 그래서 "name is not initialized"가 화면에 출력됩니다. 변수 'name'은 그 이후에 초기화됩니다. 두 번째 'assignName' 메서드를 호출하면 "John Smith"가 정상적으로 출력되는 것을 확인할 수 있습니다.

'lateinit'으로 지연 초기화를 사용하기 위해서는 다음과 같은 3가지 제약사항을 고려해야 합니다. 아래 제약사항에 해당하여 'lateinit'키워드로 지연 초기화를 할 수 없을 때 'lazy' 키워드를 사용하여 지연 초기화를 적용할 수 있습니다. 다음에는 이 방법에 대해 설명하겠습니다.

① 'var' 키워드를 사용하여 선언된 변수만 가능합니다.

② null 을 변수에 저장할 수 없습니다.

③ 기본 자료형(Int, Long, Double, Float) 에는 사용할 수 없습니다.

코드 V-29 lateinit를 사용한 지연 초기화

```
class Employee() {
        lateinit var name: String // 지연 초기화

        fun assignName() {
            if(!::name.isInitialized) // 콜론 2개를 이용하여 클래스 멤버 참조
                println("name is not initialized")
            else
                println("$name")
        }
}

fun main() {
    var e = Employee()
    e.assignName()
    e.name = "John Smith" // 변수 name이 초기화됨
    e.assignName()
}
```

2) lazy

앞에서도 언급했듯이 'lateint'키워드로 지연 초기화를 적용하기 위해서는 변수가 'var' 키워드로 선언되어야 한다고 했습니다. 그렇다면 'val'키워드로 선언된 변수에 지연 초기화를 사용하기 위해서는 어떻게 해야 할까요? val 타입의 변수의 경우에는 'lateinit'대신 'lazy'를 사용하여 지연 초기화를 적용합니다. 즉, 'lazy'는 val 타입의 읽기 전용의 클래스 멤버 변수의 지연 초기화에 사용됩니다. 다음 코드(코드 V-30)를 통해 좀 더 자세히 알아보겠습니다. 클래스의 멤버 변수 'name'에 'lazy'키워드를 사용한 지연 초기화 기법을 적용했습니다. 가장 먼저 함수 'main'에서 'Employee'클래스의 객체를 생성합니다. 객체가 생성되지만 멤버 변수는 아직 초기화되지 않았습니다. 다음으로 클래스의 메서드인 'assignName'이 호출됩니다. 이 메서드가 호출되면 가장 먼저 "name initializing"이라는 메시지를 출력하고 다음으로 변수 'name'이 'lazy'블록에 있는 "John Smith"문자열을 멤버 변수에 할당합니다. 이렇게 할당된 멤버 변수를 'assignName'메서드에서 참조하여 화면에 이름을 출력합니다. 멤버 변수

에 최초로 접근한 시점에 해당 멤버 변수가 초기화되는 방식입니다.

코드 V-30 lazy를 사용한 지연 초기화

```
class Employee() {
    // 지연 초기화
    val name by lazy {
        "John Smith"
    }

    fun assignName() {
        println("name initializing ..." )
        println("Name is $name") // 변수 name을 참조하려고 할 때 초기화됨
    }
}

fun main() {
    var e = Employee()
    e.assignName()
}
```

6차시

VI. 조건문과 반복문

1. 학습목표

조건문과 반복문

2. 수업내용

- if문 사용법과 특징을 공부한다.
- if ~ else문의 사용법과 특징을 학습한다.
- if ~ else if ~ else문의 사용법과 특징을 공부한다.
- when문의 사용법과 특징을 익힌다.
- for문의 사용법과 특징을 학습한다.
- while문의 사용법과 특징을 공부한다.
- break문과 continue문의 사용법과 특징 그리고 차이점을 학습한다.

3. 수업성과

- if문 사용법과 특징을 이해한다.
- if ~ else문의 사용법과 특징을 이해한다.
- if ~ else if ~ else문의 사용법과 특징을 이해한다.
- when문의 사용법과 특징을 이해한다.
- for문의 사용법과 특징을 이해한다.
- while문의 사용법과 특징을 이해한다.
- break문과 continue문의 사용법과 특징 그리고 차이점을 이해한다.

1 조건문

프로그램의 흐름을 제어하는 대표적인 제어구조 중 하나가 조건문입니다. 조건문은 특정 조건에 따라 해당 조건이 참이면 조건에 따른 문장을 수행하고 그렇지 않으면 조건이 참일 때의 문장을 수행하지 않고 건너뜁니다. 대표적인 조건문은 if 문입니다. 이와 더불어 코틀린에는 when 문도 있습니다. when 문은 C언어나 Java에서의 switch 문에 해당합니다. 이번 절에서는 대표적인 조건문인 if 문과 when 문을 중심으로 조건문 사용방법에 대해 자세히 알아봅니다.

1) if 문

조건문은 아래 제시된 코드에서처럼 조건에 따라 프로그램의 흐름을 제어할 때 사용합니다. 코드 VI-1에 따르면 변수 'isLightOn'의 값이 true 혹은 false 인지에 따라 조건이 참이면 "Light is ON"이라는 메시지가 출력됩니다. 만약 변숫값이 true가 아니라면 메시지는 출력되지 않습니다.

코드 VI-1 if 문 사용의 예

```
var isLightOn = true

if (isLightOn == ture) {
    println("Light is ON")
}
```

2) 비교 및 논리 연산자

if 문의 조건식에는 비교 연산자와 논리 연산자를 사용한 조건식만 사용 가능합니다. 조건식의 결과는 true 혹은 false 값을 갖습니다. 표 VI-1는 코틀린에서 지원하는 비교 및 논리 연산자를 보여줍니다. 여기서 눈여겨볼 것은 2개 의 값이 같을 때 사용하는 연산자인 '=='입니다. 우리가 지금까지 수학 시간에 주로 사용한 '='연산자는 프로그래밍언어에서는 '같다'의 의미로 쓰이지 않고 연산자의 오른쪽에 있는 값 혹은 변수의 내용을 연산자 왼쪽에 있는 변수에 저장 및 할당하기 위한 목적으로 사용합니다. 대신 2개의 값이 같은지를 비교할 때는 '=='연산자를 사용한다는 것을 유의해야 합니다. 또한, 두 값이 같지 않은지를 비교하는 연산자는 '!='입니다. 키보드에는 '≠'기호가 없으므로 느낌표와 등호 문자를 합쳐서 '같지 않다'로 사용합니다.

표 VI-1 비교 및 논리 연산자

연산자	의미	사용 예
〉	왼쪽이 크면 true, 작으면 false	3 〉 2
〈	왼쪽이 작으면 true, 크면 false	2 〈 3
〉=	왼쪽이 크거나 같으면 true, 아니면 false	3 〉= 2
〈=	왼쪽이 작거나 같으면 true, 아니면 false	2 〈= 3
==	2개의 값이 같으면 true, 아니면 false	1 == 1
!=	2개의 값이 같지 않으면 true, 아니면 false	1 != 2
&&	두 항이 모두 true면 true, 아니면 false	(2〉1) && (3〉1)
||	두 항 중 하나만 true면 true, 아니면 false	(2〉1) || (3〈1)
!	true를 false로, false를 true로 변경	!(2 〉 1)

3) if ~ else 문

if 문은 해당 조건이 참이면 실행되고 그렇지 않으면 실행되지 않습니다. 이 상황보다 좀 더 일반적으로는 특정 조건이 참일 때와 거짓일 때를 나누어 서로 다른 일을 수행하는 경우입니다. 이 상황에는 if 문과 else 문을 같이 사용합니다. 코드 VI-2는 if 문과 else 문을 같이 사용한 예를 보여줍니다.

변수 'trafficLight'에 저장된 값에 따라 만약 그 값이 "red"이면 "Light is RED"라고 출력하고, 만약 값이 "green"이면 "Light is GREEN"이라는 메시지를 출력합니다. 이처럼 서로 다른 조건에 따라 서로 다른 일을 수행하고자 할 때 if ~ else 문을 사용합니다.

코드 VI-2 if~else 문 사용의 예

```
const val RED = "red"
const val GREEN = "green"

fun main() {
    var trafficLight: String
    trafficLight = "red"

    if (trafficLight == RED) {
        println("Light is RED")
    }
    else {
        println("Light is GREEN")
    }
}
```

4) if ~ else if ~ else 문

만약 조건이 2개 이상이면 if ~ else 문만으로는 부족합니다. 조건이 2개 이상이면 if ~ else if ~ else 문을 사용하여 처리할 수 있습니다. 대학의 성적을 처리는 코드를 작성한다고 가정해 보겠습니다. 성적이 90이상이면 'A', 80이상 90미만이면 'B', 70이상 80미만이면 'C', 이렇게 조건이 많은 경우 if ~ else if ~ else 문을 사용해서 코드를 작성할 수 있습니다. 코드 VI-3은 성적을 처리는 코드를 보여줍니다. 코드 VI-3에서 보는 것과 같이 if ~ else if ~ else 문을 사용하면 조건식의 개수와 상관없이 if 문을 사용해서 코드를 작성하는 것이 가능합니다. else if 문의 조건을 자세히 살펴보면 두 개의 항이 모두 참인 경우에만 조건을 만족합니다. 이때 앞에서 설명한 논리곱 연산자를 사용한 것을 확인할 수 있습니다.

코틀린에서는 if 문의 결과를 변수에 저장할 수도 있습니다. 코드 VI-4는 조건식의 결과를 변수에 저장하는 예를 보여줍니다. 이 예는 if 문의 결과를 변수의 값으로 할당하는 코드를 나타내고 있습니다. 변수 'bigNumber'에 저장되는 값은 조건식에 따라 달라집니다. 이렇게 변수에 값을 할당할 때 if 문을 사용하여 값을 저장할 수 있습니다. 코드 VI-4에서는 if ~ else 문을 한 줄에 표현하였습니다. 이와 달리 if 문이 여러 줄일 경우에도 변수에 값을 할당할 수 있습니다. 코드 VI-5는 이 예를 보여줍니다. if 문을 보면 조건식이 참일 경우 중괄호 안에 변수 'x'가 있습니다. 즉, 조건식이 참일 때 변수 'x'에 있는 값이 'bigNumber'에 저장되고, 그렇지 않으면 'y'의 값이 'bigNumber'에 저장됩니다.

코드 VI-3 if~else if~else 문 사용의 예

```
var grade: Int = 90
if (grade >= 90) {
   println("Your Letter Grade is A")
} else if (grade >= 80 && grade < 90) {
   println("Your Letter Grade is B")
} else if (grade >= 70 && grade < 80) {
   println("Your Letter Grade is C")
} else if (grade >= 60 && grade < 70) {
   println("Your Letter Grade is D")
} else {
   println("Your Letter Grade is F")
}
```

코드 VI-4 변수에 if 문의 결과를 저장하는 예

```
var x: Int = 10
var y: Int = 20
var bigNumber = if (x > y) x else y
println("A big number is $bigNumber")
```

코드 VI-5 여러 줄의 if 문의 결과를 변수에 저장

```
var x = 10
var y = 20
var bigNumber =
    if (x > y)
        x
    else
        y
```

5) when 문

when 문은 C 언어 혹은 JAVA의 switch-case 문과 흡사합니다. when 문이 if 문과 구별되는 특징은 if 문에서는 표 VI-1의 모든 연산자를 사용하여 조건식을 만드는 것이 가능하지만, when 문에서 가장 많이 사용하는 연산자는 '=='입니다. 즉, 비교되는 2개의 값이 같은지를 판단하여 특정 구문을 수행하도록 하는 기능만을 담당합니다. 또한, 코틀린에서 제공하는 when 문은 다른 언어와는 다르게 같은 값뿐만 아니라 범위 값도 처리할 수 있습니다. when 문은 다른 언어의 switch 문과 if 문의 범위 비교 기능을 결합한 if 문의 확장이라고 보면 되겠습니다. 그럼 예제를 통해 when 문의 사용방법을 알아봅시다.

코드 VI-6은 when 문을 사용한 코틀린 코드를 보여줍니다. 이 예제는 성적에 따라 서로 다른 메시지를 출력합니다. 변수 'grade'에 저장된 값과 정확하게 일치하는 값을 찾아서 해당 조건에 맞는 메시지를 화면에 출력합니다. 아래 예제에서는 '당신의 성적은 B입니다.'가 출력됩니다. 이렇게 비교하는 방식은 다른 언어의 switch 문과 같습니다.

when 문에서는 조건식을 콤마로 구분하여 표현할 수도 있습니다. 코드 VI-7은 조건식을 콤마로 구분한 예를 나타냅니다. 콤마로 구분된 조건식의 의미는 논리 연산자 ' || '로 두 조건이 연결되어 있다고 생각하면 쉽게 이해할 수 있습니다. 즉 코드 VI-7의 첫 번째 조건인"'A', 'B' → " 의 경우에는 논리 연산자 ' || '를 사용하여 if 문으로 표현한다면 아래와 같습니다.

```
if (grade == 'A' || grade = 'B')
```

마지막으로 switch 문과 달리 when 문에서는 범위를 표현하는 것도 가능합니다. 코드 VI-8을 봅시다. '20 .. 29 →'코드는 범위 값을 비교하기 위해 사용되었습니다. 즉 20 이상부터 29 이하 범위를 의미합니다. 이 표현을 if 문을 이용하여 표현한다면 아래와 같습니다.

```
if (age >= 20 && age <= 29)
```

when 다음에 오는 괄호를 생략하는 것이 가능합니다. 코드 VI-9는 when 문에서 괄호를 생략한 예를 보여줍니다. 이전 예제 코드에서와는 달리 when 키워드 옆에 괄호가 생략되었습니다.

코드 VI-6 when 문을 사용한 코틀린 코드

```
var grade = 'B'

when(grade) {
    'A' → {
            println("당신의 성적은 A입니다.")
     }
    'B' → {
            println("당신의 성적은 B입니다.")
     }
    'C' → {
            println("당신의 성적은 C입니다.")
     }
    'D' → {
            println("당신의 성적은 D입니다.")
     }
    'F' → {
            println("당신의 성적은 F입니다.")
     }
}
```

코드 VI-7 조건식을 콤마로 구분한 when 문

```
var grade = 'B'

when(grade) {
    'A', 'B' → {
            println("당신의 성적은 상위권입니다.")
     }
    'C', 'D' → {
            println("당신의 성적은 중위권입니다.")
     }
    'F' → {
            println("당신의 성적은 하위권입니다.")
     }
}
```

코드 Ⅵ-8 범위 값 비교를 위한 when 문

```
var age = 30

when(age) {
    20 .. 29 → {
            println("당신은 높은 강도의 운동 필요합니다.")
    }
    else → {
            println("당신은 약한 강도의 운동이 필요합니다.")
    }
}
```

코드 Ⅵ-9 when 문에서 괄호를 생략한 예

```
var grade = 'B'

when {
    grade == 'A' → {
            println("당신의 성적은 A입니다.")
    }
    grade == 'B' → {
            println("당신의 성적은 B입니다.")
    }
    grade == 'C' → {
            println("당신의 성적은 C입니다.")
    }
    grade == 'D' → {
            println("당신의 성적은 D입니다.")
    }
    grade == 'F' → {
            println("당신의 성적은 F입니다.")
    }
```

2 | 반복문

특정 조건이 만족하는 동안 같은 일을 반복할 때 반복문을 사용합니다. 다른 언어와 마찬가지로 코틀린에서 제공하는 대표적인 반복문은 for 문과 while 문이 있습니다. for 문의 경우에는 미리 정해진 반복의 횟수만큼 반복할 때 주로 사용하고, while 문은 특정 조건이 참인 동안 반복하기를 원할 때 사용합니다. 이번 절에서는 for 문과 while 문의 사용법과 특징 및 반복문 사용 예제에 대해 자세히 살펴보도록 하겠습니다.

1) for 문

앞에서 언급한 바와 같이 미리 반복 횟수가 결정되었다면 주로 for 문을 사용합니다. 코드 VI-10은 가장 기본적인 for 문의 사용 예를 보여줍니다. for 문의 조건식에 있는 변수 'i'는 반복이 이루어질 때마다 하나씩 증가하고 10이 되면 반복을 종료합니다. 반복이 이루어지는 동안 'i'값을 변수 'sum'에 누적시킨 후 반복이 종료되면 누적된 값을 화면에 출력합니다. 조건식에서 변수의 범위를 나타내기 위해서 when 문에서 사용한 범위 연산자 '..'를 사용했음에 유의합시다.

코드 VI-10 for 문을 사용하여 1부터 10까지의 합 구하기

```
var sum = 0

for(i in 1 .. 10) {
    sum = sum + i
}

println("1부터 10까지의 합은 $sum 입니다.")
```

for 문에서 범위 연산자 '..'대신에 until 키워드를 사용할 수 있습니다. 범위 연산자와 until 키워드를 사용하는 것의 차이점은 범위 연산자는 시작부터 끝까지 모두 포함하지만, until 키워드는 종료 값 이전까지만 반복합니다. 코드 VI-11을 통해 좀 더 자세히 알아봅시다. 아래

코드의 결과는 무엇일까요? 종료값 10은 포함되지 않기 때문에 1부터 9까지의 합을 출력합니다. 따라서 결과는 55가 아니라 45입니다. 이렇듯 until 키워드는 종료 값 직전까지 반복을 수행합니다.

코드 VI-11 until 키워드를 사용한 for 문

```
var sum = 0

for(i in 1 until 10) {
    sum = sum + i
}

println("1부터 10까지의 합은 $sum 입니다.")
```

for 문을 이용하여 홀수 혹은 짝수만을 출력하려고 한다면 어떻게 하면 좋을까요? 기본적으로 for 문에서는 변숫값이 하나씩 증가하며 반복을 수행합니다. 이 증가 범위를 바꿀 수는 없을까요? step 이라는 키워드를 사용하면 변숫값의 증가 범위를 바꿀 수 있습니다. 코드 VI-12를 봅시다. step 키워드 뒤에 증가시킬 값을 2로 정했습니다. 이것은 반복할 때 마다 변수 'i'를 2씩 증가시킵니다. 따라서 2부터 10까지의 수중 짝수만을 출력하게 됩니다.

코드 VI-12 step 키워드를 사용하여 짝수 출력

```
println("2부터 10까지의 수중 짝수 출력")
for(i in 2 .. 10 step 2) {
    println("$i")
}
```

반복을 수행하면서 인덱스값 혹은 변숫값이 증가하는 경우를 살펴보았습니다. 그런데, 만약 인덱스값을 감소시키면서 반복을 수행하도록 하기 위해서는 어떻게 해야 할까요? 코틀린에서는 downTo 라는 키워드를 통해 이것이 가능합니다. downTo를 사용하면 큰 수에서 작은 수로 감소시키면서 반복을 수행시킬 수 있습니다. 코드 VI-13은 10부터 하나씩 감소하면서 0까지 출력하는 코드입니다. 변수 'i'의 시작 값이 10이고 반복이 될 때마다 이 값이 하나씩 감소합니다. 그리고 변숫값이 0이 되면 반복을 종료합니다.

코드 VI-13 downTo 키워드를 사용한 for 문

```
for(i in 10 downTo 0) {
    println("$i")
}
```

2) while 문

while 문은 앞에서 언급한 바와 같이 조건식이 참일 동안 반복을 수행합니다. for 문과 같이 반복의 횟수가 정해져 있지 않고 조건식이 참이냐 거짓이냐에 따라 반복 횟수가 결정되는 구조입니다. while 문을 통해 반복 구조를 만들 때 주의해야 할 점은 무한루프에 빠지지 않도록 조건식을 잘 설계해야 한다는 것입니다. 코드 VI-14를 보면서 무한루프가 무엇인지 자세히 알아봅시다.

코드 VI-14 무한루프의 예

```
var k = 10

while(k <= 10) {
    println("k는 10보다 작거나 같다.")
}
```

위 코드의 문제는 무엇인가요? 먼저, 조건식을 자세히 들여다보면 변수 'k'가 10보다 작거나 같으면 조건식이 참이 됩니다. 즉, 반복이 수행됩니다. 반복이 시작되면 화면에 메시지를 출력한 후 다시 조건식을 검사합니다. while 문 안에는 메시지를 출력하는 코드는 있지만, 변수 'k'를 조정해주는 코드는 들어있지 않습니다. 따라서 여전히 그 값은 10입니다. 그러므로 조건식은 참이고 다시 메시지를 출력합니다. 이 반복은 과연 끝날 수 있을까요? 답은 영원히 반복되는 무한루프가 발생합니다. 그 이유는 while 문 내에서 조건식의 변수 'k'를 조정하는 작업을 하지 않기 때문입니다. 이제 코드를 수정하여 VI-15와 같이 바꿨다고 가정해봅시다. 코드 VI-15에서는 while 문 내에서 변수 'k'값을 1 증가시키는 코드를 삽입했습니다. 이렇게 되면 'k'값은 10에서 11로 바뀝니다. 그 후에 이렇게 변경된 'k'값과 10을 비교합니다. 'k'값이

10보다 크므로 조건식이 거짓이 되고, 비로소 반복을 중단하게 됩니다. 결론적으로 무한루프가 되지 않기 위해서는 while 문에서 조건식 내의 변숫값을 조정하는 일을 반드시 해줘야 합니다.

코드 VI-15 무한루프 문제를 해결한 코드

```
var k = 10

while(k <= 10) {
    println("k는 10보다 작거나 같다.")
    k++
}
```

일반적인 while 문은 가장 먼저 조건식의 내용이 참인지 여부를 판단하여 참일 때 반복을 수행하는 구조입니다. 반면에 do ~ while 문은 먼저 while 문 안의 코드를 수행한 후(이때 조건식이 참인지 거짓인지는 검사하지 않습니다) 나중에 조건식을 검사합니다. 코드 VI-16에 do ~ while 문의 구조를 보였습니다. 이 코드에서는 100명 학생의 성적처리를 위해 변수 'stdNumber'의 초깃값을 0으로 설정한 후 한 명씩 성적처리를 하고 변숫값을 하나씩 누적하면서 조건식에서 총학생 수가 100명 이하인지를 검사합니다. 누적된 변수의 값이 100을 초과하면 반복을 중단합니다.

코드 VI-16 do ~ while 문을 이용한 반복문 예제

```
var stdNumber = 0

do {
    stdNumber++
    println("$stdNumber 학생의 성적을 처리합니다.")
} while(stdNumber <= 100)
```

3) 반복문 제어: break와 continue

반복문 제어를 위해 다른 언어와 마찬가지로 코틀린에서도 2가지 방법을 제공합니다. 첫 번

째 방법은 break 문을 통해 반복을 마무리하지 않았음에도 불구하고 중간에 반복을 중지시킬 수 있고, 두 번째 방법은 특정 조건에서 반복문 안의 문장을 건너뛸 수 있습니다. 예제 코드를 통해 break 문과 continue 문을 사용하는 방법에 대해 알아봅시다.

break 문은 반복이 이루어지는 동안 반복문 내의 특정 조건을 만족하는 경우 반복을 중지시키는 기능을 제공합니다. 예를 들어, 변수의 값을 계속 누적하다가 특정 값 이상이 되면 반복을 중지시켜야 하는 상황을 생각해볼 수 있습니다. 또한, while 문을 사용하여 반복문을 구성할 때, 초기에 반복문에 대한 조건식을 정할 수 없는 상황이 발생할 수 있습니다. 예를 들어, 학생들의 성적을 처리하는 것을 반복문을 적용하여 코딩한다고 가정해봅시다. 그런데 전체 몇 명의 학생이 있는지를 모르는 상태에서 100명의 학생까지만 성적을 처리해야 하는 경우 반복을 중지시킬 조건은 학생 성적을 최대 100명까지 받은 이후가 될 것입니다. 이럴 때 break 문을 통해 100명의 학생을 입력받은 후에 반복을 종료하는 것이 가능합니다.

코드 VI-17 break 문을 통해 반복을 중지시키는 예제

```
var sum = 0

while (true) {
    sum++
    println("sum: $sum")
    if (sum >= 50)
        break
}
```

위 코드에서 while 문의 조건식이 true 라는 의미는 무조건 반복을 수행하라는 것입니다. 반복을 언제 끝내야 할지 정해지지 않았으므로 무한루프가 됩니다. 그런데 while 문 안에 언제 반복을 중지시킬지에 대한 내용이 포함되어 있고, break 문을 통해 반복을 중지시키고 있음을 알 수 있습니다. 즉, 반복 초기에 반복의 조건식을 확정할 수 없을 때 그리고 반복을 진행하면서 변하는 값에 따라 반복 중지 여부를 결정할 때 break 문을 주로 사용합니다.

break 문은 반복문을 빠져나오는 기능을 하지만, continue 문은 contine 문 다음 코드를 실행하지 않고 반복문의 처음으로 제어를 조정할 때 주로 사용합니다. 예를 들어, 짝수는 출력하

고 싶지 않고, 홀수만을 출력하고 싶은 경우 continue 문을 사용할 수 있습니다. 다음 코드를 보겠습니다. for 문을 자세히 보면 변수 'i'를 2로 나눈 나머지가 0과 같다면 continue 문을 수행합니다. 즉 이것은 짝수이면 continue 문 다음의 코드를 실행하지 않고 for 문의 시작 위치로 돌아갑니다. 결과적으로 짝수이면 메시지를 출력하지 않고, 홀수인 경우에만 메시지를 출력합니다.

코드 VI-17 continue 문을 사용한 홀수 출력 예제

```
for (i in 1 .. 10) {
    if (i % 2 == 0)
        continue
    println("홀수 $i")
}
```

7차시

VII. 함수와 함수형 프로그래밍

1. 학습목표

함수와 함수형 프로그래밍

2. 수업내용

- 함수의 정의를 설명한다.
- 함수의 호출 방법을 학습한다.
- 코틀린의 람다식과 고차함수를 학습한다.

3. 수업성과

- 함수의 개념을 이해한다.
- 함수 호출 방법을 이해한다.
- 코틀린의 람다식과 고차함수의 개념과 사용법을 이해한다.

함수는 코드를 모듈화하여 관리하는 기법입니다. 코드를 새롭게 만드는 것보다 만들어진 코드를 유지보수하는 비용이 훨씬 많이 드는 것이 현실입니다. 이를 위해 코드의 버전 관리를 담당하는 시스템이 소프트웨어 개발에 널리 사용되고 있습니다. 따라서 코드 관리의 중요성은 더 말할 나위 없이 중요합니다. 코드 관리의 첫 번째가 이번 장에서 공부할 함수의 개념입니다. 화면에 'Hello World'라는 단순 문자열을 출력하는 코드를 만드는 경우를 제외하고는 대부분은 하나의 코드에서 여러 가지 작업을 수행합니다. 레고 블록을 사용하여 영화 스타워즈에 등장하는 우주선을 만든다고 상상해보세요. 아마 처음에는 엄두가 나지 않을 것입니다. 이 문제를 해결하는 방법은 무엇일까요? 이러한 문제를 해결하는 한 가지 방법은 커다란 문제를 단위 작업으로 잘게 쪼개는 방법이 될 수 있습니다. 예를 들면, 우주선의 날개, 엔진, 관제탑 등으로 구성요소를 나누어 단위 작업별로 해당 작업을 어떻게 완성할지를 먼저 생각하고 단위 작업의 결과를 통합함으로써 비로소 목표로 하는 최종 우주선의 모습을 갖출 수 있을 겁니다. 이 같은 논리를 코딩에 적용하는 것이 가능합니다. 여기서 각각의 단위 작업과 매칭될 수 있는 것이 함수입니다.

함수는 프로그래머가 설계하는 사용자정의함수와 언어에서 제공해주는 라이브러리 함수로 구분됩니다. C언어에서 문자열을 화면에 출력하기 위해 사용하는 'printf'함수 혹은 JAVA에서의 'System.out.println'과 같은 것이 라이브러리 함수입니다. 이 라이브러리 함수를 제외한 그 이외의 모든 함수, 즉 프로그래머가 문제 해결을 위해 직접 제작한 함수를 사용자정의 함수라고 일컫습니다.

사용자정의함수를 만들 때 가장 중요한 것은 해당 함수에서 하는 일이 단위 작업이어야 한다는 점입니다. 단위 작업이란 무엇일까요? 간단하게 얘기해서 더는 쪼갤 수 없는 작업을 말합니다. 그렇다면 더 쪼갤 수 없는 작업이란 무엇인가요? 아래 제시된 2개의 코드 예제를 통해 단위 작업이 무엇인지 좀 더 자세히 알아보도록 하겠습니다. 단위 작업이라는 것이 명확하게 정의된 규칙이나 방법은 없습니다. 프로그래머가 자신의 판단하에 함수를 정의하는 것이 일반적입니다. 따라서, 단위 작업의 개념이 개인마다 차이가 있을 수 있습니다. 코딩에 대한 경험이 쌓이다 보면 함수를 정의하는 것에 대한 경험이 쌓이니 이 점에 대해서는 너무 걱정하지 않아도 됩니다.

함수 정의와 관련된 명확한 기준이 정해져 있지는 않지만, 다수의 프로그래머가 인정하는 기본적인 기준은 존재합니다. 즉, 하나의 함수에서 2가지 이상의 작업을 수행한다면 이것은 잘 정의된 함수라고 할 수 없습니다. 먼저 코드 VII-1의 함수를 살펴봅시다. 이 함수는 두 개의 정수 매개변수를 취합니다. 이 매개변수를 더하여 그 결과를 변수 'sum'에 저장한 후 이 값을 화면에 출력하는 기능을 수행합니다. 여기서 한 가지 짚고 넘어가야 할 것이 있습니다. 변수에 저장된 값을 화면에 출력하려고 한다면 '$'기호를 사용한다는 것입니다. 또한, 특정 표현식을 사용하는 경우도 있습니다. 그럴 때는 '$'와 '{ }'을 같이 사용하면 됩니다. 표현식을 출력문에 사용하는 예가 등장하면 다시 한번 자세히 설명하겠습니다. 코드 VII-1에서는 덧셈의 결과를 'sum'변수에 저장 후 저장된 값을 화면에 출력하고 있습니다. 변수에 저장된 값을 화면에 출력하려면 변수명 앞에 '$'을 사용하여 'sum'이 문자열이 아닌 변수라는 것을 println 함수에 알려줍니다.

코드 VII-2는 어떠한가요? 덧셈과 곱셈의 2가지 연산을 하나의 함수에서 수행합니다. 즉, 서로 다른 연산을 하나의 함수에서 수행하고 있습니다. 이 두 연산은 각각 덧셈과 곱셈으로 쪼갤 수 있으므로 하나의 함수에서 2개의 연산을 모두 수행하는 것은 단위 작업이라고 하기에 부적절한 면이 있습니다. 이 경우 덧셈을 위한 함수와 곱셈을 위한 함수를 따로 정의하는 것이 함수의 기본 취지에 부합된다고 할 수 있습니다. VII-2의 함수를 수정한 코드를 VII-3에 보였습니다. 코드 VII-3에서처럼 덧셈과 곱셈 연산을 분리하여 서로 다른 함수로 정의하게 되면 코드를 더욱 효율적으로 관리할 수 있습니다. 예를 들어, 덧셈 연산의 결과가 기대했던 값이 아니거나 잘못된 값일 경우 덧셈 연산을 담당하는 'add'함수로 가서 해당 함수에서 어느 부분이 잘못됐는지를 살펴보면 됩니다. 이것은 곱셈 연산도 마찬가지입니다. 그런데, 코드 VII-2처럼 함수를 정의하게 되면 서로 다른 연산을 하나의 함수에서 처리하기 때문에 코드를 유지보수하는데 어려움이 따를 수 있습니다. 이 예제 코드는 간단하므로 유지보수의 어려움이 없는 것처럼 보이지만 만약 코드가 길어지고 내용이 복잡해지면 유지보수하는 것이 상당히 어려울 수 있습니다. 이러한 이유로 하나의 함수에는 독립된 하나의 일만을 수행하도록 설계하는 것이 유지보수를 수월하게 만드는 지름길입니다.

함수를 사용하는 이유에 대해 알아보았으니 이제는 코틀린 언어를 이용하여 함수 및 매개변수를 정의하는 방법에 대해 자세히 살펴보도록 하겠습니다.

코드 VII-1 단위 작업에 해당하는 함수의 예

```
fun add(x: Int, y: Int) {
    var sum = x + y
    println("두 수의 합은 $sum 입니다.")
}
```

코드 VII-2 단위 작업이라고 할 수 없는 함수의 예

```
fun addMul(x: Int, y: Int){
    var sum = x + y
    var mul = x * y
    println("두 수의 합은 $sum 입니다.")
    println("두 수의 곱은 $mul 입니다.")
}
```

코드 VII-3 단위 작업으로 분리한 코드

```
fun add(x: Int, y: Int) {
    var sum = x + y
    println("두 수의 합은 $sum 입니다.")
}

fun mul(x: Int, y: Int) {
    var mul = x * y
    println("두 수의 곱은 $mul 입니다.")
}
```

1 | 함수의 정의

코틀린에서 'fun'키워드를 이용하여 함수를 정의합니다. 만약 함수의 결과를 반환하려면 'return'키워드를 이용하여 반환 값을 설정하면 됩니다. 함수를 정의할 때 해당 함수에 전달되는 값을 매개변수(파라미터)라고 합니다. 함수의 기본구조는 아래와 같습니다. 함수의 이

름은 'fun'키워드 다음에 위치합니다. 코드 VII-4에서 함수의 이름은 'add'입니다. 함수의 이름을 정하는 것은 함수 정의에 있어서 대단히 중요합니다. 그 이유는 함수의 이름만으로 해당 함수가 하는 일을 유추해볼 수 있기 때문입니다. 코드 VII-4에서는 함수의 이름이 'add'이기 때문에 함수 안의 코드를 보지 않더라도 함수의 이름만으로 '이 함수의 기능은 매개변수 x와 y를 더하여 그 결과를 반환하는 일을 하는구나'라고 생각할 수 있습니다. 아래 예제는 비교적 간단하므로 이러한 유추가 가능하지만, 항상 함수 이름만으로 하는 일을 모두 파악할 수는 없습니다. 그렇다고 하더라도 함수의 이름을 의미 있게 만드는 훈련은 대단히 중요합니다. 이전 장에서 살펴본 변수명 명명규칙에 따라 함수명을 만드는 훈련을 꼭 하기 바랍니다.

함수 이름 뒤에 괄호 안에 들어있는 두 개의 변수가 매개변수입니다. 여기서는 2개의 정수 매개변수가 사용되었습니다. 'add'함수를 호출할 때 정수값 2개를 전달해야 합니다. 함수를 호출하는 방법에 대해서는 뒷부분에서 자세히 살펴볼 것입니다. 그리고 마지막으로 반환 값의 타입을 쓰는데 코드 VII-4에서 덧셈의 결괏값을 저장할 정수 타입을 정의했습니다. 마지막으로 함수 내부를 살펴보겠습니다. 한 줄의 문장이 들어있는데 'return'키워드를 이용하여 연산의 결과를 반환하고 있습니다. 이것이 코틀린에서의 기본적인 함수 구조입니다.

코드 VII-4 함수의 기본구조

```
fun add(x: Int, y: Int): Int {
    return x + y
}
```

코드 VII-4의 add 함수는 함수 본체에 한 줄의 코드로만 이루어져 있습니다. 함수 본체가 한 줄의 코드로만 이루어져 있으면 중괄호와 리턴문을 생략하여 아래와 같이 축약된 형태로 표현할 수 있습니다.

```
fun add(x: Int, y: Int): Int = x + y
```

이와 같이 축약된 형태의 함수를 자세히 들여다보면 정수 2개를 더한 결과를 반환하고 있다는 것을 알 수 있습니다. 그러므로 한 걸음 더 나아가서 반환 데이터타입까지 생략이 가능합니다. 이것이 가능한 이유는 코틀린 언어가 자료형을 추론할 수 있는 기능이 있기 때문입니다. 함수의 반환 데이터타입까지 축약된 형태를 아래에 보였습니다.

```
fun add(x: Int, y: Int) = x + y
```

코드 VII-4에서 정의된 기본적인 함수 구조 외에도 변형된 함수 구조가 존재합니다. 이와 관련된 함수 구조에 대해서 살펴보겠습니다. 반환값이 없는 함수는 어떻게 정의할까요? 코드 VII-5처럼 함수의 기본구조에서 반환값의 타입을 정의하는 부분을 빼주면 됩니다. 아래 예제 코드에서는 함수의 매개변수 x, y를 이용하여 이 두 변수의 차이를 계산하고 그 결과를 변수 'subtract'에 저장한 후 그 결과를 화면에 출력하고 함수는 종료하는 구조입니다.

그렇다면, 매개변수 없이 반환값만 있는 함수의 정의는 어떻게 될까요? 코드 VII-6은 이 예를 보여줍니다. 매개변수가 위치해야 할 곳에 아무것도 들어있지 않습니다. 즉, 이 함수를 호출할 때 어떤 정보도 넘겨줄 필요가 없다는 뜻입니다. 이 코드는 변수 'myName'에 저장된 정보를 반환하는 역할만을 수행합니다.

코드 VII-5 매개변수만 있고 반환값이 없는 함수

```
fun sub(x: Int, y: Int) {
    var subtract = x - y
    println("두 수의 차는 $sbutract 입니다.")
}
```

코드 VII-6 매개변수는 없고 반환값만 있는 함수

```
fun getYourName() : String {
    var myName = "John"
    return myName
}
```

2 | 함수의 호출

지금까지 함수를 정의하는 방법에 대해 살펴봤습니다. 이제는 이렇게 정의된 함수를 어떻게 호출하는지를 공부해봅시다. 1절에서 다룬 3개의 함수를 호출하는 방법에 대해 차례로 살펴보겠습니다.

먼저 반환값과 입력값이 모두 있는 함수의 경우는 코드 VII-7과 같이 호출하고 반환값을 전달받을 수 있습니다. 이 코드에서는 2개의 정수형 변수 'a'와 'b'를 초기화한 후 해당 값을 함수 'add'의 인자로 넘겨줬습니다. 설명을 이어가기 전에 함수의 인자와 매개변수라는 용어의 뜻부터 확실하게 정의하고 넘어가는 것이 좋겠습니다. 보통 이 두 가지 용어를 혼용해서 쓰는 경우가 많은데 이 두 용어는 분명하게 구별되는 차이점이 있습니다. 먼저 인자는 특정 함수를 호출하는 쪽에서 이 함수를 호출하면서 넘겨주는 값을 일컫는 용어입니다. 코드 VII-7에서는 'add'함수를 호출하는데 이때 변수 'a'와 'b'를 사용하고 있습니다. 즉 여기서 사용된 변수 'a'와 'b'를 'add'함수의 인자라고 합니다. 반면에 코드 VII-4의 함수 정의에서 사용된 두 개의 변수 'x'와 'y'는 함수 'add'의 매개변수 혹은 파라미터라고 합니다. 즉 함수를 호출할 때 전달되는 정보는 함수의 인자, 함수를 정의하는 쪽에서 전달받는 정보는 함수의 매개변수라고 말합니다. 이 두 용어는 이렇게 비슷한 듯 보이지만 다른 의미로 쓰이니 사용하는 데 유의하시기 바랍니다.

다시 함수 호출 설명으로 돌아오면 'add'함수를 호출하면서 변수 'a'와 'b'의 값을 함수의 인자로 넘겨줍니다. 함수 호출은 함수명과 함수 인자를 명시해줌으로써 이루어집니다. 이렇게 되면 프로그램의 제어가 함수가 정의된 곳으로 옮겨져 함수 내부의 코드를 수행한 후 값을 반환하면서 해당 함수는 종료됩니다. 그 후에 프로그램의 제어는 다시 함수를 호출한 곳으로 되돌아오고 반환 값은 할당 연산자 '='에 의해 변수 'result'에 저장됩니다. 이 모든 과정을 우리는 함수 호출이라고 부릅니다.

코드 VII-7 매개변수와 반환값이 있는 함수의 호출

```
var result : Int
var a : Int
var b : int

a = 10
b = 20

result = add(a, b)
println("두 수의 합은 $result 입니다.")
```

그렇다면 반환값이 없는 함수의 호출과 매개변수가 없는 함수의 호출은 어떻게 차이가 나는지 알아보도록 하겠습니다. 코드 VII-8은 매개변수는 있지만 반환값이 없는 함수의 호출을 나타냅니다. 반환값이 없으므로 함수를 호출할 때 할당 연산자를 사용하여 값을 저장하는 일을 하지 않습니다. 두 변수 'a'와 'b'의 연산 결과는 함수 'sub'에서 출력합니다.

코드 VII-9는 매개변수는 없고 반환값만 있는 함수의 호출을 보여주고 있습니다. 매개변수가 없으므로 함수를 호출할 때 어떤 값도 전달하지 않습니다. 그리고 반환값이 존재하기 때문에 할당 연산자를 이용하여 전달된 값을 변수 'name'에 저장합니다. 그리고 이렇게 전달받은 값을 이용하여 이름을 화면에 출력합니다.

코드 VII-8 반환값이 없는 함수의 호출

```
var a : Int
var b : Int

a = 20
b = 10

sub(a, b)
```

코드 VII-9 반환값만 있는 함수의 호출

```
var name : String

name = getYourName()
println("나의 이름은 $name 입니다.")
```

3 함수형 프로그래밍

함수는 코드의 중복을 줄이고 코드 재사용성을 높여줌으로써 코드의 유지보수를 수월하게 하는 장점이 있습니다. 이것이 우리가 함수를 프로그래밍에 사용하는 이유입니다. 사용자정의함수의 경우, 함수의 내용이 단위 작업이어야 합니다. 함수 본체에서 한 가지 이상의 작업이 이루어진다면 좋은 함수라고 말할 수 없습니다. 여기서 단위 작업이란 더는 쪼갤 수 없는 작업을 말합니다. 이전 절에서 함수를 설명할 때 단위 작업에 대해서는 이미 언급했습니다. 그렇다면, 이 단위 작업이라는 요건만 갖춘다면 좋은 함수라고 말할 수 있을까요? 함수 본체에서 단위 작업을 수행하지만, 만약 특정 입력값에 대해 결과를 예측하기 어렵다면 이 함수는 좋은 함수일까요? 또한, 전역변수로 사용되는 특정 변수의 값을 바꾸는 작업을 하는 함수가 있다면 이 함수는 독립적인 함수라고 말할 수 있을까요? 이 질문에 답하기 위하여 순수 함수를 여러분에게 소개하겠습니다.

먼저, 순수 함수는 크게 3가지 조건을 갖춰야 합니다. 첫째, 모든 입력값에 대해 우리가 예측 가능한 결과를 반환해야 합니다. 둘째, 함수 내부에서 다뤄지는 내용이 함수 외부와 독립적이어야 합니다. 마지막으로 함수 내부에서 발생하는 일이 함수 외부 환경에 의하여 결정되면 안 됩니다. 이 3가지 조건에 부합하는 함수를 순수 함수라고 합니다. 각 조건에 해당하는 함수에 대해 구체적인 예제 코드를 활용하여 생각해봅시다.

첫째, 함수에 전달하는 인자값에 대응하는 결괏값이 예측 가능해야 합니다. 코드 VII-1은 이 조건에 부합하는 순수 함수라고 할 수 있습니다. 정수 2개를 이 함수에 인자로 넘겨주면 항상 정수의 합을 반환해줍니다. 즉, 입력으로 정수 2개를 이 함수에 전달하면 우리는 어떤 결과가 나올 것인지를 예측할 수 있습니다. 둘째, 이 함수는 2개의 정숫값을 입력으로 취하고, 이 두 정수의 합을 계산하여 그 결과를 함수 내부에서 선언한 변수인 'sum'에 저장합니다. 다시 말해서 변수 'sum'은 함수가 종료됨과 동시에 스택 메모리에서 소멸합니다. 함수의 내용이 외부와 관계를 맺거나 영향을 주고받지 않습니다. 만약 코드 VII-1을 아래와 같이 수정한다면 함수의 내부 코드가 외부의 영향을 받는다고 할 수 있습니다. 즉, 함수가 외부와 독립적이지 못한 상황이 됩니다. 코드 VII-10에 주어진 함수는 코드 VII-1의 함수와 마찬가지로 두 정숫값을 더하는 작업을 수행한다는 점에서는 같습니다. 그런데 VII-10의 함수는 외부에서 입력되는 값(변수 'input'에 저장된 값)에 의해 덧셈 연산을 수행할 수도 있고 그렇지 않을 수도 있습니다. 이렇게 외부 환경에 의하여 결괏값을 명확하게 예측할 수 없고, 함수의 내용이 함수 외부와 연결되어 독립적이지 못할 뿐만 아니라 함수의 내용이 외부 환경(외부에서 입력되는 값)에 의해 결정되면 순수 함수라고 말할 수 없습니다.

코드 VII-10 함수 내용이 외부와 독립적이지 못한 예

```
fun add(x: Int, y: Int): Int {
    var input = 0

    input = readLine()!!.toInt()

    if (input > 10)
        return x + y
    else
        return 0
}
```

함수형 프로그래밍이란 지금까지 살펴본 순수 함수의 조건을 최대한 만족시켜 함수를 정의하여 사용하는 장점을 최대한 살리고 순수 함수가 아닌 함수로 인해 발생할 수 있는 여러 문제점을 최대한 줄이는 방향으로 코딩하는 방식을 일컫는 용어입니다. 함수를 정의할 때 순수 함수를 지향한다면 그렇지 않을 때보다 함수로 인한 부작용을 상당히 줄일 수 있습니다. 코틀린 언어는 이러한 함수형 프로그래밍 기능을 제공해줍니다. 코틀린의 함수형 프로그래

밍 기능에서는 람다식과 고차 함수를 사용합니다. 이 두 개념에 대해서는 다음 절에서 자세히 살펴보겠습니다.

4 | 람다식과 고차 함수

함수의 정의에 의하면 함수는 함수 헤더와 본체로 구성되며 함수 헤더에는 반환 자료형, 함수 이름, 매개변수 리스트로 이루어집니다. 반환 자료형과 매개변수는 함수의 역할에 따라 해당 정보가 제공될 수도 있고 그렇지 않을 수 있습니다. 하지만, 꼭 필요한 요소는 함수 이름입니다. 코틀린에서는 함수를 정의할 때 'fun'키워드 또한 제공되어야 합니다. 이에 반해 람다식 혹은 람다 함수는 'fun'키워드가 필요 없고, 이름 또한 필요없는 함수입니다. 람다 함수는 중괄호 안에 매개변수와 함수 본체만을 표현하는 방식으로 정의합니다. 다음 코드는 람다식 즉, 이름이 없는 함수의 예입니다.

코드 VII-11 람다식의 예

```
// { 매개변수 리스트 → 함수 본체 }
{ a: Int, b: Int → a + b }
```

위의 예를 보면 함수의 이름은 없고 함수의 몸체만 있습니다. 그리고 화살표가 사용되었습니다. 코드 VII-11은 무엇을 의미할까요? 이 함수는 2개의 인자를 받아 하나의 결과를 반환하는 람다식을 표현하고 있습니다. 코드 VII-11에 대한 일반 함수 정의는 코드 VII-12와 같습니다.

코드 VII-12 { a, b → a+b } 람다식에 대한 일반 함수 정의

```
fun sum(a: Int, b: Int): Int {
    return a+b
}
```

코드 VII-11과 VII-12를 비교하면 람다식으로 표현한 함수가 좀 더 간결하게 표현되었음을

알 수 있습니다. 그런데, 람다식으로 표현된 함수는 어떻게 호출해야 할까요? 함수 호출은 함수 이름과 매개변수 정보를 제공함으로써 함수를 호출합니다. 그렇지만 이름이 없는 함수인 람다식은 과연 어떻게 호출할 수 있을까요? 문제는 또 있습니다. 함수의 결과를 반환받고 싶을 때는 어떻게 해야 할까요? 아래 주어진 코드를 통해 이 문제를 어떻게 해결할 수 있는지 알아보겠습니다.

코드 VII-13 람다식 선언과 호출

```
// 람다식 선언
var sum = { a: Int, b: Int → a + b }

// 람다식 호출
var result = sum(5, 7)
```

코드 VII-13의 첫 번째 줄에서 정의된 람다식을 변수 'sum'에 저장했습니다. 다음 줄에서는 언뜻 보기에는 잘못된 표현인 것처럼 보이는 문장이 있는데 그것은 'sum'은 함수가 아닌 변수인데 마치 함수를 호출할 때와 같은 방법을 사용하고 있습니다. 즉, 람다식은 이름이 없으므로 함수 호출을 예전처럼 할 수 없습니다. 이런 이유로 일반적으로 람다식을 변수에 대입한 후 이 변수를 이용하여 이전의 함수 호출 방식을 이용하여 람다식을 호출합니다. 두 번째 줄에서 5와 7은 람다식에 제공된 함수 인자가 됩니다. 람다식에서는 이 2개의 정보를 이용하여 덧셈 연산을 수행합니다. 이 람다식에서는 이 덧셈 연산이 람다식에서의 유일한 연산에 해당합니다. 람다식의 반환값은 람다식에서 가장 마지막에 수행된 표현식이 됩니다. 그러므로, 5와 7을 더한 결과가 변수 'result'에 저장됩니다. 정리하면, 람다식은 이름이 없으므로 보통 람다식을 변수에 대입한 후 이 변수를 함수 호출에 사용합니다. 람다식의 매개변수 정보는 람다식을 호출할 때 넘겨주면 됩니다. 마지막으로, 람다식에서 가장 마지막에 수행된 문장이 람다식의 반환값을 나타낸다고 기억하면 되겠습니다.

지금까지는 매개변수가 한 개 이상인 람다식만 다뤘습니다. 그렇다면 매개변수가 없거나 하나만 있는 경우는 어떻게 람다식을 정의하고 사용해야 할까요? 이 내용에 대해 자세히 살펴봅시다. 먼저, 만약 매개변수가 없는 람다식을 정의해야 한다면 방법은 아주 간단합니다. 코드 VII-11의 람다식의 예에서 화살표를 기준으로 왼쪽이 매개변수 리스트입니다. 매개변수가 없다면 이 부분을 공백으로 놔두면 됩니다. 아주 쉽죠? 심지어는 화살표까지 생략해도 무방합니다. 아래 코드는 매개변수가 없는 람다식을 나타냅니다.

코드 VII-14 매개변수가 없는 람다식의 예

```
// 람다식 선언
val msg1 = { → print("Lamda function without parameters") }
val msg2 = { print("Lamda function without parameters") }

// 람다식 호출
msg1()
msg2()
```

자 그럼 마지막으로 매개변수가 1개만 있을 때 어떻게 람다식을 정의하고 호출하는지 알아보겠습니다. 코드 VII-11에서 살펴본 람다식 선언에 의하면 화살표를 기준으로 왼쪽에 매개변수 리스트가 옵니다. 따라서, 매개변수가 한 개라면 아래처럼 람다식을 선언할 수 있습니다.

코드 VII-15 매개변수가 한 개인 람다식의 예

```
// 람다식 선언
val square = {a: Int → a*a }

// 람다식 호출
square(3)
```

코드 VII-15의 람다식 선언을 다음(코드 VII-16) 과 같이 할 수 있습니다. 즉 매개변수가 한 개인 람다식 선언은 2가지 방법 모두 가능합니다. 이전에 말씀드린 것과 같이 람다식은 보통 변수에 대입하여 사용한다고 했습니다(반드시 변수에 대입해야 하는 것은 아닙니다). 5장에서 변수와 자료형을 다룰 때 코틀린에서 변수 선언할 때 변수 자료형을 명시해준다는 것을 기억하시죠? 코드 VII-16을 보면 변수 'square'의 자료형이 올 자리에 5장에서 살펴본 변수의 자료형이 아닌 람다식으로 표현된 것을 확인할 수 있습니다. 이런 표현식을 람다식 자료형 또는 함수 타입(자료형)이라고 합니다. 이 람다식 자료형을 보고 매개변수와 반환값을 추론

하는 것이 가능하다면 람다식 선언부에서는 매개변수의 자료형과 화살표를 생략할 수 있습니다. 또한, 아래 예시처럼 'it'키워드를 사용하여 매개변수를 표현할 수 있습니다. 정리하면, 매개변수가 한 개인 람다식은 코드 VII-15처럼 정통적인 람다식 선언 방식에 따라 만들 수도 있지만, 코드 VII-16처럼 변수를 선언할 때 변수의 자료형으로 람다식 자료형을 표현한 후 중괄호 안에서는 매개변수와 화살표를 생략하고 'it'키워드를 사용하여 매개변수를 대체할 수 있습니다.

코드 VII-16 매개변수가 한 개인 람다식의 다른 예

```
// 람다식 선언
val square: (Int) → Int = { it*it }

// 람다식 호출
square(3)
```

다음으로 고차 함수를 주제로 공부하겠습니다. 고차 함수(High-order function)란 일반 함수와는 다르게 함수 자체를 함수의 매개변수로 사용하거나 함수의 결과를 전달할 때 함수의 형태로 전달하는 함수를 가리키는 용어입니다. 고차 함수에서 매개변수나 결괏값으로 사용되는 함수가 지금까지 배웠던 람다식 혹은 람다 함수가 됩니다. 다시 말해서, 고차 함수란 람다식을 이용하는 함수라고 말할 수 있습니다. 고차 함수의 예를 코드를 통해 살펴보겠습니다.

코드 VII-17의 main 함수에서는 'operation'이라는 이름의 함수를 호출합니다. 이 함수의 첫 번째 인자는 변수 혹은 특정 값이 아닌 람다식입니다. 이 람다식은 매개변수와 화살표가 없고, it 키워드를 사용한 것으로 보아 매개변수가 한 개인 람다식이라고 유추할 수 있습니다. 이제 operation 함수로 가보겠습니다. 이 함수의 첫 번째 매개변수는 'op'라는 이름의 변수이고 이 변수의 타입은 함수 타입입니다. 람다식을 다룰 때 이미 공부했었던 것을 기억하세요. operation 함수 호출할 때 언급했듯이 함수 타입을 보면 매개변수가 한 개라는 것이 확실합니다. operation 함수 본체를 보면 변수 op가 마치 함수인 것처럼 호출하면서 operation 함수의 두 번째 매개변수를 전달하고 있습니다. 결론적으로 말해서, operation 함수는 매개변수로 람다식을 활용하는 고차 함수입니다.

코드 VII-17 매개변수가 람다식인 고차 함수의 예

```
fun main(args: Array<String>) {
    // 람다식을 고차 함수 operation의 인자로 전달
    val result = operation({it*it}, 5)
    println("Result is ${result}")
}

// 매개변수가 람다식인 고차 함수 선언
fun operation(op:(Int) → Int, a: Int): Int {
    return op(a)
}
```

매개변수로 람다식을 사용하는 고차 함수에 대해 살펴봤습니다. 이번에는 반환값이 람다식인 고차 함수를 주제로 공부합니다. 코드 VII-18을 보면 'calc'함수에서 매개변수는 정수형 자료형인 변수지만 반환값이 람다식 '() → Int'로 표현되었습니다. 즉, 이 람다식은 매개변수는 없고 정숫값을 반환합니다. calc 함수를 자세히 보면 첫 번째 줄에서 함수의 반환값으로 사용되는 변수 'result'를 선언한 후 이 변수의 자료형을 람다식으로 선언한 것을 볼 수 있습니다. 그리고 초기화까지 시켰습니다. calc 함수의 매개변수인 변수 'n'값에 따라 해당 값이 양수일 때는 이 값을 그대로 반환하고, 그렇지 않으면 원래 값에 -1을 곱하여, 즉 음수를 양수화한 값을 반환합니다. main 함수에서는 이렇게 전달받은 값을 변수 'ret'에 저장합니다. 이 값을 출력하기 위해 출력문에서는 람다식 호출 방식을 적용하여 calc 함수로부터 전달받은 반환값을 출력합니다. 이렇게 고차 함수를 사용하여 람다식을 매개변수 혹은 반환값으로 사용하는 방법에 대해 알아봤습니다. 람다식은 이름이 없는 함수로 고차 함수에서 매개변수 혹은 반환값의 자리에 위치시켜 코드를 간결하에 표현할 수 있도록 도와주고 더 나아가 코드를 효율적으로 관리하고 유지보수할 수 있도록 하는 기능을 제공합니다. 람다식과 고차 함수를 사용하는 것이 쉽지 않지만, 처음에는 꾸준히 의도적으로 람다식과 고차 함수를 활용하여 코딩하는 연습을 한다면 반드시 익숙해질 수 있을 것이고 람다식과 고차 함수로 표현된 코드를 이해하는 데 큰 도움이 되리라 생각합니다. 겁내지 마시고 천천히 꼼꼼히 많은 코드를 보면서 그리고 본인이 람다식과 고차 함수를 만들어 사용해보길 권유합니다.

코드 VII-18 반환값이 람다식인 고차함수의 예

```
fun main(args: Array<String>) {
    val input = readLine()!!.toInt()
    val ret = calc(input)

    // 반환값으로 전달받은 람다식을 호출하여 input에 저장된 값의 절대값 계산
    println("입력값 $input에 대한 절대값은 ${ ret() } 입니다.")
}

// 반환값이 람다식인 고차 함수 선언
fun calc(n: Int) : () → Int {
    var result:() → Int = { 0 }

    if(n > 0) {
        result = { n }
    }
    else {
        result = { -1*n }
    }

    return result
}
```

8차시

VIII. 객체지향 프로그래밍

1. 학습목표

객체지향 프로그래밍

2. 수업내용

- 클래스와 객체의 개념을 학습한다.
- 생성자의 역할을 공부한다.
- 객체지향 프로그래밍 방식의 상속과 다형성의 개념을 학습한다.
- 가시성 지시자의 역할을 익힌다.

3. 수업성과

- 클래스와 객체의 개념을 이해한다.
- 생성자의 역할을 이해한다.
- 객체지향 프로그래밍 방식의 상속과 다형성의 역할을 이해한다.
- 가시성 지시자의 역할을 이해한다.

1 | 클래스와 객체

객체지향 프로그래밍 패러다임은 기존의 절차적 프로그래밍 방식의 단점을 극복하고자 탄생한 새로운 프로그래밍 방식을 일컫는 개념입니다. 절차식 프로그래밍 방식의 가장 큰 단점은 코드를 모듈화하여 관리하는 것이 어렵다는 점과 코드의 재사용이 쉽지 않다는 것입니다. 무엇보다 절차적 프로그래밍의 가장 큰 단점은 데이터 보호의 어려움에 있습니다. '가비지 인 가비지 아웃'이라는 말이 있습니다. 컴퓨터과학 분야에서 특히 코딩의 특징을 잘 설명해주는 말인데, 이것은 아무리 잘 작성된 코드라고 할지라도 손상된 데이터로 인해 해당 코드가 무의미해지는 것을 뜻합니다. 그만큼 입력 데이터의 무결성이 강조되는 표현이라고 하겠습니다. 대표적인 절차적 프로그래밍 언어인 C 언어에 데이터 무결성을 위한 장치가 전혀 존재하지 않는 것은 아니지만, 객체지향 프로그래밍 방식에 비하면 정보 은닉을 위한 장치가 없다고 봐도 무방합니다.

객체지향 프로그래밍 방식은 이러한 단점을 극복하기 위해 탄생했습니다. 따라서 데이터를 보호하기 위한 장치로 정보 은닉성을 강조하고, 이를 위해 클래스 안의 데이터에 접근할 수 있는 권리를 클래스를 설계할 때 지정할 수 있습니다. 또한, 클래스를 중심으로 한 코드 모듈화와 재사용성을 강조하고 있고 이를 위한 다양한 장치를 갖추고 있습니다. 코틀린 언어는 이러한 객체지향 프로그래밍 방식을 채택하여 클래스를 중심으로 코드를 모듈화합니다. 이번 장에서는 코틀린에서 제공하는 객체지향 프로그래밍 패러다임의 다양한 개념을 공부하도록 합시다.

클래스란 무엇일까요? 클래스는 다른 말로 템플릿이라고도 합니다. 그럼 템플릿이란 무엇일까요? 이것을 우리나라 말로 옮긴다면 가장 가까운 표현이 '양식' 또는 '서식'이라고 할 수 있습니다. 예를 들면 이력서 양식, 파워포인트 서식 등과 같이 미리 작성된 어떤 '기준' 혹은 '틀'이라고 할 수 있습니다. 일상생활에서 우리가 흔히 쓰는 표현 중에 '이력서 양식'이라는 말을 들어보셨을 겁니다. 이러한 양식에는 이력서에 꼭 담겨야 할 필수 및 선택 항목이 있어서 이것을 사용하는 사람은 이력서를 쓰기 위해 아무것도 없는 빈 종이 위에 자신의 이력을 적어 내려가는 것보다는 훨씬 수월하게 이력서를 작성할 수 있습니다.

자동차 제조 공장을 생각해봅시다. 새로운 자동차에 대한 디자인과 설계가 마무리되면 본격적으로 공장에서 자동차를 생산할 수 있습니다. 디자인이 적용된 자동차 주형틀에서 마치 도장 찍듯이 자동차의 외형을 찍어냅니다. 이렇게 외형이 만들어지면 일정한 절차에 따라 내부 구성 요소들이 하나씩 채워지고 이러한 일련의 과정을 거쳐 자동차가 생산됩니다. 자동차 외형을 생산하기 위해 사용하는 틀을 다른 말로 템플릿이라고 합니다. 객체지향 프로그래밍 패러다임에서는 템플릿이라는 용어 대신 클래스라는 용어를 사용합니다. 또한, 클래스라는 형틀로부터 만들어진 것을 객체라고 부릅니다.

클래스와 객체는 비슷한 것 같지만 서로 다른 개념입니다. 그렇다면 이 둘의 차이점은 무엇일까요? 먼저, 클래스는 실체가 아닙니다. 도로 위를 주행하는 자동차는 자동차 형틀로부터 만들어진 것입니다. 자동차 제조 공장에서 쓰이는 자동차 형틀이 도로 위를 달리지 않습니다. 이러한 템플릿(클래스)으로부터 만들어진 자동차(객체)가 도로 위를 달립니다. 즉, 클래스는 객체를 제작하기 위한 형틀에 불과한 것입니다. 실질적으로 프로그램이 실행되어 특정 기능을 수행할 때는 객체가 중심이 됩니다. 이러한 이유로 클래스지향 프로그래밍 패러다임이 아니라 객체지향 프로그래밍 패러다임이라고 부릅니다. 하지만, 잊지 말아야 할 것이 있습니다. 객체는 클래스 없이는 스스로 존재할 수 없습니다. 이와 비슷한 개념이 C 언어에서의 구조체입니다. C 언어에서 구조체를 사용할 때는 기본 자료형으로 표현할 수 없는 데이터형을 선언할 목적으로 사용합니다. 즉, 사용자 정의 데이터 타입이 필요할 때 구조체를 사용합니다. 따라서, 구조체를 통해 프로그램이 실행될 때 이 구조체 타입으로 선언된 변수들이 실질적으로 사용됩니다.

C++ 언어에서의 클래스는 C 언어에서의 구조체와 비슷하지만, 이 둘은 엄연히 구별되는 개념입니다. 구조체는 다양한 기본 데이터 타입으로 구성된 사용자 정의 데이터 타입이지만, 클래스는 그 안의 구성 요소로 변수 뿐만 아니라 해당 클래스가 취할 수 있는 행위를 나타내는 함수도 포함하고 있습니다. 정리하자면, 클래스는 객체를 위한 틀 즉, 템플릿을 제공하고 그 내부에는 변수와 함수가 동시에 들어 있습니다. 객체지향 프로그래밍 패러다임에서는 이

변수는 클래스의 멤버 변수, 함수는 클래스의 메서드라는 용어를 사용합니다.

그렇다면 객체란 정확히 무엇을 의미할까요? 객체란 한마디로 표현해서 살아있는 실체입니다. 클래스는 특정 정보를 가지고 있지 않지만, 객체는 해당 객체를 특징지을 수 있는 고유의 정보를 지니고 있습니다. 마치 이력서 양식(클래스)만을 보면 그 안에는 아무런 고유 정보가 없지만, '홍길동'이라는 사람의 이력서(객체)에는 그 사람의 고유 정보가 담겨 있는 것과 같은 이치입니다.

프로그래밍 관점에서의 객체는 프로그램이 실행되면 주기억장치로 로딩되어 우리가 명령한 일을 실제로 수행하는 주체입니다. 공장에서 생산된 자동차가 차주에게 인도되어 비로소 세상 밖으로 나가 도로 위를 달리는 것과 같습니다. 객체와 비슷한 의미로 쓰이는 용어가 있는데, 그것은 인스턴스입니다. 객체와 인스턴스의 차이점은 객체는 코드 레벨에서 클래스와 구별하기 위해 부르는 용어이고, 인스턴스는 프로그램이 실행된 후 메인 메모리에 상주하며 프로그램의 실행을 이끌 때 사용하는 용어입니다. 즉 객체와 인스턴스는 기본적으로 같은 개념이라고 볼 수 있습니다.

객체에 대해 좀 더 알아보겠습니다. 자동차 제조 공장의 예로 다시 돌아가 봅시다. 클래스는 최종적으로 생산될 자동차의 외형을 위한 틀이라고 했습니다. 그럼 이 예에서 객체는 어디에 속할까요? 객체는 이 형틀을 통해 생산된 개별적인 자동차라고 생각하면 됩니다. 여러분은 도로 위에서 똑같은 제조 회사, 모델, 색상의 자동차를 본 적이 있을 것입니다. 여러분도 이미 알다시피 이렇게 모든 것이 다 똑같은 자동차라고 해도 그 주인은 다 다르다는 것을 알고 계시죠? 자동차는 생산될 때마다 차대번호라는 고유 정보를 가지는데 이것으로 제조사, 모델, 심지어 색상이 같아도 2대의 자동차는 구별됩니다. 여기서 변하지 않는 사실은 이 자동차들이 하나의 형틀에서 만들어졌다는 사실입니다. 즉, 클래스를 정의하면 이 클래스로부터 여러 개의 객체가 만들어질 수 있습니다. 그렇지만, 이렇게 만들어진 객체들은 프로그램이 실행될 때 서로 고유의 아이디를 가진다는 점입니다. 실세계와 마찬가지로 프로그래밍 세계에서도 똑같은 법칙이 존재합니다. 동일 클래스에서 수없이 많은 서로 다른 객체들이 고유의 아이디를 통해 프로그래밍 세계에서 살아갑니다.

클래스는 비록 어떻게 보면 프로그래밍 세계에서는 존재하지 않는 껍데기에 불과하다고 생각할 수 있지만, 클래스가 없이는 객체가 그 생명을 가질 수 없습니다. 클래스로부터 생명을 부여받은 객체가 자신의 모습대로 프로그래밍 세계에서 자신의 역할을 담당하게 됩니다. 따라서 이 둘은 서로 떼려야 뗄 수 없는 존재입니다. 그렇다면 객체에 생명을 불어넣어 주는 클래스는 어떻게 디자인할까요? 지금부터 클래스 정의 방법에 대해 자세히 알아보도록 하겠습니다.

2 | 클래스 정의

앞에서 예를 들었던 자동차를 위한 클래스를 정의해보겠습니다. 이전에 잠깐 언급했지만, 기본적으로 클래스는 2가지 정보를 가지고 있습니다. 멤버 변수와 메서드입니다. 코드 VIII-1에 자동차 클래스를 정의한 코드를 보였습니다. 클래스를 정의할 때는 가장 먼저 'class'키워드로 시작합니다. 이 키워드 바로 뒤에 클래스의 이름을 적으면 됩니다. 보통 클래스 이름의 첫 알파벳은 대문자로 시작하는 경우가 많고, 대부분 프로그래머가 이 규칙을 따릅니다. 그리고 함수 정의와 마찬가지로 중괄호를 엽니다. 클래스 멤버 변수를 먼저 선언하고 그 이후 클래스의 메서드를 선언합니다. 이 예에서는 총 5개의 멤버 변수와 3개의 메서드를 선언하였습니다. 멤버 변수를 선언하는 것은 변수 선언과 차이점이 없습니다. 코드 VIII-1의 멤버 변수는 모두 String 타입입니다. 다음으로 함수를 선언하는 방법과 똑같이 메서드를 선언합니다. 메서드라는 용어는 클래스 내부에 정의된 함수를 뜻합니다. 클래스 안에 선언된 함수를 다른 함수와 구별하기 위해 메서드라는 용어를 사용한다고 이해하면 됩니다. 코드 VIII-1의 예에서는 총 3개의 메서드가 정의되었습니다. 마지막으로 중괄호를 닫아주면 클래스 정의가 마무리됩니다.

코드 VIII-1 자동차 클래스 선언

```
class Car {
    // 멤버변수 선언
    var modelName: String = ""
    var makeYear: String = ""
    var vinNumber: String = ""
    var color: String = ""
    var maker: String = ""

    // 메서드 선언
    fun move() = println("Car moves")
    fun stop() = println("Car stops")
    fun changeGear( gearNum: Int ) = println("Gear Number: $gearNum")
}
```

이렇게 선언된 클래스는 객체화되지 않는다면 그저 껍데기에 불과합니다. 자동차 제조 공장에서 아무 일도 하지 않고 방치된 자동차 형틀과 같습니다. 클래스가 생명력을 갖기 위해서는 이 클래스로부터 객체를 찍어내야만 의미가 있습니다. 코드 VIII-2의 함수 'main'에서 'var myCar = Car' 부분이 바로 클래스 'Car'의 객체 'myCar'가 탄생하는 순간입니다. 객체 'myCar'

코드 VIII-2 자동차 클래스의 객체화

```
fun main() {
    // 클래스 Car의 객체화
    var myCar = Car()

    myCar.color = "white"
    myCar.modelName = "Genesis"
    myCar.makeYear = "2023"
    myCar.maker = "Hyundai"
    myCar.vinNumber = "2023000999123456H"

    myCar.move()
    myCar.changeGear(3)
    myCar.stop()
}
```

가 도로 위로 달리기 위해서는 자신만의 고유 정보를 가져야 합니다. 함수 'main'에서는 객체 'myCar'의 멤버 변수의 값을 초기화하고 있습니다. 그 이후에 객체 'myCar'의 메서드 3 개를 차례로 호출합니다. 코드 VIII-2는 코틀린 언어로 정의된 클래스로부터 객체를 만들고 이렇게 만들어진 객체에 고유 정보를 부여하는 전형적인 예를 보여줍니다.

3 생성자

생성자는 클래스를 통해 객체가 생성될 때 자동으로 호출되는 함수를 말합니다. 일반적으로 생성자에서는 클래스의 멤버 변수에 대한 초기화를 진행합니다. 코틀린의 생성자는 주 생성자(Primary Constructor)와 부 생성자(Secondary Constructor)로 나뉩니다. 필요에 따라 주 생성자로 선언해서 사용할지 아니면 부 생성자를 만들어 사용할지를 결정할 수 있습니다. 특히 부 생성자의 경우에는 클래스 내에서 여러 번 정의하는 것이 가능합니다. 생성자를 정의할 때는 'constructor'키워드를 사용합니다. 먼저, 부 생성자를 클래스 내에 선언하는 방법부터 살펴보도록 하겠습니다.

코드 VIII-1을 조금 변형하여 부 생성자를 클래스 내부에 선언한 모습을 코드 VIII-3에 나타냈습니다. 이 코드 예제에서 보는 바와 같이 부 생성자는 마치 클래스 내부에 함수처럼 선언되어 있습니다. 만약 'constructor'키워드가 없다면 이것이 클래스 내부에 선언된 일반 메서드인지 아니면 생성자인지를 구별하기가 힘듭니다. 코드 VIII-2에서는 함수 'main'에서 클래스의 멤버 변수를 초기화했습니다. 하지만, VIII-3에서는 이 초기화 작업을 부 생성자에게 맡기고 있습니다. 이렇게 하는 것은 클래스 외부에서 클래스의 멤버 변수를 직접 접근하지 못하도록 하기 위해서입니다. 즉, 데이터를 보호하기 위한 수단입니다. 왜 이렇게 하는 것이 클래스 내부의 멤버 변수를 보호하는 작용을 하는 걸까요? 이것은 객체지향 프로그래밍 방식에서 정보 은닉이라는 개념입니다. 즉, 클래스 외부에서는 클래스가 어떤 정보를 가졌는지를 알 수 없도록 합니다. 이렇게 하는 이유를 예를 들어 설명하겠습니다.

코드 VIII-3 부 생성자가 추가된 자동차 클래스 선언

```
class Car {
    var modelName: String = ""
    var makeYear: String = ""
    var vinNumber: String = ""
    var color: String = ""
    var maker: String = ""

    // 부 생성자 선언
    constructor(modelName: String, makeYear: String, vinNumber: String, color:
              String, maker: String) {
          this.modelName = modelName
          this.makeYear = makeYear
          this.vinNumber = vinNumber
          this.color = color
          this.maker = maker
    }

    fun move() = println("Car moves")
    fun stop() = println("Car stops")
    fun changeGear( gearNum: Int ) = println("Gear Number: $gearNum")
}

fun main() {
     var myCar = Car("Genesis", "2023","2023000999123456H","white", "Hyundai")

    myCar.move()
    myCar.changeGear(3)
    myCar.stop()
}
```

앞에서 언급한 바와 같이 데이터 보호는 정보 은닉으로부터 출발합니다. 외부 세계로부터 어떤 멤버 변수가 클래스 내에 있는지를 숨긴다는 개념입니다. 클래스 외부에서는 어떤 멤버 변수가 클래스 내에 선언되었는지를 모르기 때문에 해당 멤버 변수에 잘못된 데이터를 할당함으로써 발생하는 오류를 방지할 수 있습니다. 아래 제시된 2가지 서로 다른 예제를 통해 이것이 어떻게 가능한지 알아보겠습니다. 먼저 코드 VIII-4를 봅시다. 이 예제 코드의 출

력 결과는 실세계를 잘 반영하고 있다고 생각하나요? 전혀 그렇지 않습니다. 왜냐하면, 현재 계좌에 있는 돈은 0인데 200을 출금했습니다. 그래서 잔액은 음수 값이 되었습니다. 현실 세계에서는 가지고 있는 돈보다 찾으려는 돈이 더 많으면 잔액이 부족하다는 메시지만을 출력하지, 잔액을 음수로 만들지 않습니다. 코드 VIII-4에서는 클래스 BankAccount의 멤버 변수인 balance의 초깃값을 함수 main에서 직접 할당하고 있습니다. 즉, 클래스 외부 함수 main에서 멤버 변수 balance를 직접 접근함으로써 데이터가 보호받지 못하는 것입니다.

코드 VIII-4 정보 은닉이 되지 않은 예제

```
class BankAccount {
    var accountNo: String = ""
    var routingNo: String = ""
    var nameOnAccount: String = ""
    var balance: Double = 0.0

    fun deposit (money: Double) {
        balance += money
    }
    fun withdraw (money: Double) {
        balance -= money
    }
}

fun main() {
    var myAccount = BankAccount()

    myAccount.accountNo = "93470864"
    myAccount.routingNo = "12345678"
    myAccount.nameOnAccount = "John"
    myAccount.balance = 0.0

    myAccount.withdraw(200.0)
    println("balance: ${myAccount.balance}")
}
```

코드 VIII-5 정보를 은닉한 예제

```
class BankAccount {
    var accountNo: String = ""
    var routingNo: String = ""
    var nameOnAccount: String = ""
    var balance: Double = 0.0

    constructor(accountNo: String, routingNo: String, nameOnAccount: String,
                balance: Double) {
        this.accountNo = accountNo
        this.routingNo = routingNo
        this.nameOnAccount = nameOnAccount
        if (balance <= 0)
            println("money must be bigger than 0")
        else
            this.balance = balance
    }
    fun deposit (money: Double) {
       balance += money
    }
    fun withdraw (money: Double) {
       if (balance < money)
         println("Couldn't withdraw money from your account")
       }
       else
         balance -= money
    }
}
fun main() {
   var myAccount = BankAccount("93470864", "12345678", "John", 0.0)
   myAccount.withdraw(200.0)
   println("balance: ${myAccount.balance}")
}
```

코드 VIII-5의 클래스 생성자에서는 은행 계좌를 생성할 때 초기 금액이 0인지 아닌지를 검사는 코드가 추가되었습니다. 만약 금액이 0 혹은 그 이하의 값이면 '입금되는 금액은 0보다 커야 한다'는 메시지를 출력하도록 수정하였습니다. 또한, 'withdraw'메서드에서 출금할 돈의 액수가 현재 계좌의 잔액보다 많으면 '잔액이 부족하다'라는 메시지를 출력하도록 했습니다. 이렇게 수정된 코드가 현실 세계를 좀 더 가깝게 반영한다고 할 수 있습니다. 여기서 주목할 것은 'BankAccount'클래스를 이용하여 'myAccount'객체를 생성할 때 부 생성자가 실행된다는 것입니다. 이 부 생성자가 실행되면서 객체를 만들 때 전달된 값을 이용하여 클래스의 멤버 변수가 초기화됩니다. 이때 변수 'balance'값을 체크하여 만약 이 값이 0이거나 음수이면 이에 따른 메시지를 출력하여 부적절한 값임을 사용자에게 알려줍니다. 반면에 코드 VIII-4에서는 이와 같은 장치가 마련되어 있지 않습니다. 함수 main에서 멤버 변수 'balance'를 직접 접근하는 것이 가능하므로 잘못된 값을 입력하더라도 데이터는 보호받을 수 없습니다. 다시 말해서 클래스의 멤버 변수가 외부에 모두 노출되어 있어서 모든 멤버 변수에 대한 직접 접근이 가능하게 되고 어떤 값도 입력할 수 있습니다. 이런 이유로 멤버 변수를 외부로부터 보호하는 것이 불가능합니다. 결과적으로 클래스의 멤버 변수에 특정 값을 할당할 때 클래스 외부에서 멤버 변수를 직접 접근하게 하는 것이 아니라 코드 VIII-5에서처럼 생성자 혹은 클래스의 메서드를 거쳐 특정 값을 할당하도록 하면, 즉 직접 접근이 아닌 간접 접근으로 접근 방식을 바꾸게 되면 클래스 내부의 멤버 변수는 외부로부터 보호되고 클래스의 멤버 변수를 외부로부터 숨길 수 있습니다. 이렇게 하는 주요 목적은 데이터를 보호하여 가비지 값이 코드를 망가뜨리는 가능성을 사전에 방지하는 데 있습니다. 이것이 객체지향 패러다임이 절차적 프로그래밍 방식과 구별되는 가장 큰 특징 중 하나라고 할 수 있습니다.

다시 생성자 이야기로 돌아갑시다. 코드 VIII-3의 부 생성자는 이 클래스의 객체를 생성할 때 자동으로 호출된다고 했습니다. 함수 main을 잘 살펴보면 'myCar'객체를 생성할 때 클래스의 멤버 변수 초기화를 위하여 초깃값을 인자로 넘기는 것을 볼 수 있습니다. 바로 이때, 클래스에 선언된 부 생성자가 호출되어 이 초깃값들을 이용하여 클래스의 멤버 변수를 초기화합니다. 'this'라는 키워드에 주목하기 바랍니다. 이 키워드를 사용하면 클래스 내부의 멤버 변수와 부 생성자의 매개변수가 동일한 변수명이라 할지라도 이 둘을 서로 구별해줄 수 있습니다. 여기서 'this.modelName'과 'modelName'은 서로 구별됩니다. 전자는 클래스의 멤버 변수를 가리키고 후자는 부 생성자의 매개변수입니다. 이렇게 부 생성자는 클래스 내부에서 마치 독립된 함수의 형태로 존재합니다. 만약 'this'키워드를 사용하기 원하지 않는다면 어떻게 해야할까요? 물론 클래스 멤버 변수명과 생성자의 매개변수의 이름을 다르게 해주면 되는데 이것은 보통 번거로운 일이 아닙니다. 좀 더 쉬운 방법은 없을까요? 아래 예제를 보면서 설명을 이어 가겠습니다.

코드 VIII-6 this 키워드를 사용하지 않은 예

```
class Car {
    var name: String = ""
    var year: String = ""
    var number: String = ""
    var color: String = ""
    var maker: String = ""

    // 부 생성자 선언
    constructor(_name: String, _year: String, _number: String, _color: String,
             _maker: String) {
         name = _name
         year = _year
         number = _number
         color = _color
         maker = _maker
    }

    fun move() = println("Car moves")
    fun stop() = println("Car stops")
    fun changeGear( gearNum: Int ) = println("Gear Number: $gearNum")
}

fun main() {
    var myCar = Car("Genesis", "2021", "2021000999123456H", "white", "Hyundai")

    myCar.move()
    myCar.changeGear(3)
    myCar.stop()
}
```

단순하게 생성자의 매개변수 명을 '언더바'로 시작하게 했습니다. 이렇게 함으로써 생성자의 매개변수 명을 간단하게 만들 수 있습니다.

지금까지 주로 부 생성자에 관해서 공부했습니다. 이제부터는 주 생성자에 대해서 알아보도록 하겠습니다. 주 생성자는 class 키워드와 클래스 명과 같은 위치에 작성합니다. 즉, 주 생성자는 클래스 이름과 블록의 시작 부분 사이에 선언합니다. 이것이 부 생성자 선언 방식과의 차이점입니다. 다음 예제는 주 생성자를 선언한 것입니다. 예제를 자세히 살펴보면서 부 생성자 선언 방법과의 차이점에 주목하세요.

코드 VIII-7 주 생성자를 선언한 예제

```
// 주 생성자 선언
class Car constructor(_name: String, _year: String, _number: String, _color:
                       String, _maker: String) {
   var name: String = _name
   var year: String = _year
   var number: String = _number
   var color: String = _color
   var maker: String = _maker

   fun move() = println("Car moves")
   fun stop() = println("Car stops")
   fun changeGear( gearNum: Int ) = println("Gear Number: $gearNum")
}

fun main() {
    var myCar = Car("Genesis", "2023", "2023000999123456H", "white", "Hyundai")

   myCar.move()
   myCar.changeGear(3)
   myCar.stop()
}
```

주 생성자의 선언은 클래스 이름 오른쪽에 'constructor'키워드로 시작합니다. 예제에서는 클래스 선언과 동시에 주 생성자의 매개변수(_name, _year, _number, _color, _maker)를 클래스의 멤버 변수에 차례대로 할당합니다. 주 생성자의 'constructor'키워드는 다음과 같이 생략 가능합니다.

```
class Car (val name: String, val year: String, val number: String, val color:
        String, val maker: String)
```

이번에는 코드 VIII-7에서 클래스 내부에 선언된 5개의 멤버 변수를 생략하는 방법에 대해 알아보겠습니다.

코드 VIII-8 클래스 멤버 변수와 'constructor'를 생략한 예제

```
class Car (var modelName: String, var makeYear: String, var vinNumber:String, var
        color: String, var maker: String) {

  fun move() = println("Car moves")
  fun stop() = println("Car stops")
  fun changeGear( gearNum: Int ) = println("Gear Number: $gearNum")
}

fun main() {
   var myCar = Car("Genesis", "2023","2023000999123456H","white", "Hyundai")

  myCar.move()
  myCar.changeGear(3)
  myCar.stop()
}
```

코드 VIII-8에서는 클래스 내부의 멤버 변수를 선언하지 않고 생성자의 매개변수에 멤버 변수에 해당하는 변수 선언을 해주었습니다. 이렇게 한 후 함수 'main'에서 클래스 'Car'의 객체 'myCar'를 생성하면서 초깃값을 전달하면 생성자가 호출되면서 전달된 초깃값을 이용하여 생성자의 매개변수를 초기화되고 이 변수들이 클래스의 멤버 변수 역할을 하게 됩니다. 이렇게 함으로써 클래스를 더욱 간결하게 표현하는 것이 가능합니다.

4 상속

상속은 코드의 재사용과 밀접하게 연관되어 있습니다. 기존의 코드로부터 새로운 코드를 만드는 개념입니다. 이렇게 만들어진 코드는 기존의 코드와 관계를 맺습니다. 객체지향 프로그래밍 방식에서는 기존의 코드를 부모 클래스, 이 부모 클래스와 관련된 새로운 코드를 자식 클래스라고 부릅니다. 자식 클래스는 부모 클래스의 특징을 가지는 것과 동시에 자신만의 독특한 속성을 가질 수 있습니다. 이렇게 하면 코드의 재사용성이 증가하고 더 나아가 코드의 생산성을 높일 수 있습니다. 이번 절에서는 바로 이 상속의 개념과 활용법에 대해 자세히 알아보도록 하겠습니다.

이전에 살펴봤던 'Car'클래스로부터 출발해봅시다. 이 클래스만으로는 다양한 형태의 자동차를 표현하기가 쉽지 않습니다. 세상에는 다양한 자동차 종류가 존재합니다. 실세계의 자동차를 프로그래밍 세계에서 표현하기 위해서는 다양한 종류의 자동차를 클래스로 형상화할 수 있어야 합니다. 상속을 사용하면 클래스를 계층화하는 것이 가능합니다. 세상의 자동차가 2종류라고 가정해보겠습니다. 한 종류를 'SUV'라고 하고 다른 한 종류를 'Sedan'이라고 합시다. 이 두 종류의 자동차 모두 자동차의 성질을 가지고 있으므로 이전에 만들었던 'Car'클래스의 성질을 그대로 가지고 있다고 할 수 있습니다. 그렇다면 'Car'클래스가 부모 클래스가 되고 이 클래스로부터 'SUV'와 'Sedan'클래스를 만들 수 있습니다. 우리는 이 두 클래스를 'Car'클래스의 자식 클래스라고 부릅니다. 이것을 형상화한 그림을 그림 VIII-1에 보였습니다.

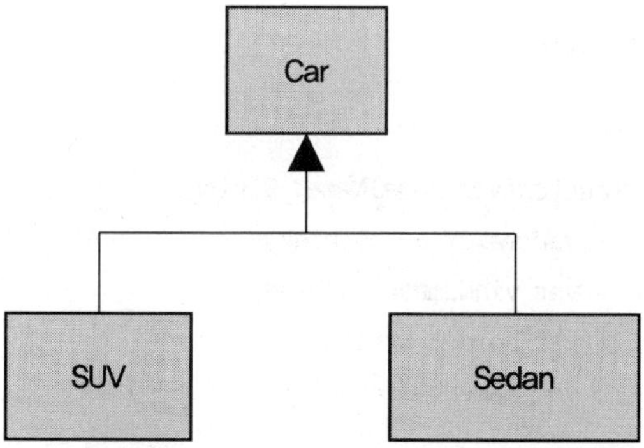

그림 VIII-1 Car 클래스의 상속 표현

코틀린에서의 모든 클래스는 'Any'클래스의 하위 클래스가 됩니다. 즉, 코틀린은 객체지향 프로그래밍 패러다임이 적용된 언어로써 기본적으로 상속의 개념을 내포하고 있습니다. 클래스를 정의할 때 특별히 상위 클래스를 명시하지 않으면 'Any'클래스로부터 상속을 받는다고 가정합니다. 그림 VIII-1에서 화살표의 의미는 상속을 나타냅니다. 화살표의 끝이 위쪽을 나타내고 있음에 주목하세요(화살표 방향이 반대로 향하여야 상위 클래스에서 하위 클래스로 상속을 해준다고 생각하여 오해하기 쉬워요). 다시 말해서 이 표현은 'SUV'와 'Sedan'클래스는 상위 즉, 부모 클래스인 'Car'클래스로부터 상속받는 것을 의미합니다. 'Car'클래스가 상속을 지원하도록 설계하려면 'Car'클래스를 선언할 때 'open'키워드를 사용해야 합니다. 이전에 소개했던 'Car'클래스의 선언부에 'open'키워드를 사용하도록 코드를 수정하겠습니다. 이렇게 한 후에 'SUV'와 'Sedan'클래스를 부모 클래스로부터 상속하는 코드를 살펴보도록 합시다.

코드 VIII-9의 예제를 보면'Car'클래스 선언 부에서 'open'키워드를 사용하여 클래스 상속을 허용하였습니다. 'SUV'와 'Sedan'클래스에서는 콜론과 상속받을 클래스 'Car'를 클래스 선언부에 명시해줌으로써 이 두 클래스가 어떤 클래스로부터 파생되었는지를 나타내고 있습니다. 그리고 이 두 클래스에서는 부 생성자를 이용하는 방법으로 클래스를 정의하였습니다. 객체를 생성할 때 부모 클래스에 선언된 멤버 변수외에 'SUV'와 'Sedan'클래스 각각의 고유의 멤버 변수를 정의한 것을 확인할 수 있습니다. 이렇게 하위 클래스는 상위 클래스의 멤버 변수와 메서드를 그대로 상속하면서 상위 클래스에 없는 자신만의 멤버 변수와 메서드를 확장할 수 있습니다.

코드 VIII-9 상속을 적용한 예제

```
open class Car constructor(var modelName: String,
                           var makeYear: String,
                           var vinNumber: String,
                           var color: String,
                           var maker: String) {
```

```
   fun move() = println("Car moves")
   fun stop() = println("Car stops")
   fun changeGear( gearNum: Int ) = println("Gear Number: $gearNum")
}


class SUV : Car {
        var seatNumber: Int

        constructor(
            modelName: String,
            makeYear: String,
            vinNumber: String,
            color: String,
            maker: String,
            seatNumber: Int
        ) : super(modelName, makeYear, vinNumber, color, maker) {
            this.seatNumber = seatNumber
        }
}

class Sedan : Car {
        var doorNumber: Int

        constructor(
            modelName: String,
            makeYear: String,
            vinNumber: String,
            color: String,
            maker: String,
            doorNumber: Int
        ) : super(modelName, makeYear, vinNumber, color, maker) {
            this.doorNumber = doorNumber
        }
}

fun main() {
        var mySUV = SUV("GV80",
```

```
                "2022",
                "2022001102983814H",
                "black",
                "Hyundai",
                7)
        var mySedan = SUV("K90",
                "2022",
                "20221343442983814H",
                "blue",
                "Kia",
                 5)
}
```

5 | 다형성

다형성의 사전적 의미는 '여러 개의 모습을 갖는다'라는 의미의 그리스어에서 유래했다[3]고 합니다. 코딩에 있어서 다형성의 개념은 기본적으로는 하나인데 그 모습 혹은 형태가 하나 이상인 경우를 일컫는 용어입니다. 객체지향 패러다임에서 다형성은 크게 오버로딩(overloading)과 오버라이딩(overriding)으로 설명됩니다. 오버로딩은 메서드의 중복 정의, 오버라이딩은 메서드 재정의 개념이라고 정리할 수 있습니다.

상위 클래스의 메서드나 멤버 변수를 상속할 때 하위 클래스에서 똑같은 이름의 메서드나 멤버 변수를 정의하면 어떻게 될까요? 클래스를 정의하다 보면 때로는 같은 메서드 이름 혹은 멤버 변수를 정의할 수 있습니다. 하지만 메서드의 작동 방식에 차이가 있고 멤버 변수도 서로 다르게 사용된다면 이름은 같지만, 구현 내용은 서로 다를 수 있습니다. 이렇게 이름은 같지만 전달받는 매개변수가 서로 다른 형태를 취하거나 실행 결과가 다를 때 다형성의 성질을 갖는다고 말할 수 있습니다.

3) 네이버사전의 '다형성' 정의 참고

'운전하다'라는 동작을 하는 메서드를 정의한다고 가정해봅시다. 이름을 drive 라고 명명합니다. 여기서 자동차를 운전하는 것과 오토바이를 운전하는 것, 자전거를 운전하는 것은 운전한다는 동작은 같지만, 서로 다른 세 개의 운송수단을 운전하는 방식은 분명히 다를 것입니다. 실생활에서도 이들 운송수단을 다루는 방식은 분명히 차이점이 존재합니다.

오버로딩은 메서드의 중복 정의의 개념입니다. 같은 클래스 안에서 같은 이름의 메서드가 매개변수만 달리해서 여러 번 정의될 수 있는 개념입니다. 아래 예제를 통해 오버로딩의 개념을 더욱 자세히 살펴보겠습니다. 코드 VIII-10에는 총 3개의 'square'함수가 정의되어 있습니다. 첫 번째 함수는 정수를, 두 번째 함수는 실수를, 마지막으로 세 번째 함수는 정수 2개를 매개변수로 취합니다. 이 세 함수 모두 매개변수의 자료형이 다르거나 개수가 다르다는 특징을 지닙니다. 첫 번째와 두 번째 함수는 매개변수의 개수는 같지만, 데이터 타입이 다르고, 첫 번째와 세 번째 함수는 매개변수의 타입은 같지만, 개수가 다릅니다. 그렇지만 이 세 함수의 이름은 'square'로 모두 같습니다. 이 개념이 오버로딩의 개념입니다.

코드 VIII-10 오버로딩의 개념

```
fun square(a: Int): Int {
    return a * a
}

fun square(a: Double): Double {
    return a * a
}

fun square(a: Int, b: Int): Int {
    return (a*a)+(b*b)
}
```

코드 VIII-10의 오버로딩 개념을 적용한 예제를 이용하여 실제 적용 방법을 살펴봅시다. 아래 예제 코드(코드 VIII-11)에서는 'ComputeSquare'클래스를 정의했습니다. 코드 VIII-10에 정의된 3개의 'sqaure' 함수를 클래스의 메서드로 활용하였습니다. 함수 'func'에서는 단순히 'ComputeSquare'클래스의 객체 'compute'를 생성한 후 메서드의 인자를 바꿔가면서

'square' 메서드를 호출했습니다. 처음에는 정수 10을, 두 번째는 실수 5.5, 마지막으로 정수 10과 20을 각각 전달하였습니다. 프로그램의 결과는 우리가 예상한 대로 100, 30.25, 500을 얻었습니다. 같은 동작을 하지만 함수의 이름을 매번 바꿔가면서 정의하는 것은 힘든 일임이 틀림없습니다. 하지만, 이번 절에서 배운 오버로딩 개념을 적용한다면 이런 번거로운 일이 발생하지 않을 것입니다. 오버로딩 기법을 적용하여 다형성의 성질을 코딩에 적용하는 훈련을 해보시기 바랍니다.

코드 VIII-11 오버로딩을 적용한 예제 코드

```
class ComputeSquare {
    fun square(a: Int): Int {
        return a * a
    }

    fun square(a: Double): Double {
        return a * a
    }

    fun square(a: Int, b: Int): Int {
        return (a*a)+(b*b)
    }
}

fun func() {
    var compute = ComputeSquare()

    println(compute.square(10))
    println(compute.square(5.5))
    println(compute.square(10, 20))
}
```

다형성의 두 번째 성질인 오버라이딩에 대해 살펴보겠습니다. 앞에서 언급한 바와 같이 오버라이딩은 함수 재정의 개념입니다. 기존에 정의된 함수를 무시하고 새롭게 정의된 함수를 사용하길 원할 때 주로 사용합니다. 상속의 측면에서 봤을 때 하위 클래스에서 새로 만들어지는 메서드가 이름이나 매개변수, 반환값이 상위 클래스의 메서드와 똑같지만 새로 작성되

는 개념입니다. 하위 클래스의 메서드는 상위 클래스의 메서드의 내용을 완전히 새로 만들어 다른 기능을 하도록 정의합니다. 여기서 이 오버라이딩을 적용하기 위하여 상위 클래스에서는 'open'키워드를, 하위 클래스에서는 'override'키워드를 사용합니다. 코틀린에서는 메서드 뿐만 아니라 멤버 변수 또한 오버라이딩의 대상이 될 수 있습니다. 그럼 메서드 오버라이딩에 대해 살펴보겠습니다. 이전에 살펴본 'Car'클래스와 'SUV'클래스를 대상으로 오버라이딩 예제를 작성해봅시다.

코드 VIII-12 오버라이딩을 적용한 예제 코드

```
open class Car (var modelName: String,
            var makeYear: String,
            var vinNumber: String,
            var color: String,
            var maker: String) {

    fun move() = println("Car moves")
    fun stop() = println("Car stops")
    open fun changeGear( gearNum: Int ) = println("Car gear number: $gearNum")
}

class SUV : Car {
    var seatNumber: Int

    constructor(
        modelName: String,
        makeYear: String,
        vinNumber: String,
        color: String,
        maker: String,
        seatNumber: Int
    ) : super(modelName, makeYear, vinNumber, color, maker) {
            this.seatNumber = seatNumber
    }

    override fun changeGear( gearNum: Int ) = println("SUV gear number: $gearNum")
}
```

코드 VIII-12는 오버라이딩을 적용한 예제 코드입니다. 먼저 'Car'클래스 선언부에 'open'키워드를 사용하여 이 클래스가 하위 클래스로 파생 가능함을 나타냈습니다. 이 부분은 이미 상속을 설명할 때 자세히 다뤘습니다. 한 가지 바뀐 점이 있다면 하위 클래스에서 'changeGear'메서드를 오버라이딩할 수 있도록 역시 'open'키워드를 사용하여 정의하였다는 것입니다. 그렇지만 다른 두 메서드에는 'open'키워드가 없다는 것을 명심하세요. 이것은 'open'키워드를 사용하지 않은 메서드는 기본적으로 오버라이딩이 불가능한 메서드임을 나타냅니다.

자 이제 'SUV'클래스를 살펴봅시다. 이전 코드에 비해 많이 바뀐 부분은 없지만, 새롭게 메서드가 추가된 것을 확인할 수 있습니다. 그런데 이 메서드 선언부에 보면 'override'라는 키워드가 사용되고 있습니다. 상위 클래스에도 똑같은 이름의 메서드가 있다는 것을 잊지 마세요. 상위 클래스에서는 'open'키워드를 사용했지만, 하위 클래스에서는 'override'키워드를 사용하여 상위 클래스의 메서드를 하위 클래스에서 재정의하고 있습니다. 혹시 'override'키워드를 이미 본 기억이 있지 않나요? 안드로이드 스튜디오를 사용하여 프로젝트를 생성하면 기본적으로 생성되는 2개의 파일이 있는데 그 중 하나는 코틀린 코드 작성을 위한 파일입니다. 해당 파일명은 'MainActivity.kt'입니다. 이 파일의 코드 중 일부분을 코드 VIII-13에 보였습니다.

코드 VIII-13 MainActivity 클래스의 메서드 오버라이딩 예제

```
class MainActivity : AppCompatActivity() {
    override fun onCreate(savedInstanceState: Bundle?) {
        super.onCreate(savedInstanceState)
        setContentView(R.layout.activity_main)
                    :
```

위 코드에서 'MainActivity'클래스의 메서드인 'onCreate'메서드 선언부에 보면 'override'키워드가 사용되었습니다. 즉 이 메서드는 'MainActivity'클래스의 상위 클래스의 메서드임을 유추할 수 있습니다. 현재 이 코드를 분석했을 때 'MainActivy'클래스의 상위 클래스는 'AppCompatActivity'클래스입니다. 이전 절에서 배웠던 상속이 적용되었습니다. 정리하면

'AppCompatActivity'클래스는 'MainActivity'클래스의 상위 클래스이고, 'AppCompatActivity' 클래스에는 'onCreate'라는 이름의 메서드가 정의되어 있을 겁니다. 'MainActivity'클래스에서는 상위 클래스의 메서드인 'onCreate'를 'override'키워드를 이용하여 재정의한 것입니다.

여기서 한 가지 더 생각해볼 부분이 있습니다. 어떤 클래스에서 특정 메서드를 더는 오버라이딩시키길 원하지 않을 때에는 어떻게 하면 좋을까요? 코드 VIII-14에서 'move'메서드를 주목하기 바랍니다. 메서드 선언부에서 'override' 키워드 앞에 'final'키워드를 사용했습니다. 이 의미는 더는 메서드 오버라이딩을 허락하지 않는다는 뜻입니다.

코드 VIII-14 final 키워드를 이용하여 오버라이딩을 방지한 코드

```
open class Car constructor(var modelName: String,
                           var makeYear: String,
                           var vinNumber: String,
                           var color: String,
                           var maker: String) {

    final override fun move() = println("Car moves")
    fun stop() = println("Car stops")
    open fun changeGear( gearNum: Int ) = println("Car gear number: $gearNum")
}
```

6 | super와 this

지금까지 객체지향 프로그래밍 방식의 대표적인 특징인 상속과 다형성에 대해 살펴봤습니다. 상속과 다형성의 성질을 이용하여 클래스를 상위 클래스와 하위 클래스로 정의할 때 현재 클래스에서 상위 클래스의 특정 메서드나 멤버 변수를 참조해야 하는 상황이 발생할 수 있습니다. 또한, 같은 이름의 메서드나 멤버 변수가 상위 클래스와 하위 클래스에서 동시에 사용되면 특정 메서드나 멤버 변수의 소속을 분명하게 하여 참조할 필요가 있습니다. 이런 경우에 사용하는 것이 'super'와 'this'키워드입니다. 이번 절에서는 이 2개의 키워드에 대해

서 자세히 공부합니다. 먼저 표 VIII-1을 통해 이 두 키워드의 차이점에 대해 알아봅시다. 이 표를 통해 우리가 알 수 있는 사실은 'super' 키워드는 현 클래스에서 상위 클래스의 멤버 변수를 참조하거나 메서드를 호출할 때 사용하는 것이고, 'this' 키워드는 상위 클래스의 멤버 변수와 메서드가 아닌 현재 클래스의 구성 요소를 참조하거나 호출하기 위한 목적으로 사용된다는 것입니다.

표 VIII-1 super와 this 비교

super	this
– super.멤버: 상위 클래스의 멤버 변수 참조 – super.메서드(): 상위 클래스의 메서드 호출 – super(): 상위 클래스의 생성자 호출	– this.멤버: 현재 클래스의 멤버 변수 참조 – this.메서드(): 현재 클래스의 메서드 호출 – this(): 현재 클래스의 생성자 호출

먼저 'super'키워드를 이용하여 상위 클래스의 멤버 변수, 메서드 혹은 생성자를 접근하는 예제 코드를 살펴보겠습니다. 'Sedan'클래스는 'Car'클래스를 상속하였습니다. 'Car'클래스에 'move'메서드가 정의되었고, 'Sedan'클래스에도 동일한 메서드를 정의했습니다. 물론 이것은 이전에 살펴본 함수 재정의 즉, 메서드 오버라이딩에 해당합니다. 그래서 'override'키워드를 사용하고 있습니다. 이제 'Sedan'클래스의 'move'메서드의 내부를 자세히 들여다봅시다. 가장 먼저 하는 일이 무엇인가요? 'super'키워드를 사용하여 상위 클래스(Car)의 'move' 메서드를 호출하고 있습니다. 이렇게 하위 클래스에서 상위 클래스의 특정 메서드를 호출하기 원할 때 'super'키워드를 사용합니다. 그 후에 이 메서드는 추가적인 메시지를 화면에 출력합니다. 정리하면 상위 클래스의 메서드를 호출하여 "Car moves"라는 메시지를 출력하고 이어서 "Sedan also moves"라는 자신만의 메시지를 추가로 출력합니다. 이렇게 일부는 상위 클래스의 동작을 수행하고, 일부는 현재 자신의 클래스에서 새롭게 재정의된 기능을 수행하도록 메서드를 설계할 수 있습니다. 이외에도 상위 클래스의 멤버 변수 혹은 생성자를 'super'키워드를 통해 참조하는 것이 가능합니다. 코드 VIII-15의 'Sedan'클래스는 'super'키워드를 사용하여 상위 클래스의 메서드를 호출하는 것 이외에도 'this'키워드를 사용한 코드 또한 포함하고 있습니다. 이번에는 'Sedan'클래스의 생성자를 주의 깊게 바라보세요. 굵게 표시된 곳을 주목하시기 바랍니다. 거기에서 'this'키워드를 사용한 부분을 보면

'doorNumber'라는 생성자의 매개변수와 멤버 변수가 존재합니다. 자바나 코틀린에서는 이러한 표현을 지원합니다. 그런데 이렇게 서로 다른 역할을 하는 두 변수를 구별하기 위한 메커니즘이 필요합니다. 이때 사용하는 것이 'this'키워드입니다. 아래 코드에서 'this'의 의미는 현재 클래스가 가지고 있는 멤버 변수를 의미합니다. 'this'키워드를 사용하지 않은 변수는 함수로 전달된 매개변수라고 이해하시기 바랍니다.

코드 VIII-15 super 키워드를 이용한 상위 클래스의 메서드 호출

```
open class car {

   open fun move() = println("Car moves")
   fun stop() = println("Car stops")
   fun changeGear( gearNum: Int ) = println("Gear Number: $gearNum")
}

class Sedan : Car {
           var doorNumber: Int

           constructor(
               modelName: String,
               makeYear: String,
               vinNumber: String,
               color: String,
               maker: String,
               doorNumber: Int
           ) : super(modelName, makeYear, vinNumber, color, maker) {
               this.doorNumber = doorNumber
           }

           override fun move() {
               super.move()
               println("Sedan also moves")
          }
}
```

7 | 접근 제한자

클래스의 메서드, 멤버 변수를 접근할 수 있는 범위를 한정하는 역할을 담당하는 키워드를 접근 제한자라고 합니다. 접근 제한자를 통해 어떤 범위까지 접근 권한을 줄 것인지를 결정할 수 있습니다. 코틀린에서는 총 4개의 접근 제한자를 사용합니다. 이 접근 제한자를 다음 표에 정리하였습니다.

표 VIII-2 코트린의 접근 제한자

접근 제한자	설명
private	클래스 외부에서 접근하지 못한다.
public	어디서든지 접근할 수 있다.
protected	클래스 외부에서는 접근할 수 없지만, 상속받은 클래스에서는 접근할 수 있다.
internal	같은 모듈 내부에서는 접근할 수 있다.

클래스를 정의할 때 위 표에서 제시한 접근 제한자를 사용하지 않으면 기본적으로 'public'접근 제한자를 사용한 것으로 간주합니다. 간단한 예제를 통해 접근 제한자를 사용하는 방법에 대해 알아보겠습니다. 코드 VIII-16을 통해 private 접근 제한자의 역할에 관해 설명합니다.

아래 코드에 정의된 클래스인 'PVClass'는 클래스 선언부에 'private'접근 제한자를 사용했습니다. 이 경우 다른 파일에서 이 클래스를 접근할 수 없습니다. 다시 말해서 다른 파일에서 이 클래스의 객체를 생성할 수 없습니다. 하지만, 이 클래스가 선언된 파일 내부에서는 이 클래스의 객체를 생성하는 것은 가능합니다. 이러한 이유로 함수 'func'에서는 'PVClass'의 객체인 'pvtest'를 선언할 수 있습니다. 클래스 내부를 살펴보면 멤버 변수인 'a'와 메서드 'pvFunc'는 'private'으로 선언되었습니다. 클래스 내부에 있는 멤버 변수와 메서드를 'private'접근 제한자로 선언했다는 것은 클래스 외부에서 이 멤버 변수와 메서드를 접근하는 것을 제한하겠다는 의미입니다. 따라서, 'func'에서 이 클래스의 멤버 변수 'a'와 메서드 'pvFunc'에 접근하는 것은 허락되지 않습니다. 또 다른 메서드인 'non-pvFunc'를 호출하는 것은 아무런 문제가 없는 반면 멤버 변수에 접근하는 것과 'pvFunc'메서드를 호출할 수 없습니다. 이렇게 객체지향 프로그래밍 방식에서는 이러한 접근 제한자 혹은 접근제어 연산자를 사용하여 정보를 은닉하고 보호해야 하는 정보들을 캡슐화하는 것이 가능합니다.

코드 VIII-16 private 접근 제한자를 이용한 예제 코드

```
private class PVClass {
    private var a: Int

    private fun pvFunc() {
        a = a +10
    }

    fun non-pvFunc() {
        println(a)
    }
}

fun func() {
    val pvtest = PVClass() // PVClass 객체 생성 가능
    pvtest.a = 10 // PVClass 클래스의 private 멤버 변수에 접근 불가
    pvtest.pvFunc() // PVClass 클래스의 private 메서드 호출 불가
    pvtest.non-pvFunc() // PVClass 클래스의 public 메서드 호출 가능
}
```

다음으로 'protected'접근 제한자에 대해서 알아봅시다. 먼저 'parent'클래스 내부를 보면 멤버 변수 'a'와 메서드 'ptFunc'가 'protected'접근 제한자로 선언되었고, 클래스 'Child'는 'Parent'클래스를 상속받습니다. 이미 언급한 바와 같이 'protected'접근 제한자는 상위 클래스를 상속받은 하위 클래스에서 접근이 가능하므로 'Child'클래스의 메서드 'access'에서는 상위 클래스의 멤버 변수와 메서드에 접근하는 데 아무런 제약이 없습니다. 그렇지만, 클래스 외부에 있는 함수 'func'에서 'Parent'클래스의 멤버 변수와 메서드를 접근하려는 시도는 이루어질 수 없습니다. 클래스 외부에서 클래스 내부의 멤버 변수와 메서드를 접근하기 위해서는 클래스에서 제공하는 공개 메서드를 활용하거나 아니면 상위 클래스를 상속받은 하위 클래스에서 제공하는 메서드를 통하여 접근할 수 있습니다. 이제 마지막으로 'internal'접

근 제한자에 대해 자세히 알아보겠습니다.

코드 VIII-17 protected 접근 제한자를 이용한 예제 코드

```
open class Parent {
    protected var a = 0

    protected fun ptFunc() {
        a = a +10
    }
}

class Child: Parent() {
    fun access() {
        a = 10  // Parent 클래스의 멤버 변수 접근 가능
        ptFunc() // Parent 클래스의 메서드 접근 가능
    }
}

fun func() {
    val parent = Parent() // Parent 객체 생성 가능
    parent.a = 10 // Parent 클래스의 protected 멤버 변수에 접근 불가
    parent.ptFunc() // Parent 클래스의 protected 메서드 호출 불가
}
```

'internal'접근 제한자는 자바에는 정의되어 있지 않은 코틀린 고유의 접근 제한자입니다. 이 접근 제한자의 활용 범위는 안드로이드 스튜디오의 프로젝트 단위의 모듈을 가리킵니다. 즉 이 접근 제한자로 선언된 클래스나 멤버 변수 혹은 메서드는 모듈이 바뀌면 접근할 수 없습니다.

코드 VIII-18을 보면 'InterClass'클래스는 'internal'접근 제한자를 이용하여 선언했고, 내부의 멤버 변수와 메서드 또한 이 접근 제한자를 적용했습니다. 'NonInterClass'가 같은 프로젝트의 모듈에만 있다면 아래 코드에서 보는 바와 같이 어디서든 접근이 허용됩니다. 또한, 서로 다른 파일에 있더라도 동일한 모듈에 있다면 접근에 아무런 문제가 없습니다. 'public'접근 제한자 다음으로 그 접근 범위가 넓은 것이 'internal'접근 제한자라고 할 수 있습니다. 그렇

지만, 모듈이 바뀌면 멤버 변수나 메서드에 접근할 수 없다는 것이 'public'접근 제한자와의 차이점이라고 할 수 있습니다.

코드 VIII-18 internal 접근 제한자를 이용한 예제 코드

```
internal class InterClass {
    internal var a = 0

    internal fun interFunc() {
        a = a +10
    }
}

class NonInterClass {
    internal val ic = InterClass()

    fun access() {
        ic.a = 10  // InterClass 클래스의 멤버 변수 접근 가능
        ic.interFunc() // InterClass 클래스의 메서드 접근 가능
    }
}

fun func() {
    val ic2 = InterClass() // InterClass 객체 생성 가능
    ic2.a = 10 // InterClass 클래스의 interenal 멤버 변수 접근 가능
    ic2.interFunc() // InterClass 클래스의 internal 메서드 호출 가능
}
```

9차시

IX. 추상 클래스와 인터페이스

1. 학습목표

추상 클래스와 인터페이스

2. 수업내용

- 추상 클래스의 개념을 학습한다.
- 추상 클래스의 선언 및 활용 예를 살펴본다.
- 인터페이스의 개념을 공부한다.
- 인터페이스의 선언 및 활용 예를 살펴본다.

3. 수업성과

- 추상 클래스와 인터페이스의 개념을 이해한다.
- 추상 클래스와 인터페이스를 선언할 수 있고, 차이점을 이해하며 앱 개발에 활용할 수 있다.

코드 IX-1 골드 고객 클래스 선언

```
class GoldCustomer {
   // 멤버변수 선언
   var id: String
   var name: String
   var level: String
   var priority: Boolean

   // 생성자 선언
   constructor(id: String, name: String, level: String, priority: Boolean) {
      this.id = id
      this.name = name
      this.level = level
      this.priority = priority
   }

   // 메서드 선언
   fun displayCustomerInfo() = println("[Gold Customer] Customer ID: $id, Customer
Name: $name, Customer Level: $level")
}
```

코드 IX-2 실버 고객 클래스 선언

```
class SilverCustomer {
   // 멤버변수 선언
   var id: String
   var name: String
   var level: String
   var priority: Boolean

   // 생성자 선언
   constructor(id: String, name: String, level: String, priority: Boolean) {
      this.id = id
      this.name = name
      this.level = level
      this.priority = priority
   }

   // 메서드 선언
   fun displayCustomerInfo() = println("[Sliver Customer] Customer ID: $id,
Customer Name: $name, Customer Level: $level")
}
```

코드 IX-3 고객 추상 클래스 선언

```
abstract class Customer(val id: String,
                        val name: String,
                        val level: String,
                        val priority: Boolean) {
    // 추상 메서드 선언
    abstract fun displayCustomerInfo()
}
```

코드 IX-4에 Customer 클래스를 상속받아 골드 및 실버 고객 관리를 위한 클래스를 수정한 것을 보였습니다. 수정된 골드 및 실버 고객 클래스에서 override 키워드를 사용하여 각각 displayCustomerInfo 메서드를 재정의한 것을 볼 수 있습니다. 메인 함수를 실행해보면 고객 유형에 맞게 적절한 고객 정보가 출력되는 것을 확인할 수 있습니다.

다음으로 새로운 고객인 VIP 고객 유형을 추가해보겠습니다. 코드 IX-5를 보면 VIP 고객 클래스가 선언되어 있습니다. 특별히 이 클래스는 다른 클래스-골드 및 실버-에 있지 않은 이 클래스만의 멤버변수 agentID 가 추가되었습니다. 그래서 displayCustomerInfo 메서드가 다른 두 클래스에 없는 에이전트 정보를 출력하도록 수정되었습니다. 메인 함수에 VIP 클래스의 인스턴스를 만들어 displayCustomerInfo 메서드를 호출하도록 코드를 변경했습니다. 실행 결과를 확인하면 세 종류의 고객 정보가 정상적으로 출력되는 것을 확인할 수 있습니다.

지금까지 추상 클래스를 활용하여 고객 관리에 대한 변경 상황이 발생했을 때 어떻게 고객 관리 프로그램을 확장하는지에 대한 내용을 위주로 공부했습니다. 추상 클래스 개념을 설명하면서 추상 클래스는 일반 클래스와는 다르게 상속을 목적으로 사용하는 클래스라고 설명했습니다. 다시 말해서, 추상 클래스는 그 목적 자체가 상속에 있습니다. 반면에 일반 클래스는 그 목적이 클래스의 인스턴스를 생성해서 해당 클래스의 다양한 메서드를 통해 외부 세계와 소통하기 위한 목적이 강합니다. 더불어, 추상 클래스와 추상 클래스를 상속받는 클래스는 서로 강하게 연결되어 있습니다. 그 이유는 추상 클래스를 상속받는 클래스는 반드시 추상 클래스의 추상 메서드를 자신의 목적에 맞게 재정의해야 하기 때문입니다. 여기에 다형성의 개념이 결합되면 프로그램을 더욱 유연하게 관리할 수 있습니다. 다음 주제는 인터페이스입니다. 추상 클래스만으로 충분할 것 같은데 인터페이스는 왜 필요한 걸까요? 이 궁금증을 가지고 인터페이스에 관한 공부를 시작하도록 합시다.

코드 IX-4 수정된 골드 및 실버 고객 클래스

```
// Gold Customer 클래스
class GoldCustomer(id: String,
                  name: String,
                  level: String,
                  priority: Boolean): Customer(id, name, level, priority) {

    // 추상 메서드 구현
    override fun displayCustomerInfo() = println("[Gold Customer] Customer ID:
$id, Customer Name: $name, Customer Level: $level")
}

// Silver Customer 클래스
class SilverCustomer(id: String,
                    name: String,
                    level: String,
                    priority: Boolean): Customer(id, name, level, priority) {

    // 추상 메서드 구현
    override fun displayCustomerInfo() = println("[Gold Customer] Customer ID:
$id, Customer Name: $name, Customer Level: $level")
}

fun main(args: Array<String>) {
    val gCustomer = GoldCustomer("1234", "Hong", "GOLD", true)
    val sCustomer = SilverCustomer("1237", "Choi", "SILVER", false)
    gCustomer.displayCustomerInfo()
    sCustomer.displayCustomerInfo()
}
```

코드 IX-5 VIP 고객 클래스 및 수정된 main 함수

```
// VIP Customer 클래스
class VIPCustomer(id: String,
            name: String,
            level: String,
            priority: Boolean): Customer(id, name, level, priority) {

    // VIP Customer만의 멤버변수
    private val agentID: String = "abc123"

    // 추상 메서드 구현
    override fun displayCustomerInfo() = println("[VIP Customer] Customer ID: $id,
Customer Name: $name, Customer Level: $level, Agent ID: $agentID")
}

fun main(args: Array<String>) {
    val gCustomer = GoldCustomer("1234", "Hong", "GOLD", true)
    val sCustomer = SilverCustomer("1237", "Choi", "SILVER", false)
    val vCustomer = VIPCustomer("1233", "Kim", "VIP", true)

    gCustomer.displayCustomerInfo()
    sCustomer.displayCustomerInfo()
    vCustomer.displayCustomerInfo()
}
```

2 | 인터페이스

인터페이스는 추상 클래스와 비슷한 점이 많습니다. 먼저, abstract 키워드를 사용하여 추상 메서드를 선언한다는 점입니다. 인터페이스 또한 객체를 생성하는 것이 불가능합니다. 또한, 인터페이스를 사용하기 원하는 클래스에서 인터페이스의 추상 메서드를 구현해야 합니다. 이 정도면 굳이 추상 클래스와 인터페이스를 구분해서 써야 하는 이유가 뚜렷하지 않습니다. 추상 클래스는 클래스입니다. 추상 클래스를 상속받는 하위 클래스는 코틀린의 상속

조건에 따라 오직 하나의 부모 클래스만을 가질 수 있습니다. 또한, 상속 관계에 있는 부모와 자식은 서로 밀접하게 연결되어 있습니다. 반면에, 인터페이스는 인터페이스를 구현하는 클래스와 연결되어 있지 않고, 이 클래스는 다른 여러 인터페이스를 구현할 수 있습니다. 다시 말해서, 코틀린에서는 다중 상속을 허용하지 않지만, 만약 추상 클래스가 아닌 인터페이스일 때 다중 상속의 개념을 활용할 수 있게 됩니다. 바로 이 부분이 추상 클래스와 인터페이스가 다른 점입니다. 그럼 인터페이스를 정의하는 것부터 어떻게 활용하는지에 대한 자세한 방법을 살펴보겠습니다.

Computer와 Phone이라는 인터페이스를 정의하는 것부터 시작해봅시다. 먼저 인터페이스를 선언할 때는 'interface'키워드를 사용합니다. 그리고 인터페이스 내부에 추상 메서드를 선언합니다. 그런데 이상한 점이 있습니다. 인터페이스 내부의 추상 메서드 선언 부분을 보면 abstract 키워드를 사용하지 않습니다. 추상 클래스의 추상 메서드에서는 abstract 키워드를 사용하였는데 왜 인터페이스에서는 사용하지 않을까요? 그 이유는 인터페이스 내의 모든 메서드는 다 추상 메서드이기 때문입니다. 추상 클래스에서는 클래스 내부에 선언되는 메서드가 추상 메서드일 수도 있고, 그렇지 않을 수도 있습니다. 하지만, 인터페이스에서는 모든 메서드가 추상 메서드이기 때문에 굳이 abstract 키워드를 사용하지 않아도 프로그램 빌드 및 실행에 아무런 영향을 미치지 않습니다. 이미 약속이 되어 있다고 보면 되겠습니다. 한 가지 더 이상한 점이 아직 남아 있습니다. 인터페이스 내의 모든 메서드가 추상 메서드라면 구현부가 있으면 안됩니다. 그런데 코드 IX-6을 보면 Computer와 Phone 인터페이스의 displayInfo() 메서드는 버젓이 구현부가 존재합니다. 문법 규칙에 어긋납니다. 다른 객체지향 언어, 예를 들어 자바의 경우에는 디폴트 메서드라고 해서 인터페이스 내의 특정 메서드의 구현을 예외로 인정합니다. 코틀린도 이와 같은 예외조항을 두었다고 생각하시면 됩니다. 자바와는 달리 코틀린은 특별한 키워드를 사용하지 않고도 인터페이스 내에서 메서드를 구현하는 것에 예외를 인정하고 있습니다.

앞에서 인터페이스를 사용하면 다중 상속의 개념을 적용할 수 있다고 했습니다. 구체적인 예를 통해서 다중 상속의 개념이 어떻게 적용되는지 알아보겠습니다. 코드 IX-7에 구체적인 예를 제시했습니다. SmartPhone 클래스에서는 Computer와 Phone 인터페이스를 구현하고 있습니다. 인터페이스는 클래스가 아니므로 상속받는다고 말하지 않습니다. 대신에 인터페이스를 구현한다라고 표현합니다. 다중 상속 개념이 적용된 것을 확인하실 수 있으시겠어요? 네 맞습니다. SmartPhone 클래스는 Computer 와 Phone 인터페이스를 구현함으로써 이 두 클래스 내의 모든 추상 클래스를 구현합니다. 더 나아가 SmartPhone 클래스의 displayInfo() 메서드에서는 Computer와 Phone 인터페이스의 displayInfo() 메서드를 호출합니다. 그래서 이 프로그램을 실행시키면 "I am a computer", "I am a phone"이라는 2개의 메시지가 모두 화면에 출력됩니다. 다중 상속의 개념이 확실히 적용되었다고 볼 수 있습니다. 추상 클래스를 상속받아 해당 클래스내의 추상 메서드를 상속할 때처럼 SmartPhone 클래스에서 override 키워드를 사용하여 Computer와 Phone 클래스의 추상 메서드를 재정의하고 있습니다. 메인 함수에서는 이렇게 구현된 메서드를 SmartPhone 클래스의 인스턴스를 통해 호출함으로써 각 메서드에서 구현된 메시지를 화면에 출력합니다.

지금까지 코틀린 언어에서 제공하는 추상 클래스와 인터페이스에 관해 공부했습니다. 이 두 개념은 많이 닮았지만, 추구하는 목적이 서로 분명히 다르다는 것을 공부했습니다. 추상 클래스와 인터페이스의 차이점을 분명히 이해하여 앱 개발에 적용하시기 바랍니다.

코드 IX-6 Computer 및 Phone 인터페이스 선언

```
interface Computer {
    // 추상 메서드 선언
    fun displayInfo() = println("I am a Computer")
    fun doSomething()
}

interface Phone {
    // 추상 메서드 선언
    fun displayInfo() = println("I am a Phone")
    fun call()
}
```

코드 IX-7 서로 다른 2개의 인터페이스를 사용한 다중 상속 개념의 적용

```
class SmartPhone: Computer, Phone {
    override fun displayInfo() {
        super<Computer>.displayInfo()
        super<Phone>.displayInfo()
    }

    override fun doSomething() {
        println("Looking for some information through the Internet")
    }

    override fun call() {
        println("Calling my friends with my smartphone")
    }
}

fun main(args: Array<String>) {
    val myPhone = SmartPhone()

    myPhone.displayInfo()
    myPhone.doSomething()
    myPhone.call()
}
```

10차시

X. 위젯

1. 학습목표

위젯

2. 수업내용

- 다양한 위젯의 종류를 주제로 공부한다.
- 대표적인 위젯인 텍스트뷰와 버튼의 기본적인 속성에 대해 학습한다.

3. 수업성과

- 다양한 위젯을 활용하여 앱 화면을 구성할 수 있다.
- 텍스튜뷰와 버튼의 속성값을 설정하여 앱 화면을 원하는 대로 설계할 수 있다.

안드로이드 스튜디오를 사용하여 안드로이드 운영체제 기반의 모바일 앱을 제작하는 첫 번째 단계는 해당 앱의 목적에 따른 화면 설계 및 구성입니다. 모바일 앱을 사용하는 사람은 검색어를 입력하여 정보를 검색할 수도 있고, 버튼을 클릭하여 메시지를 전송할 수도 있습니다. 특정 앱에서 제공하는 텍스트 정보를 읽을 수 있으며, 자신이 찍은 사진을 사진 갤러리에서 선택하여 SNS에 업로드하는 등 앱을 통하여 다양한 일을 처리합니다. 모바일 앱은 사용자로부터 다양한 정보를 입력받거나 앱에서 제공하는 정보를 사용자에게 전달해주어야 합니다. 우리가 컴퓨터를 활용하여 수행하는 대부분의 활동이 모바일 앱에서도 이루어져야 합니다. 이러한 기능을 제공하기 위해 앱 화면을 구성하는 요소를 코틀린에서는 '뷰'라고 합니다. 즉, 뷰란 안드로이드 앱에서 사용자가 볼 수 있는 어떤 것으로 생각하시면 됩니다. 뷰는 '위젯'과 '레이아웃'으로 나눌 수 있습니다. 위젯의 종류로는 텍스트뷰, 버튼, 체크박스, 라디오버튼, 에디트텍스트 등 다양합니다. 레이아웃은 위젯과 달리 앱 사용자에게 보이지 않습니다. 레이아웃은 위젯을 화면에 배치하기 위한 컨테이너라고 생각하면 이해하기 쉽습니다. 이번 장에서는 위젯을 사용하여 앱 화면을 구성하는 방법에 대해 자세히 알아보겠습니다.

1 위젯의 종류

안드로이드 스튜디오에서 제공하는 대표적인 위젯으로는 텍스트뷰, 버튼, 에디트텍스트, 이미지뷰가 있습니다. 안드로이드 스튜디오에서는 레이아웃 XML 파일을 사용하여 위젯을 화면에 배치합니다. 안드로이드 스튜디오에서 제공하는 다양한 위젯을 그림 X-1에 보였습니다. 레이아웃 XML 파일에서 앱 화면구성을 위한 다양한 메뉴가 존재하는데, 그중에서 'Palette'를 보면 그림 X-1 처럼 'Common', 'Text', 'Buttons', 'Widgets'탭을 각각 선택하면 각 탭에 속해 있는 다양한 위젯이 보입니다. 'Common'탭에는 많이 사용하는 위젯이 존재합니다. 그림 X-1의 'Common'탭에는 텍스트뷰, 버튼, 이미지뷰, 리사이클러뷰 등 앱을 개발하면서 주로 사용되는 대표적인 위젯이 있습니다. 'Text'탭에는 문자열 정보 처리와 관련된 다양한 위젯이 존재하고, 'Button'탭 역시 다양한 버튼 형태의 위젯이 존재합니다. 'Widgets'탭에는 앞에서 언급한 기본 위젯 외에 여러 다양한 목적으로 사용 가능한 위젯들이 포진하고 있습니다.

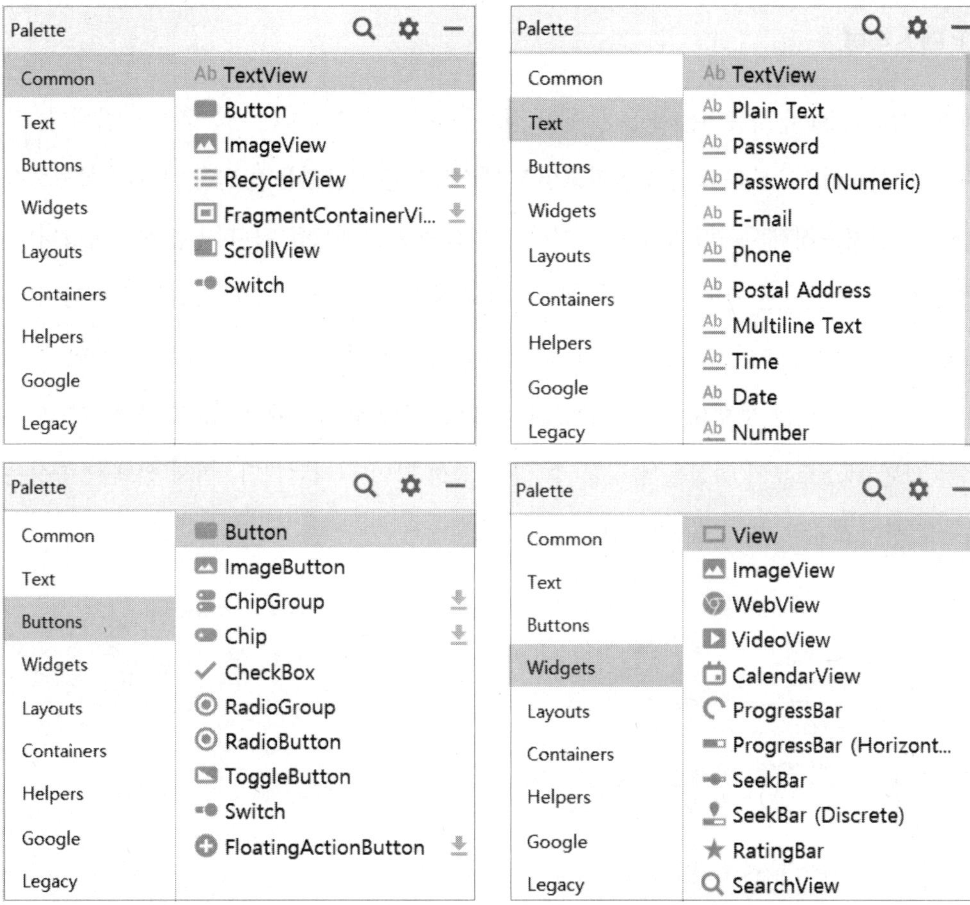

그림 X-1 안드로이드 스튜디오에서 제공하는 다양한 위젯

2 위젯의 기본 속성

1절에서는 안드로이드 스튜디오에서 제공하는 다양한 위젯에 관해 살펴봤습니다. 이 모든 위젯을 모두 다 설명하는 것은 불가능하므로 대표적인 위젯인 텍스트뷰와 버튼 위젯을 대상으로 각 위젯의 기본적인 속성을 주제로 공부하겠습니다. 여기서 다루지 않은 위젯과 그 속

성은 안드로이드 스튜디오 홈페이지에서 제공해주는 레퍼런스 문서를 통해 자세한 사용법을 참고하길 바랍니다.

1) 텍스트뷰

텍스트뷰는 앱에서 사용되는 모든 문자열 정보를 출력 및 표시하는 기능을 담당합니다. 자주 사용하는 텍스트뷰의 속성을 살펴보면서 텍스트뷰를 사용하는 방법을 하나씩 살펴보겠습니다. 먼저, 3장에서처럼 'Widgets' 이라는 이름의 프로젝트를 하나 생성하기 바랍니다. 생성이 완료되었다면 기본적으로 생성되는 파일 중 'activity_main.xml'파일을 선택합니다. 그림 X-2와 같은 화면이 나타납니다. 'Palette'메뉴의 'Text'탭에서 'TextView'를 선택한 후 그림 X-3처럼 위치시켜보세요. 그럼 텍스트뷰가 화면 중앙에 위치하게 되고 그림 X-3의 오른쪽을 보면 텍스트뷰의 속성을 설정할 수 있는 속성 창이 나타납니다. 현재 선택된 속성은 'text'속성이고 값은 'TextView'입니다.

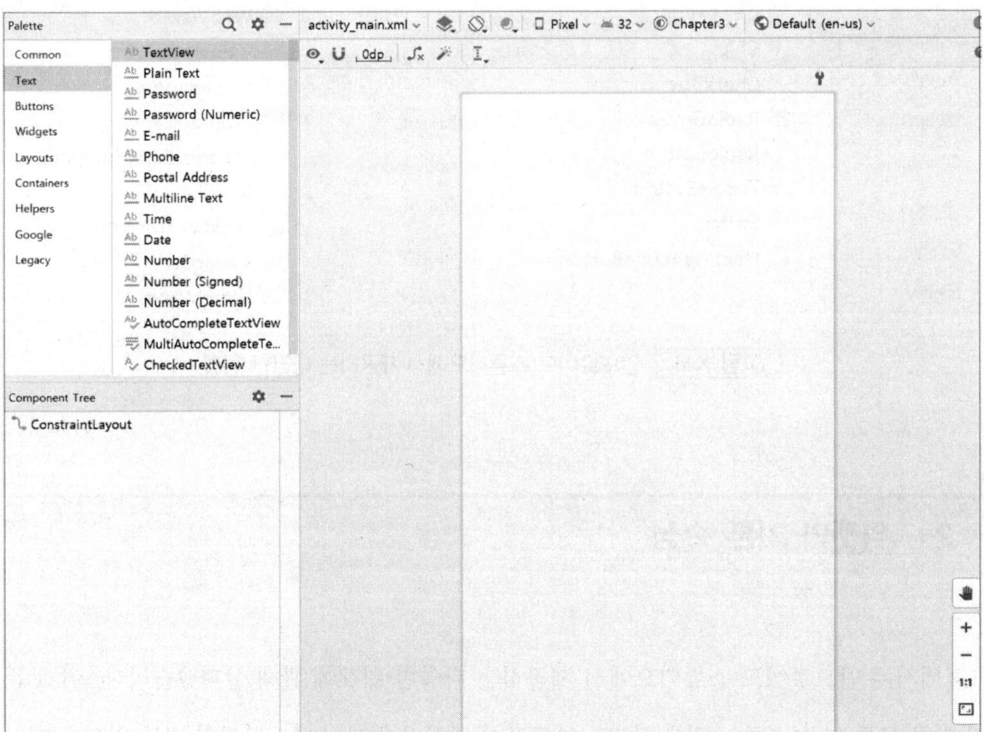

그림 X-2 레이아웃 XML 편집기 화면

• text 속성

이 속성은 화면에 나타날 문자열을 나타냅니다. 그림 X-3처럼 텍스트뷰 위젯이 선택된 상태에서 'text'속성이 기본적으로 선택됩니다. 위젯 속성 창에서 현재 입력되어있는 'TextView' 문자열을 다른 문자열로 바꾸면 문자열이 변경됩니다. 그림 X-3은 'TextView'로 입력되어있던 속성값을 '코틀린'으로 변경한 결과를 보여줍니다.

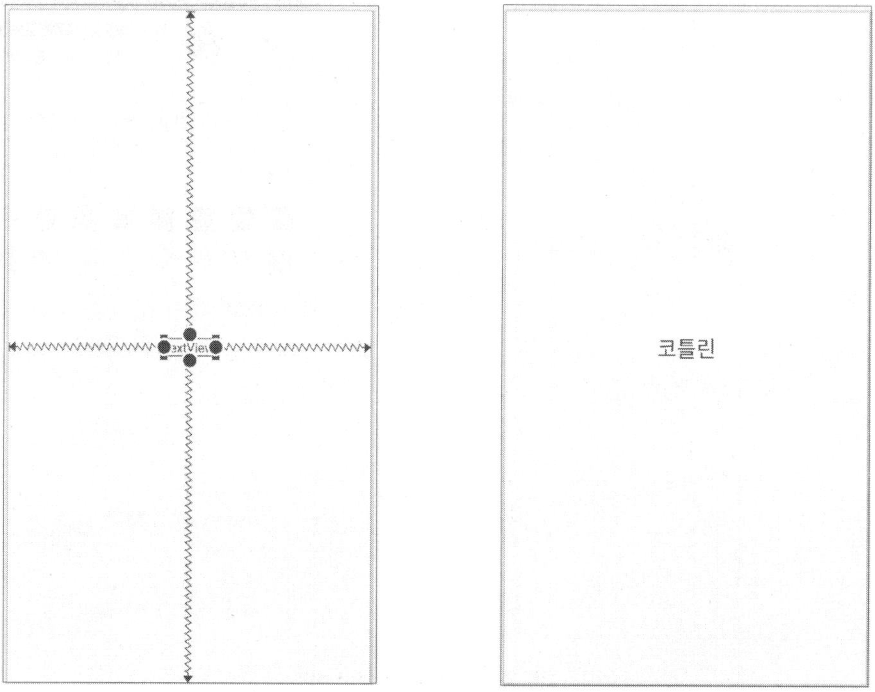

그림 X-3 텍스트뷰의 'text' 속성값 변경

• textColor 속성

'text'속성에 입력된 문자열의 색상을 설정합니다. 16진수 RGB 형식의 수를 입력할 수 있고, 그림 X-4와 같이 문자열에 적용할 색상을 색깔 선택 창에서 직접 고를 수도 있습니다. 그림 X-4는 문자열 "코틀린"의 색상을 녹색으로 변경한 모습을 나타냈습니다.

• textSize 속성

문자열의 크기를 설정합니다. 단위는 "sp" 혹은 "dp"를 주로 사용합니다. 단위를 생략할 수 없음에 유의하세요. 그림 X-5는 "textSize"의 속성값을 "50sp"로 설정한 모습을 보여줍니다.

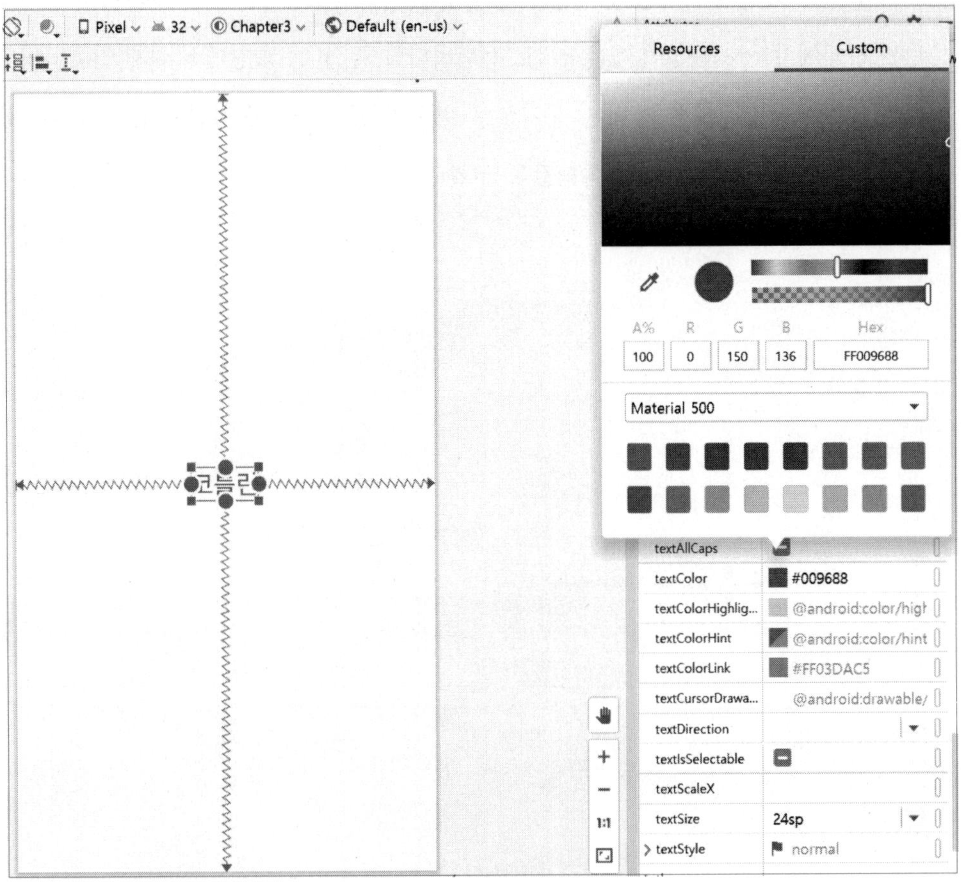

그림 X-4 문자열 색상 변경

• textStyle 속성

이 속성은 문자열의 스타일을 지정하는 역할을 담당하는데, "normal", "bold", "italic", 이렇게 3가지 스타일 중 하나를 지정할 수 있습니다. 기본으로 "normal"로 지정되어 있습니다. 그림 X-6은 "bold"와 "italic" 스타일을 각각 지정한 모습을 나타냅니다.

• maxLines 속성

문자열이 출력되는 줄의 한계를 설정하는 속성입니다. 예를 들어, 출력할 문자열이 2줄 이상일 경우 최대 2줄까지만 출력되도록 하고 싶을 때 이 설정을 사용할 수 있습니다. 그림 X-7은 'maxLines'속성값을 2로 설정하였습니다. 전체 문자열은 총 4줄로 구성되어있지만, 이 속성값이 '2'이므로 2줄 이상은 출력되지 않습니다.

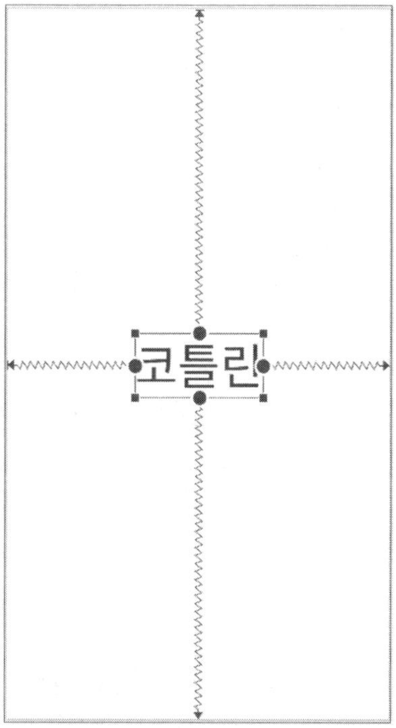

그림 X-5 문자열 크기 변경

- ellipsize 속성

'maxLines'속성을 설정할 때 화면에 출력되지 못한 문자열이 더 존재한다는 것을 '…'을 통해 화면에 표시할 것인지를 결정하는 속성입니다. 그림 X-7의 오른쪽 그림은 'ellipsize' 속성값을 'end'로 지정했습니다. 자세히 보면, 2번째 줄 끝에 '…'을 통해 문자열이 더 존재함을 보입니다.

다음 위젯 속성으로 넘어가기 전에 안드로이드 스튜디오에서 문자열 데이터를 다루는 권고사항에 관해 설명하겠습니다. 앞의 예에서처럼 'text' 속성에 값을 직접 입력하는 방법이 있습니다만 이 방법은 안드로이드 스튜디오에서 권장하는 방식이 아닙니다. 앱에서 사용되는 문자열을 통합해서 관리하는 'strings.xml'파일에 사용하기 원하는 문자열을 미리 등록한 후 필요할 때마다 해당 문자열을 가지고 와서 사용하는 방식이 권장됩니다. 이 방법에 대해 자세히 알아보겠습니다.

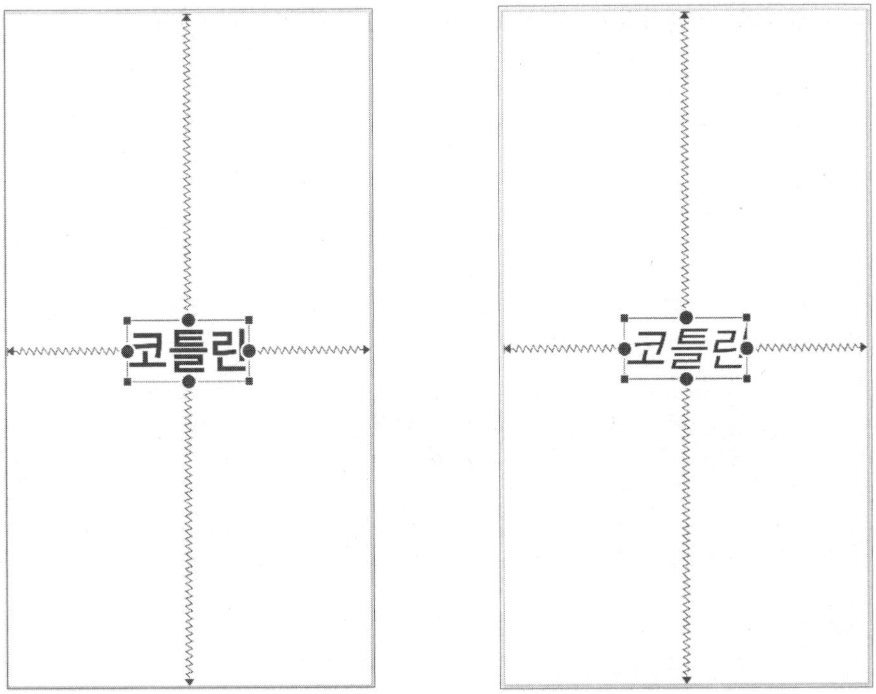

그림 X-6 문자열 스타일 변경

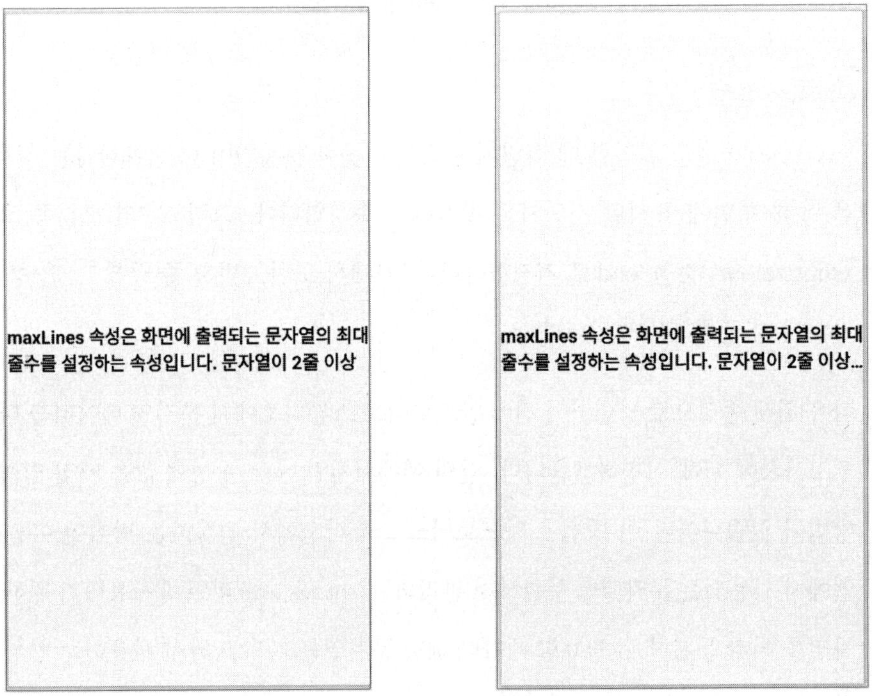

그림 X-7 'maxLines'과 'ellipsize'속성 설정

먼저 안드로이드 스튜디오 메인 화면에서 왼쪽에 있는 프로젝트 탐색기에서 시작합니다. 'app' | 'res' | 'values'를 차례로 선택하면 2개의 XML 파일이 존재합니다. 이 2개의 파일 중 'strings.xml'파일을 더블 클릭합니다. 그림 X-8에 'strings.xml'파일을 선택한 모습을 보였습니다.

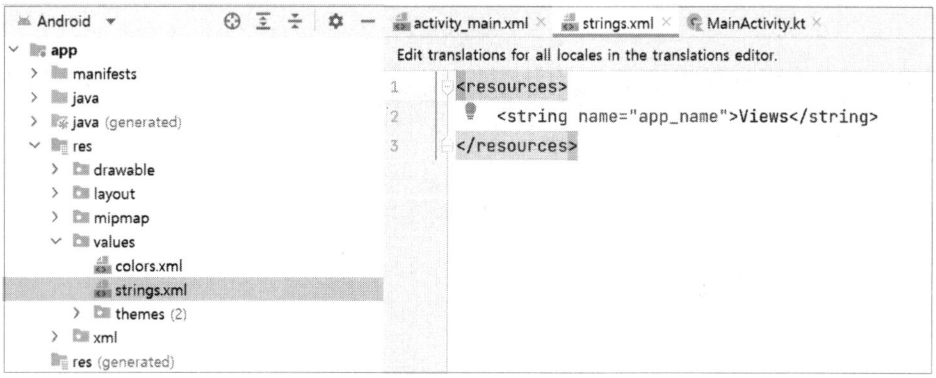

그림 X-8 'strings.xml'파일

'strings.xml'파일에서 코드 X-1처럼 한 개의 행을 추가합니다. 이렇게 한 후에 그림 X-3에서 생성한 텍스트뷰를 클릭한 다음 'text'속성에서 '@string/intro_string'이렇게 입력하면 그림 X-9와 같이 'strings.xml'에서 입력한 문자열이 화면에 출력되는 것을 확인할 수 있습니다. '@'으로 시작된 값은 특정 리소스에 있는 정보를 의미합니다. 여기서는 안드로이드 스튜디오에서 관리하는 리소스 중 문자열을 관리하는 리소스인 'strings.xml'에서 'intro_string'태그로 선언된 문자열을 가리킵니다.

코드 X-1 strings.xml 파일에 새로운 문자열 생성

```
<resources>
    <string name="app_name">Views</string>
    <string name="intro_string">XML 파일을 사용한 문자열 관리</string>
</resources>
```

그림 X-9 strings.xml에서 입력한 문자열 출력

2) 버튼

텍스트뷰와 함께 많이 사용되는 위젯은 버튼입니다. 버튼은 주로 앱 사용자의 결정을 확정 혹은 취소라는 목적으로 사용됩니다. 예를 들어, 정보를 검색할 때 키워드를 입력 후 해당 키워드에 대한 정보를 검색하려는 결정을 내리는 상황을 생각해볼 수 있습니다. 또한, 인터넷 쇼핑몰에서 물건을 사려고 마음먹었다가 주문 직전에 자신의 선택을 취소할 수도 있습니다. 정리하자면, 최종 선택의 순간에 사용자의 결정을 확인하는 수단으로 버튼이 사용된다고 할 수 있습니다. 이제부터 버튼과 관련된 속성을 알아보겠습니다. 여기서 한가지 강조하고 싶은 점은 버튼과 관련된 속성은 버튼 이외에도 다른 대부분의 위젯에서도 동일하게 적용 가능하다는 사실입니다. 그러므로, 다른 위젯을 사용할 때 여기서 익힌 속성을 적용해보시기 바랍니다.

- layout_width와 layout_height 속성

이 두 속성은 버튼의 너비와 높이를 즉 버튼의 크기를 설정하는 데 사용됩니다. 버튼뿐만 아니라 모든 위젯의 가로와 세로의 길이를 결정하는 속성이라고 생각하면 됩니다. 'layout_width'속성은 가로 크기, 'layout_height'속성은 세로 크기를 의미합니다. 이 두 속성의 값으로는 총 3가지가 있습니다. 먼저, "wrap_content"부터 알아보겠습니다. 이 속성값은 위젯이 담고 있는 내용(content)에 맞춰 버튼의 가로 및 세로 길이를 결정합니다. 그림 X-10의 가장 왼쪽 그림이 가로 및 세로 크기 모두"wrap_content"속성값을 버튼에 적용한 모습입니다. 이 버튼에는 "BUTTON"이라는 문자열이 있는데, 이것이 버튼의 내용입니다. 즉 이 문자열의 가로 및 세로 크기에 맞추어 버튼의 가로 및 세로 크기를 결정한 것입니다. 두 번째 속성값은 "match_parent"입니다. 이 속성값은 버튼의 가로 혹은 세로 크기를 부모의 크기에 맞춥니다. 여기서 버튼의 부모는 누구일까요? 그림 X-10의 가운데 그림에서 버튼의 가로 크기를 주목하세요. 즉 'layout_width'속성의 값은 "match_parent", 'layout_height'는 "wrap_content"로 설정되었습니다. 가로 길이는 부모의 크기에 맞춰진 거죠. 여러분께서 생각하시기에 버튼의 부모는 누구일까요? 이제 아시겠죠? 버튼의 부모는 버튼을 담고 있는 그 무언가가 됩니다. 그 무언가에 대해서는 다음 장 레이아웃에서 자세히 설명하도록 하겠습니다. 마지막으로 그림 X-10의 가장 오른쪽 그림은 버튼의 가로 및 세로 크기를 '100dp'라는 특정 값으로 설정하였습니다.

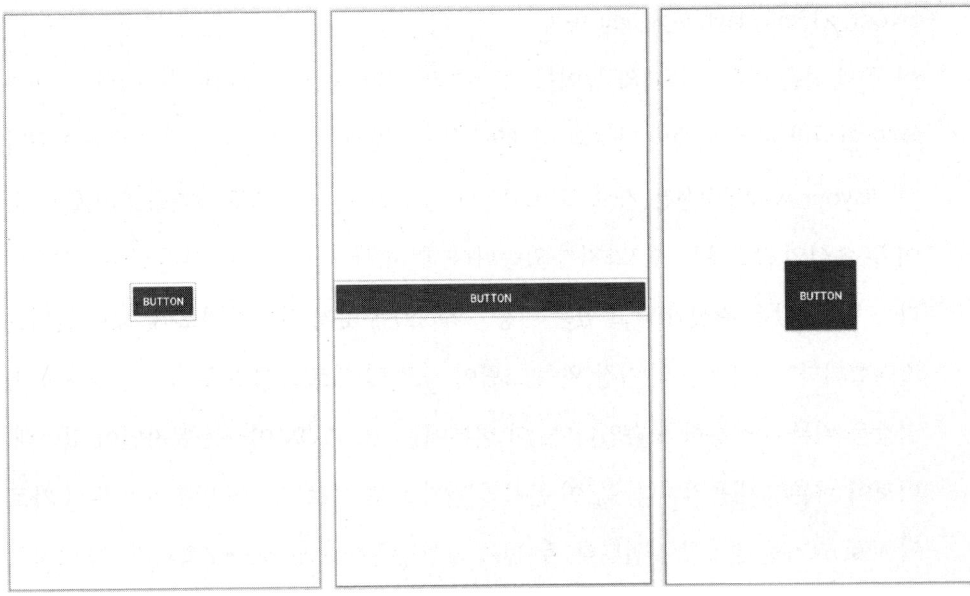

그림 X-10 버튼의 가로 및 세로 크기 설정

"wrap_content" 혹은 "match_parent", 이 두 속성값은 사용이 권장되는 반면, 특정 값을 직접 입력하는 것은 그다지 좋은 방식이 아닙니다. 왜냐하면, 사용자들이 사용하는 스마트폰의 크기가 일정하지 않기 때문입니다. 특정 수치를 입력하면 스마트폰 크기가 달라지더라도 해당 값에 맞춰 버튼의 크기가 고정되는 단점이 있습니다. 이렇게 되면 스마트폰 크기에 따라 버튼의 크기가 그에 맞춰서 바뀌지 못합니다. 그렇지만, "wrap_content"혹은 "match_parent"로 속성값을 설정하면 스마트폰 크기에 맞춰서 유연하게 버튼의 크기를 조절하는 것이 가능합니다. 스마트폰의 크기가 커지면 그에 따라 버튼의 크기도 커질 수 있습니다. 따라서 안드로이드 스튜디오에서는 위젯의 가로 및 세로 크기를 정할 때 이 두 값을 사용하는 것을 권장합니다.

• layout_margin 속성

버튼과 버튼 사이의 여백을 설정하는 속성입니다. 그림 X-11 은 'layout_margin'속성에서 선택 가능한 여러 옵션을 보여줍니다. 제일 위에 있는 'layout_margin'에 값을 주면 왼쪽, 오른쪽, 위, 아래 모두 여백이 설정됩니다. 특정 부분에만 여백을 주고 싶다면 해당 방향의 속성에만 값을 주면 됩니다. 그림 X-12의 왼쪽 그림은 "BUTTON1"과 "BUTTON2"모두 여백을 주지 않았고, 오른쪽 그림은 "BUTTON1"의 'layout_marginRight'속성에 "40dp", "BUTTON2"의 'layout_marginTop'속성에 "40dp", 이렇게 속성값을 설정한 모습을 나타냅니다. 이 속성 역시 모든 위젯에서 적용할 수 있는 속성입니다.

∨ layout_margin	[?, ?, ?, ?, ?]
layout_margin	
layout_marginStart	
layout_marginLeft	
layout_marginTop	
layout_marginEnd	
layout_marginRight	
layout_marginBottom	

그림 X-11 layout_margin 속성 창

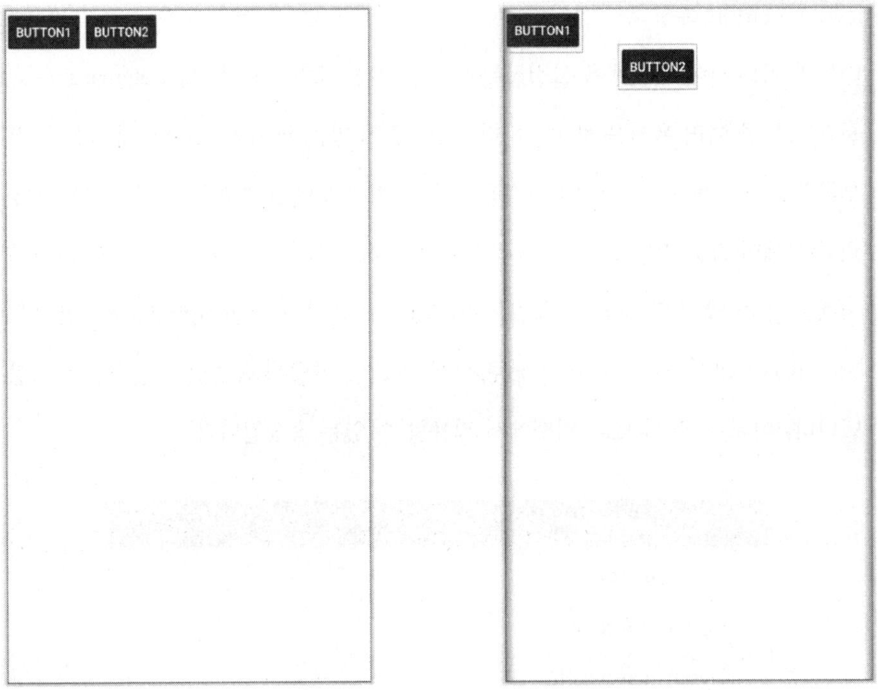

그림 X-12 버튼의 여백을 주기 전후의 모습

- padding 속성

layout_margin 속성이 버튼과 버튼 사이의 여백을 설정하는 속성이라면, padding 속성은 버튼과 버튼 내부의 내용 사이의 여백을 설정할 때 사용합니다. 그림 X-12를 보면 버튼마다 문자열이 있습니다. 이것을 버튼 내부의 내용이라고 생각하면 됩니다. 여러분의 이해를 돕기 위해 그림 X-13으로 좀 더 설명하겠습니다. 아래 그림에서 화살표로 표시된 부분이 버튼과 버튼의 내용 사이의 여백이고 이 여백을 padding 속성값을 이용하여 표현할 수 있습니다. 그림 X-14는 안드로이드 스튜디오에서 제공하는 padding 속성에서 선택 가능한 옵션입니다. layout_margin 속성과 똑같다고 생각하면 됩니다.

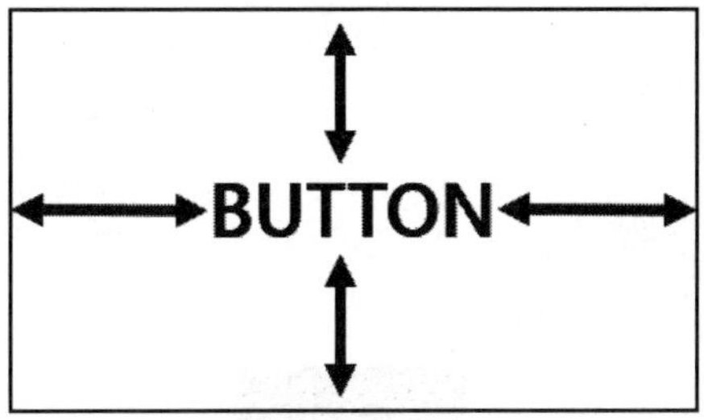

그림 X-13 padding 속성

∨ padding	[?, ?, ?, ?, ?]
padding	
paddingStart	
paddingLeft	
paddingTop	
paddingEnd	
paddingRight	
paddingBottom	

그림 X-14 padding 속성 창

그림 X-15는 padding 속성이 적용된 2개의 버튼을 보여줍니다. 먼저 "BUTTON1"은 "PaddingLeft"와 "paddingTop"속성이 각각 "20dp"이 적용되었고, "BUTTON2"는 "PaddingRight"와 "paddingBottom"속성이 각각 "20dp"이 적용된 모습입니다.

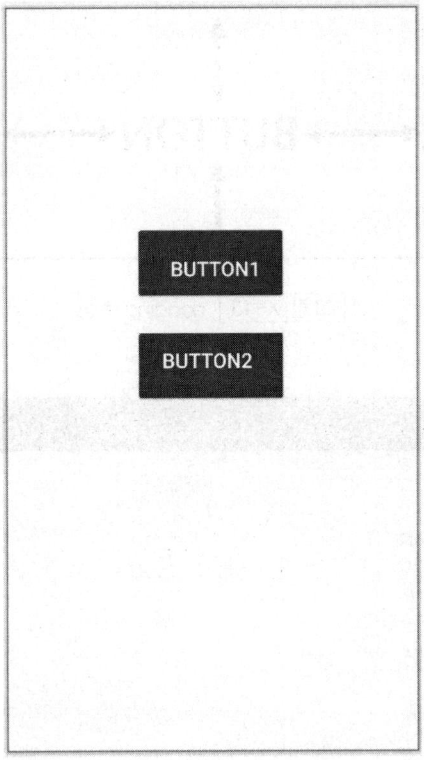

그림 X-15 padding 속성이 적용된 버튼

11차시

XI. 레이아웃

1. 학습목표

레이아웃

2. 수업내용

- 레이아웃의 개념을 이해한다.
- 레이아웃의 종류를 살펴본다.
- 리니어 레이아웃의 사용법을 익힌다.
- 컨스트레인트 레이아웃의 사용법을 익힌다.

3. 수업성과

- 리니어 레이아웃을 이용하여 위젯을 배치할 수 있다.
- 컨스트레인트 레이아웃을 이용하여 위젯에 제약조건을 지정할 수 있다.

에서 진하게 표시된 부분이 리니어 레이아웃에서 위젯의 배치를 어떻게 할 것인지를 결정짓는 부분입니다. 이 값을 "vertical"로 변경하면 3개의 버튼이 그림 XI-3과 같이 배치됩니다.

그림 XI-2 버튼 위젯 3개를 앱 화면에 수평으로 배치한 모습

2) layout_weight 속성

코드 XI-1에서 각 버튼 위젯의 속성을 보면 'layout_weight'이라는 속성이 있고, 이 속성의 값은 3개의 버튼 모두 '1'로 설정되어 있습니다. 'layout_width', 'layout_height', 'text'속성은 이전 장(10장 위젯)에서 이미 설명했으니 참고하시기 바랍니다. 'layout_weight'속성은 어떤 역할을 하는지 자세히 알아봅시다.

먼저, 3개의 버튼의 'layout_weight'속성값이 모두 '1'입니다. 그림 XI-1과 XI-2 모두 버튼의 크기가 동일합니다. 버튼의 가로 및 세로의 크기가 모두 동일한 것을 확인할 수 있습니다. 즉, 'orientation'속성이 'horizontal'일 경우에는 버튼 3개의 너비가 모두 같고, 'orientation'속성이 'vertical'이면 버튼이 동일한 높이로 배치됩니다. 만약 'orientation'속성이 'horizontal'인 상태에서 2번째 버튼의 'layout_weight'속성값을 '2'로 바꾸면 어떻게 될까요? 그림 XI-4를 보시기 바랍니다. 한 가지 더 짚고 넘어가야 할 것은 우리가 지금까지 다룬 'layout_weight'속성이 리니어 레이아웃의 속성이 아니라 버튼 위젯의 속성이라는 것입니다.

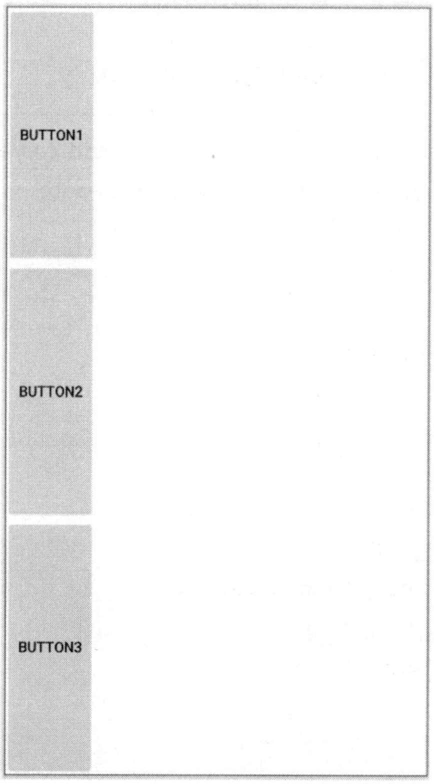

그림 XI-3 버튼 위젯 3개를 앱 화면에 수직으로 배치한 모습

첫 번째와 세 번째 버튼과 비교했을 때 두 번째 버튼의 너비가 더 늘어난 것을 확인하셨나요? 결과적으로 'layout_weight'속성은 리니어 레이아웃에 포함되는 위젯의 크기를 비율로 지정할 수 있습니다. 리니어 레이아웃의 크기는 고정되어있는 상태에서 이 레이아웃에 배치되는 위젯의 크기를 분배하는 역할을 담당하는 것입니다. 그림 XI-4에서처럼 총 3개의 버튼을 수평으로 배치할 때, 리니어 레이아웃의 가로 크기는 고정되어있습니다. 이 고정된 크기를 벗어나지 않는 범위 내에서 3개의 버튼을 각각 1:2:1의 비율로 배치합니다. 여기서 주의할 점은 각 버튼의 'layout_width'속성값을 '0dp'로 설정해야합니다. 이렇게 하지 않고 해당 속성

값을 'wrap_content'로 설정하면 정확하게 1:2:1 비율로 크기가 바뀌는 것을 확인할 수 없습니다. 그 이유는 버튼의 너비를 버튼 안의 내용에 맞게 이미 설정해두었기 때문에 'layout_weight'속성이 적용되지 않기 때문입니다. 각 버튼의 'layout_width'속성값을 '0dp'로 바꾼 후 버튼의'layout_weight'속성을 1, 2, 1로 바꿔서 직접 테스트해 보시기 바랍니다. 그러면 그림 XI-4와 같은 결과를 얻을 수 있습니다.

코드 XI-1 리니어 레이아웃을 이용하여 버튼을 수평으로 배치

```
<LinearLayout xmlns:android="http://schemas.android.com/apk/res/android"
    xmlns:app="http://schemas.android.com/apk/res-auto"
    xmlns:tools="http://schemas.android.com/tools"
    android:layout_width="match_parent"
    android:layout_height="match_parent"
    android:orientation="horizontal"
    tools:context=".MainActivity">

    <Button
        android:id="@+id/button"
        android:layout_width="wrap_content"
        android:layout_height="wrap_content"
        android:layout_weight="1"
        android:text="Button1" />

    <Button
        android:id="@+id/button2"
        android:layout_width="wrap_content"
        android:layout_height="wrap_content"
        android:layout_weight="1"
        android:text="Button2" />

    <Button
        android:id="@+id/button3"
        android:layout_width="wrap_content"
        android:layout_height="wrap_content"
        android:layout_weight="1"
        android:text="Button3" />
</LinearLayout>
```

3) gravity 속성

'gravity'속성 또한 위젯의 배치와 관련되어 있습니다. 리니어 레이아웃에서 이 속성을 적용하면 레이아웃 내에 포함된 위젯의 위치를 결정합니다. 이 속성은 아래와 같은 다양한 옵션을 제공합니다.

- top: 위젯을 레이아웃의 상단에 위치시킵니다.
- bottom: 위젯을 레이아웃의 하단에 위치시킵니다.
- left: 위젯을 레이아웃의 왼쪽에 위치시킵니다.
- right: 위젯을 레이아웃의 오른쪽에 위치시킵니다.
- center: 위젯을 레이아웃의 중앙에 위치시킵니다.
- center_vertical: 위젯을 레이아웃의 수직 방향 중앙에 위치시킵니다.
- center_horizontal: 위젯을 레이아웃의 수평 방향 중앙에 위치시킵니다.

만약 이 속성을 위젯에 적용하면 어떻게 될까요? 위젯이 포함하고 있는 내용이, 예를 들면 문자열이 선택한 옵션에 따라 위치가 변경됩니다. 그림 XI-5와 코드 XI-2 를 통해 리니어 레이아웃의 gravity 속성값을 적용했을 때와 레이아웃에 포함된 버튼 위젯의 gravity 속성값을 조정했을 때의 변화를 느껴보시기 바랍니다.

그림 XI-4 2번째 버튼의 layout_weight 속성값을 2로 변경한 모습

그림 XI-5를 보면 gravity 속성을 적용하지 않은 그림 XI-2, 3, 4와는 달리 모든 버튼 위젯이 화면의 중앙에 배치되어 있습니다. 리니어 레이아웃의 gravity 속성값을 'center'로 설정하였기 때문입니다. 자 이제부터는 각 버튼 내의 텍스트에 집중하기 바랍니다. 첫 번째 버튼의 텍스트인 'BUTTON1'은 왼쪽 아래에 배치되어 있습니다. 코드 XI-2에서 그 이유를 찾아보시기 바랍니다. gravity 속성이 굵게 표시되어 있으니 쉽게 찾을 수 있을 겁니다. 버튼 위젯의 gravity 속성값이 'bottom'으로 설정된 것을 확인하셨나요? 나머지 2개의 버튼도 확인해보세요. 특별히 2번째 버튼의 grativity 속성값은 하나가 아니라 2개의 값이 동시에 설정되어 있습니다. 'center | top'은 위쪽 가운데에 배치하라는 의미입니다. 이제 gravity 속성이 레이아웃에 적용될 때와 위젯에 적용될 때의 차이점을 이해하시겠죠? 자주 사용해보고, 꾸준히 연습하다 보면 어렵지 않게 그 차이점을 분명히 이해할 수 있을 겁니다. 이상으로 리니어 레이아웃에 대한 설명은 마치고 컨스트레인트 레이아웃에 대한 설명으로 넘어갑시다.

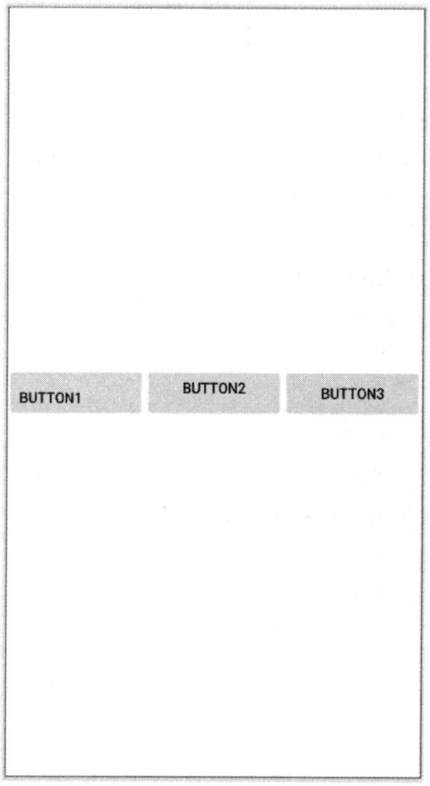

그림 XI-5 레이아웃과 버튼에 gravity 속성을 적용한 모습

코드 XI-2 리니어 레이아웃과 버튼에 gravity 속성을 적용한 XML 코드

```
<LinearLayout
    android:layout_width="match_parent"
    android:layout_height="match_parent"
    android:orientation="horizontal"
    android:gravity="center"
    tools:context=".MainActivity">

    <Button
        android:id="@+id/button"
        android:layout_width="0dp"
        android:layout_height="wrap_content"
        android:layout_weight="1"
        android:gravity="bottom"
        android:text="Button1" />
```

```
    <Button
        android:id="@+id/button2"
        android:layout_width="0dp"
        android:layout_height="wrap_content"
        android:layout_weight="1"
        android:gravity="center|top"
        android:text="Button2" />

    <Button
        android:id="@+id/button3"
        android:layout_width="0dp"
        android:layout_height="wrap_content"
        android:layout_weight="1"
        android:gravity="center"
        android:text="Button3" />
</LinearLayout>
```

2 | 컨스트레인트 레이아웃(ConstraintLayout)

컨스트레인트 레이아웃은 안드로이드 스튜디오의 기본 레이아웃으로 이 레이아웃 내에 배치되는 여러 위젯들 사이의 상대적인 위치와 크기를 사용하여 각 위젯을 배치하는 역할을 담당합니다. 여기서 말하는 상대적인 위치와 크기를 제약조건이라고 합니다. 안드로이드 스튜디오에서 제공하는 제약조건으로는 위젯 간의 수평 및 수직 간격, 위젯의 위치, 위젯의 크기 등을 지정할 수 있으며, 각각의 제약조건은 위젯의 상하좌우 중 어디에 적용되는지를 결정합니다. 이렇게 지정된 제약조건을 이용하여 위젯이 레이아웃 내의 상대적인 위치와 크기를 기반으로 배치되는 것입니다. 이전에 살펴본 리니어 레이아웃에 비해 다양한 종류의 위젯을 좀 더 복잡한 화면으로 구성하는 방법을 제공합니다.

컨스트레인트 레이아웃은 주로 안드로이드 스튜디오의 디자인 에디터를 사용하여 위젯을 드래그 앤 드롭으로 간편하게 배치할 수 있습니다. 디자인 에디터를 사용하여 위젯을 배치하면 이 작업 내용이 XML 코드로 자동으로 변환됩니다. 컨스트레인트 레이아웃을 이용하여 위젯을 화면에 배치하는 방법을 주제로 자세히 공부하겠습니다.

그림 XI-6은 디자인 에디터에서 버튼 위젯을 화면에 임의로 배치한 모습을 보여줍니다. 팔레트 창에서 버튼 위젯 하나를 선택해서 디자인 에디터로 드래그 앤 드롭한 모습입니다. 버튼 위젯 상하좌우에 4개의 동그라미를 확인할 수 있는데 이것을 '핸들러'라고 부릅니다. 핸들러가 연결된 상태이면 '파란색', 그렇지 않으면'흰색'으로 나타납니다. 그림 XI-6에서 왼쪽과 오른쪽 핸들러는 현재 화면 좌우에 연결되어 있습니다. 하지만, 상하 핸들러는 어떤 것과도 연결되지 않았음을 의미합니다. 이제 이 버튼 위젯의 위쪽과 아래쪽에 각각 텍스트뷰를 배치시켜 보겠습니다.

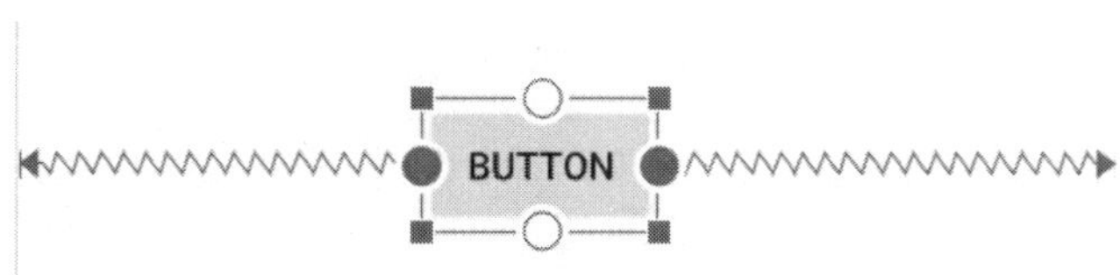

그림 XI-6 컨스트레인트 레이아웃에서 버튼 위젯을 화면에 배치한 모습

그림 XI-7은 그림 XI-6의 버튼의 위쪽과 아래쪽에 텍스트뷰를 배치한 모습을 보여줍니다. 버튼의 4개의 핸들러 모두가 파란색으로 변했습니다. 즉, 버튼의 왼쪽과 오른쪽은 앱 화면의 좌우와 연결되었고, 버튼의 위쪽과 아래쪽은 서로 다른 2개의 텍스트뷰와 연결되었습니다. 다시 말해서, 버튼 위젯에 모든 제약조건이 다 설정되었음을 의미합니다. 그림 XI-8은 버튼 위젯에 설정된 제약조건을 시각적으로 표시하는 화면입니다. 이 그림에서 핸들러 4개의 핸들러가 모두 회색 동그라미로 설정되어 있습니다. 이것은 4개의 제약조건이 모두 설정되었다는 것을 의미합니다. 그림 XI-9는 버튼 위젯의 위쪽에 있는 텍스트뷰를 선택했을 때의 제약조건을 보여주는 화면인데 그림에서 보는 바와 같이 왼쪽과 오른쪽은 회색 동그라미이지만, 위쪽과 아래쪽은 더하기 기호가 있는 동그라미입니다. 이것은 위쪽과 아래쪽에 대한 제약조건이 아직 설정되어 있지 않으므로 제약조건을 추가할 수 있다는 표시라고 생각하시면 됩니다.

그림 XI-8과 9에서 설정한 제약조건에 따라 실제로 이 앱을 실행시키면 텍스트뷰와 버튼은 제약조건에 따라 화면에 나타납니다. 코드 XI-3은 컨스트레인트 레이아웃에 배치된 2개의 텍스트뷰와 버튼에 대해 자동 생성된 XML 코드이고, 그림 XI-10은 컨스트레인트 레이아웃에 위젯을 배치한 후 안드로이드 스튜디오에서 제공하는 에뮬레이터를 이용해서 앱을 실행한 화면을 나타냈습니다. 이 화면에서 확인할 수 있는 것은 실제 앱을 실행했을 때 우리가 설정한 제약조건에 따라 위젯이 화면에 배치되어 있다는 것을 알 수 있습니다.

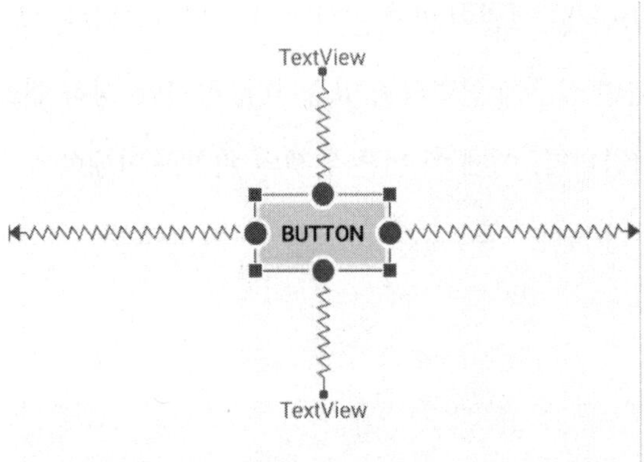

그림 XI-7 2개의 텍스트뷰와 한 개의 버튼이 배치된 모습

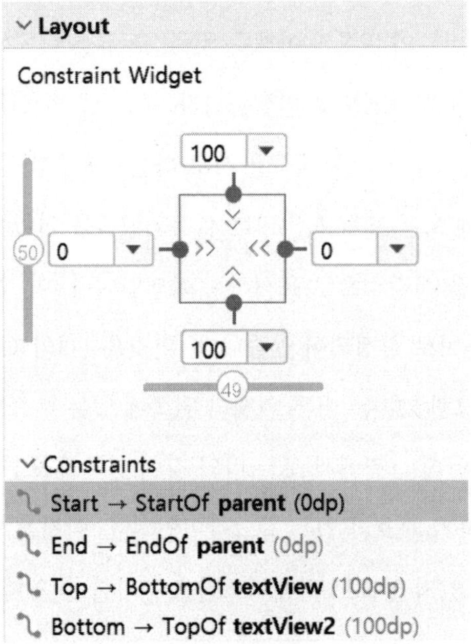

그림 XI-8 버튼의 제약조건 편집기

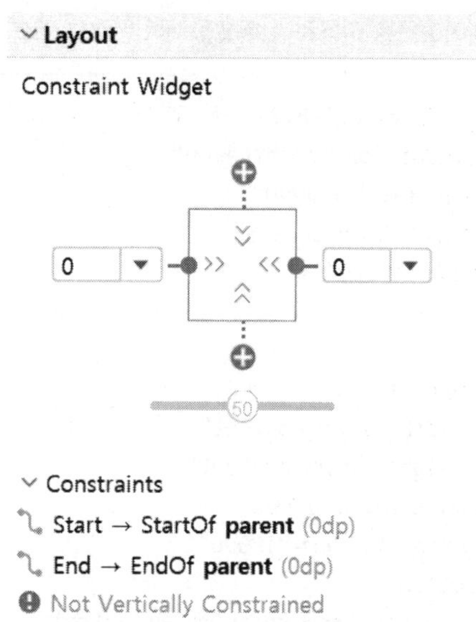

그림 XI-9 텍스트뷰의 제약조건 편집기

그림 XI-10 에뮬레이터로 실행한 화면

코드 XI-3 컨스트레인트 레이아웃을 이용하여 위젯을 배치한 XML 코드

```
<?xml version="1.0" encoding="utf-8"?>
<android.support.constraint.ConstraintLayout
    android:layout_width="match_parent"
    android:layout_height="match_parent"
    tools:context=".MainActivity" >

    <Button
        android:id="@+id/button"
        android:layout_width="wrap_content"
        android:layout_height="wrap_content"
        android:layout_marginTop="100dp"
        android:layout_marginBottom="100dp"
        android:text="Button"
        app:layout_constraintBottom_toTopOf="@+id/textView2"
        app:layout_constraintEnd_toEndOf="parent"
        app:layout_constraintHorizontal_bias="0.52"
        app:layout_constraintStart_toStartOf="parent"
        app:layout_constraintTop_toBottomOf="@+id/textView"
        app:layout_constraintVertical_bias="0.45" />

    <TextView
        android:id="@+id/textView"
        android:layout_width="wrap_content"
        android:layout_height="wrap_content"
        android:layout_marginTop="65dp"
        android:text="TextView"
        app:layout_constraintEnd_toEndOf="parent"
        app:layout_constraintStart_toStartOf="parent"
        app:layout_constraintTop_toTopOf="parent" />

    <TextView
        android:id="@+id/textView2"
        android:layout_width="wrap_content"
        android:layout_height="wrap_content"
        android:layout_marginBottom="128dp"
        android:text="TextView"
        app:layout_constraintBottom_toBottomOf="parent"
        app:layout_constraintEnd_toEndOf="parent"
        app:layout_constraintHorizontal_bias="0.501"
        app:layout_constraintStart_toStartOf="parent" />

</android.support.constraint.ConstraintLayout>
```

12차시

XII. 리소스 활용

1. 학습목표

리소스 활용

2. 수업내용

- 리소스의 개념을 학습한다.
- 리소스의 종류를 알아본다.
- 리소스 종류별 사용방법을 익힌다.

3. 수업성과

- 리소스의 개념을 이해한다.
- 각 리소스를 활용할 수 있다.

안드로이드 운영체제에 기반한 앱은 앱을 사용하는 사용자로부터 정보를 전달받아 그 결과를 앱 화면에 출력하는 것이 가장 기본적인 기능이라고 할 수 있습니다. 다시 말해서, 사용자와 외부 세계와의 중간 매개체 역할을 담당하는 것이죠. 사용자가 입력한 키워드를 이용하여 정보를 검색한 후 그 결과를 화면에 출력하는 예를 생각해볼 수 있습니다. 앱 사용자가 어떤 요청을 하느냐에 따라 결과는 다양한 모습을 띨 수 있습니다. 코틀린 코드를 이용하여 앱 사용자의 다양한 요구에 응답해야 합니다. 이렇듯, 앱은 역동적인 성격을 지니고 있다고 말할 수 있습니다. 반면에, 변하지 않는, 정적인 자원도 존재합니다. 안드로이드 스튜디오에서는 모든 정적 자원을 리소스로 부르고 동적인 자원과 분리해서 관리합니다. 이번 장에서는 리소스의 개념, 종류 및 활용법에 대해 자세히 공부하겠습니다.

1 리소스란?

이번 장의 시작에서 언급한 바와 같이 리소스는 역동적인 코드와는 상반된 개념입니다. 지속적으로 변하는 외부 세계와 사용자의 요구에 응답하기 위해 효율적인 코틀린 코드 작성은 필수입니다. 리소스는 앱의 한 구성요소이면서 정적 자원을 관리합니다. 코틀린 코드에서는 앱의 환경설정을 위해 리소스를 활용할 수 있습니다. 또한, 이미지, 문자열, 레이아웃, 스타일 등의 요소를 앱에 적용하기 위한 목적으로 사용됩니다. 이러한 정적 자원을 다른 말로 비코드 자원이라고 일컫습니다. 즉, 코드 자원과 비코드 자원이 혼재되어 있다면 앱의 유지보수가 복잡할 수 있습니다. 그 이유는 코틀린 코드 내에 비코드 자원이 뒤섞여 있기 때문입니다. 시간에 따라 실시간으로 바뀌는 동적인 콘텐츠는 코드에서 관리하고, 비코드 자원으로 대표되는 정적인 콘텐츠는 따로 관리하여 코드와 분리하는 것이 코드를 좀 더 간결하게 작성할 수 있고 앱의 유지보수 및 확장에 더욱 편리합니다. 안드로이드 스튜디오에서는 리소스 폴더를 생성하여 정적 자원을 관리하도록 하는 매커니즘을 제공하는데 이것이 바로 리소스입니다. 리소스는 다양한 디바이스 크기와 해상도에 대해 자동으로 조정되며 테마 변경 및 여러 다른 설정 변경에 유연하게 대응할 수 있도록 도와줍니다.

2 리소스의 종류

안드로이드 스튜디오에서는 'res'폴더를 생성하여 리소스를 관리합니다. 새로운 프로젝트를 생성하면 res 폴더 밑에 다음과 같은 기본 4개의 하위 폴더가 생성됩니다.

- drawable: 이미지 리소스가 저장되는 폴더입니다. PNG, JPEG, GIF 및 SVG와 같은 다양한 이미지 형식을 지원합니다.
- layout: 화면 구성을 위한 레이아웃 XML 파일이 저장되는 폴더입니다. 액티비티, 프래그먼트, 위젯 등의 화면 구성 요소를 포함합니다.
- mipmap: 앱의 아이콘과 같은 이미지 리소스가 저장되는 폴더입니다. 여기에 저장된 이미지는 다양한 밀도와 크기의 디스플레이에 사용됩니다.
- values: 문자열, 색상, 스타일 등과 같은 값 리소스가 저장되는 폴더입니다. 이 폴더에는 다양한 파일이 포함됩니다. 예를 들어, strings.xml은 앱에서 사용되는 모든 문자열을 포함하고, colors.xml은 색상 값을 포함합니다.

위에서 언급한 리소스외에도 anim(애니메이션 리소스 관리), menu(옵션 및 컨텍스트 메뉴 관리) 등의 리소스도 존재합니다. 그림 XII-1에 안드로이드 스튜디오의 리소스 관리 창을 보였습니다.

그림 XII-1 안드로이드 스튜디오의 리소스 관리 창

3 리소스 종류별 활용법

2절에서 살펴본 대표적인 4개의 리소스 관리에 관련된 폴더 중 drawable, mipmap, values 폴더에 대해 자세히 공부하겠습니다. layout 폴더는 11장 레이아웃에서 자세히 다뤘습니다. 레이아웃과 관련된 자세한 내용을 보길 원하시면 11장을 참고하시기 바랍니다.

안드로이드 스튜디오에서 리소스를 사용하려면 XML 파일을 사용하여 선언하고 코틀린 코드에서 이를 참조하면 됩니다. 리소스 파일은 빌드할 때 자동으로 컴파일되어 앱 APK 파일(앱 실행 파일)에 포함됩니다. 예를 들어, 안드로이드 스튜디오의 layout 폴더에는 다양한 유형의 레이아웃을 만들 수 있는 XML 파일이 포함되어 있습니다. "activity_main.xml"파일은 앱의 메인화면 레이아웃을 정의하는데 사용됩니다. 이렇듯 각 리소스는 해당 리소스를 관리하는 XML파일이 각각 존재합니다. 리소스는 각각의 이름을 가지며, R 클래스를 사용하여 코틀린 코드에서 접근하여 사용할 수 있습니다. 예를 들어, drawable 폴더 내에 image.jpg 라는 파일을 코틀린 코드에서 이용하기 원하면 "R.drawable.image"로 참조할 수 있습니다. drawable 폴더의 XML 파일과 이미지 리소스 활용 방법부터 차근차근 알아봅시다.

1) drawable 리소스 활용

이미지뷰 위젯을 사용하여 앱 화면에 이미지를 삽입하는 방법에 대해 알아봅시다. 먼저, 안드로이드 스튜디오의 팔레트 창에서 "ImageView"를 선택한 후 드래그 앤 드롭으로 그림 XII-2 위치에 이미지뷰를 위치시킵니다. 이미지뷰를 드래그 앤 드롭하자마자 그림 XII-3 화면이 등장합니다. 안드로이드 카테고리에 있는 이미지 중에서 "sym_def_app_icon"을 선택한 후 에뮬레이터를 실행시키면 그림 XII-4와 같이 앱 화면에 이미지가 삽입된 것을 확인할 수 있습니다. 카카오톡 채팅 리스트를 보면 카톡 사용자들이 설정한 프로필 이미지가 카톡 채팅 리스트에 나타나는 것을 확인할 수 있습니다. 이러한 모든 이미지가 drawable 폴더에서 관리하고 더불어 이 폴더 내에 있는 이미지를 앱을 구현하면서 활용할 수 있습니다.

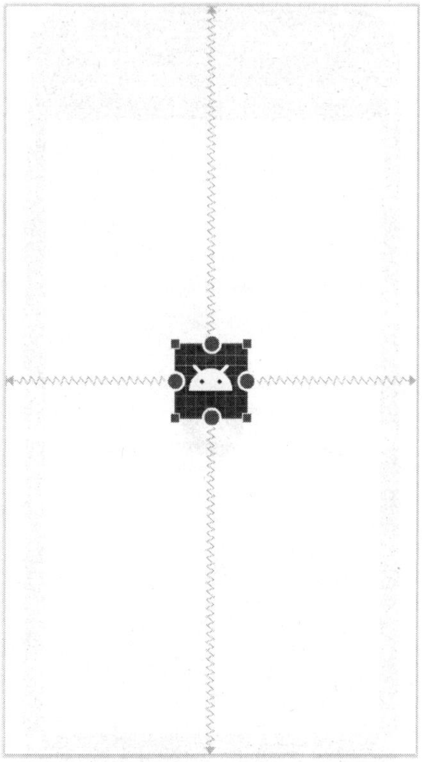

그림 XII-2 이미지뷰 삽입

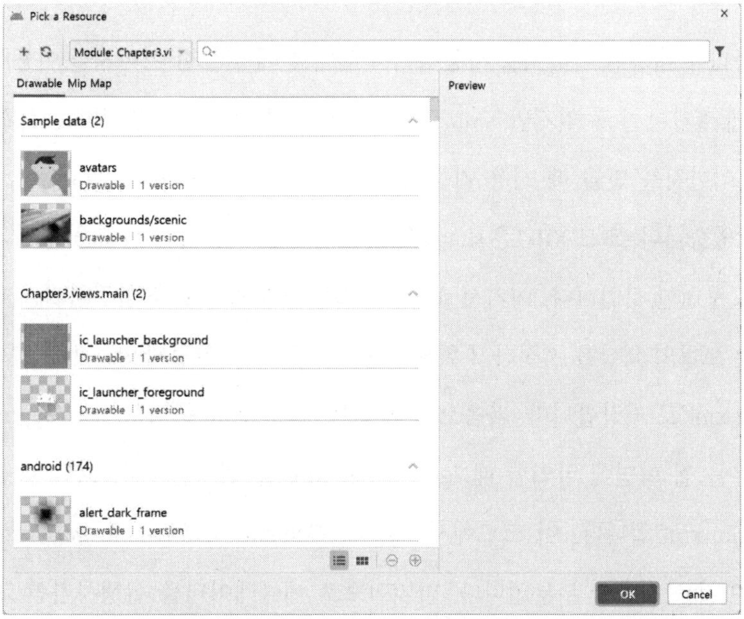

그림 XII-3 drawable 폴더 내의 다양한 이미지 선택 화면

그림 XII-4 이미지가 삽입된 앱 실행화면

drawable 폴더에 내장된 이미지를 사용하거나 앱 구현에 필요한 이미지를 이용하여 이미지를 앱 화면에 추가할 수도 있지만 XML 코드를 이용하여 이미지를 생성하는 것 또한 가능합니다. XML 이미지를 만들 때 사용 가능한 태그로는 shape, corners, gradient, size, solid, stroke 등이 있습니다. 코드 XII-1은 shape과 solid 태그를 이용하여 회색 원 모양의 이미지를 XML 코드로 구현한 것입니다. 여기서 shape 태그는 도형의 모양을 설정하기 위해서 그리고 solid 태그는 도형의 색상을 지정하기 위해 사용되었습니다. 이렇게 만들어진 XML 이미지를 "gray_circle.xml"로 저장합니다. 다음으로 리소스 내의 layout 폴더의 "activity_main.xml"에서 이미지뷰를 앱 화면에 삽입할 때 "gray_circle.xml"을 선택합니다. 코드 XII-2는 수정된 "activity_main.xml"입니다. 이 코드에서 "*app:srcCompat="@drawable/gray_circle*"이 부분이 XML 이미지를 적용한 부분입니다. 마지막으로 에뮬레이터를 실행시키면 그림 XII-5와 같은 결과를 얻을 수 있습니다.

코드 XII-1 XML로 작성된 이미지 파일: gray_cicle.xml

```
<shape xmlns:android="http://schemas.android.com/apk/res/android"
    android:shape="oval">
    <solid android:color="#808080" />
</shape>
```

코드 XII-2 XML 이미지 파일을 이용하여 앱 화면에 이미지 적용

```
<android.support.constraint.ConstraintLayout
    xmlns:android="http://schemas.android.com/apk/res/android"
    xmlns:app="http://schemas.android.com/apk/res-auto"
    xmlns:tools="http://schemas.android.com/tools"
    android:layout_width="match_parent"
    android:layout_height="match_parent"
    tools:context=".MainActivity" >

    <ImageView
        android:id="@+id/imageView2"
        android:layout_width="100dp"
        android:layout_height="100dp"
        app:layout_constraintBottom_toBottomOf="parent"
        app:layout_constraintEnd_toEndOf="parent"
        app:layout_constraintStart_toStartOf="parent"
        app:layout_constraintTop_toTopOf="parent"
        app:srcCompat="@drawable/gray_circle" />
</android.support.constraint.ConstraintLayout>
```

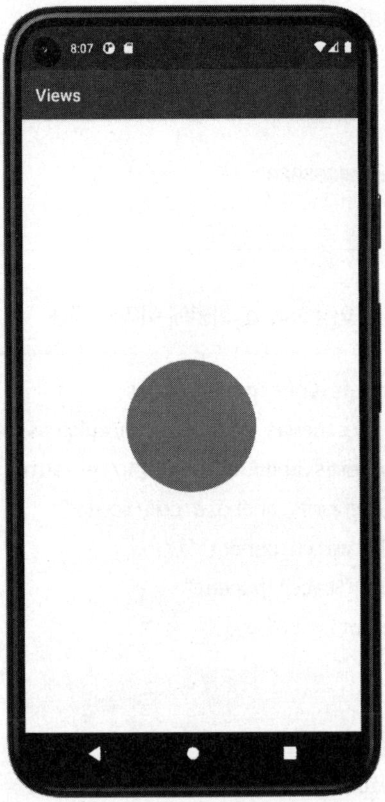

그림 XII-5 XML 이미지 파일이 적용된 앱의 실행화면

2) mipmap 리소스 활용

이 리소스는 앞에서 언급한 바와 같이 앱을 스마트폰에 설치하면 해당 앱에 대한 실행 아이콘이 생성되는데 앱의 실행 아이콘이 어떤 모습일지와 관련됩니다. 안드로이드 스튜디오에서 mipmap 폴더를 클릭하면 그림 XII-6과 같은 화면이 보입니다. 이 그림에서 "ic_launcher" 폴더 아래에는 총 5개의 아이콘이 준비되어 있습니다. 여기에 있는 이미지는 모두 같은 이미지입니다. 그런데 같은 이미지를 왜 5개나 가지고 있을까요? 그 이유는 스마트폰마다 그 크기가 다양하기 때문입니다. 어떤 이미지의 경우 작은 크기의 스마트폰에서는 선명하게 보이지만, 스마트폰의 크기가 커지면 이 이미지가 확대되면서 선명도가 떨어질 수 있습니다. 따라서, 스마트폰의 해상도를 hdpi, mdpi, xhdpi, xxhdpi, xxxhdpi로 5가지로 분류한 후 앱이 실행되는 스마트폰에 가장 알맞는 아이콘 이미지를 선택하여 사용하게 됩니다.

코틀린 코드에서 스마트폰의 크기를 기반으로 가장 알맞는 실행 아이콘의 크기를 결정할 수 있지만, 이렇게 되면 환경설정으로 인한 코드로 인해 코드가 복잡해질 수 있습니다. mipmap 폴더 내에 같은 이름의 실행 아이콘 이미지를 여러 개 준비하여 각 기기의 크기에 맞게 실행 아이콘을 출력하도록 할 수 있습니다. 그림 XII-6에 의하면 "ic_launcher.webp"라는 파일명으로 총 5개의 이미지 파일이 존재하는 것을 볼 수 있습니다. 그런데 파일명이 중복되는 것은 문제가 되지 않을까요? 그림 XII-7은 mipmap 폴더의 윈도우 탐색기 화면입니다. 이 그림에서 보는 바와 같이 파일명이 중복되는 것은 각 파일마다 고유 폴더를 생성함으로써 해결했습니다.

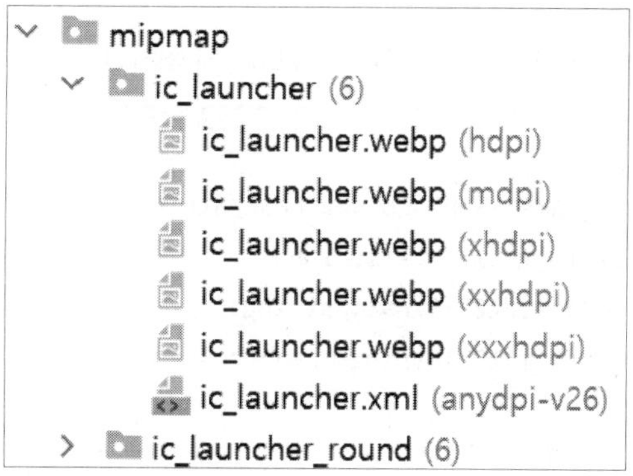

그림 XII-6 안드로이드 스튜디오의 mipmap 폴더

그림 XII-7 mipmap 폴더의 윈도우 탐색기 화면

3) values 리소스 활용

안드로이드 스튜디오의 res/values 폴더에서 기본적으로 2개의 파일이 존재하는데 그것은

"colors.xml"과 "strings.xml"입니다. 레이아웃 리소스를 코드에서 사용하려면 R.layout.activit_main 이렇게 XML 파일에 접근할 수 있습니다. values 리소스는 이런 방식으로 접근하지 않습니다. 문자열 리소스를 등록한 후 이 문자열 리소스를 XML 파일에서 활용하는 방법에 관해 알아보겠습니다.

문자열 리소스를 등록하기 위해 먼저 "strings.xml"파일을 엽니다. values 폴더에 있는 strings.xml을 더블클릭하면 이 파일이 열립니다. 코드 XII-3과 같이 문자열 리소스로 활용할 임의의 문자열을 삽입합니다. 아래 코드에서 굵게 표시된 부분이 추가된 3개의 문자열입니다. "app_name"태그는 앱을 실행했을 때 왼쪽 위에 나타나는 앱 이름에 대한 문자열 리소스입니다. 이 부분을 바꾸면 앱을 실행했을 때 왼쪽 위에 나타나는 문자열이 변경됩니다.

코드 XII-3 values 폴더의 strings.xml 파일에 추가한 3개의 문자열

```
<resources>
    <string name="app_name">StringResources</string>
    <string name="sample_txt1">My</string>
    <string name="sample_txt2">first</string>
    <string name="sample_txt3">string resources</string>
</resources>
```

변경된 문자열 리소스를 활용하기 위하여 앱 디자인 편집기에서 텍스트뷰 세 개를 삽입한 후 코드 XII-4와 같이 strings.xml에서 추가한 문자열 리소스를 사용해보겠습니다. 코드 XII-4에서 굵게 표시된 부분이 코드 XII-3에서 추가한 문자열 리소스를 텍스트뷰의 text 속성에 적용한 모습입니다. 이전 장에서는 텍스트뷰에 특정 문자열을 표시하기 위해서 text 속성에 직접 문자열을 입력했습니다. 이 방법은 문자열 리소스를 관리하는 데 있어서 단점이 존재합니다. 문자열을 직접 입력해주었기 때문에 문자열을 수정해야 하는 상황이 발생하면 역시 직접 해당 텍스트뷰를 찾아서 수정해야 합니다. 그렇지만 res/values 폴더의 strings.xml 파일을 사용하면 문자열의 수정은 이 파일에서 통합적으로 관리할 수 있습니다. 또한 같은 문자열이 여러 텍스트뷰에 적용되었을 경우 strings.xml 파일을 활용하여 문자열을 수정하면 여러 텍스트뷰에 있는 문자열이 모두 바뀌게 됩니다. 일일이 찾아다니면서 문자열을 바꾸지 않아도 되기 때문에 유지보수 및 확장성이 좋습니다.

strings.xml 은 앱에서 문자열 리소스를 관리하는 목적으로 사용되고, colors.xml은 앱에서 사용되는 다양한 색상 정보를 관리하기 위해 사용됩니다. 사용방법은 strings.xml에서 문자열을 리소스로 등록하여 사용한 방법과 같으므로 따로 설명하지는 않겠습니다.

코드 XII-4 문자열 리소스를 텍스트뷰에 적용한 모습

```
<TextView
    android:id="@+id/textView"
    android:layout_width="wrap_content"
    android:layout_height="wrap_content"
    android:text="@string/sample_txt1"
    android:textSize="20sp" />

<TextView
    android:id="@+id/textView2"
    android:layout_width="wrap_content"
    android:layout_height="wrap_content"
    android:text="@string/sample_txt2"
    android:textSize="20sp" />

<TextView
    android:id="@+id/textView3"
    android:layout_width="wrap_content"
    android:layout_height="wrap_content"
    android:text="@string/sample_txt3"
    android:textSize="20sp" />
```

그림 XII-8 문자열 리소스가 적용된 앱 실행화면

13차시

XIII. 이벤트 처리

1. 학습목표

이벤트 처리

2. 수업내용

- 이벤트 처리 방법을 학습한다.
- 이벤트의 종류 및 특징을 살펴본다.
- 뷰 이벤트 처리 방법 및 예제를 학습한다.

3. 수업성과

- 이벤트 처리 방법을 이해할 수 있다.
- 이벤트의 종류 및 특징을 구별할 수 있다.
- 뷰 이벤트 처리 방법 및 예제를 통해 뷰 이벤트 처리 방법을 적용할 수 있다.

안드로이드용 앱에서 주로 처리하는 이벤트는 총 3가지입니다. 첫째, 터치 이벤트, 둘째, 키 이벤트, 마지막으로 뷰 이벤트입니다. 먼저, 터치 이벤트는 손가락으로 앱의 구성요소 혹은 화면을 잠시 누르거나 눌렀다 뗐는지 혹은 화면을 누른 상태로 밀었는지와 관련된 모든 행위를 말합니다. 두 번째로 키 이벤트는 앱을 사용하면서 가상 키보드를 통해 발생한 특정 키를 누르는 행위와 관련된 모든 이벤트입니다. 마지막으로 뷰 이벤트는 앱을 구성하는 다양한 뷰(위젯)에서 발생하는 이벤트를 일컫습니다. 이번 장에서는 3가지 이벤트를 처리하는 방법에 대해 알아보고, 특별히 뷰이벤트를 처리하는 방법에 대해 좀 더 자세히 설명합니다.

1 | 이벤트의 종류

1) 터치 이벤트

터치 이벤트는 앱을 사용하는 사람이 앱을 사용하면서 손가락으로 발생시키는 모든 이벤트를 통칭한다고 생각하면 쉽습니다. 앱의 화면에서 발생하는 사용자의 터치 이벤트를 처리하기 위해서는 코틀린 코드에서 터치 이벤트와 관련된 콜백 함수 onTouchEvent()를 선언한 후 해당 함수를 구현하면 됩니다. 여기서 콜백 함수란 어떤 이벤트가 발생할 때 시스템에 의해서 자동으로 호출되는 함수를 말합니다. 즉, 이 함수는 프로그래머가 필요에 따라 호출하는 함수가 아니라 시스템이 각 이벤트를 처리하기 위해 호출하는 함수라고 기억하세요. 이 함수를 액티비티 클래스 내에 재정의하면 사용자 이벤트가 발생할 때 시스템에 의하여 자동으로 호출됩니다. 이 함수가 호출될 때 전달되는 매개변수(MotionEvent)에 의하여 발생한 이벤트의 종류와 좌푯값이 주어지는데, 프로그래머는 발생한 이벤트에 따라 적절한 코드를 구현하고 좌푯값에 의하여 앱의 어떤 구성요소에서 이벤트가 발생했는지를 판단할 수 있습니다.

터치 이벤트의 종류는 ACTION_DOWN, ACTION_UP, ACTION_MOVE, 이렇게 총 3가지로 분류됩니다. ACTION_DOWN은 앱 화면을 손가락으로 누른 순간, ACTION_UP은 앱 화면에서 손가락을 뗀 순간, ACTION_MOVE는 화면을 손가락으로 누른 채로 이동하는 순간에 발생하는 이벤트입니다.

2) 키 이벤트

키 이벤트는 앱 사용자가 텍스트를 입력할 때 사용하는 가상 키보드로부터 특정 키를 입력할 때 발생하는 이벤트입니다. 터치 이벤트와 같이 키 이벤트를 처리하기 위해서는 onKeyDown, onKeyUp, onKeyLongPress 등과 같은 콜백 함수를 재정의해야 합니다. 이렇게 하면 키 이벤트가 발생할 때 해당 콜백 함수가 자동으로 호출됩니다. onKeyDown 함수는 키를 누른 순간의 이벤트 처리를 위해, onKeyUp 함수는 키를 떼는 순간의 이벤트를 처리하기 위해, 마지막으로 onKeyLongPress 함수는 키를 오래 누르는 순간의 이벤트 처리를 위해 불립니다. 예를 들어, 아이폰의 경우 긴 텍스트를 입력 후에 텍스트 중간 내용을 수정하기 위해 가상 키보드의 스페이스바를 길게 눌러 커서를 수정하기 원하는 곳으로 이동시킬 수 있는데, 이때 호출되는 콜백 함수가 바로 onKeyLongPress 입니다.

3) 뷰 이벤트

뷰 이벤트는 앱 화면을 구성하는 주요 구성요소인 위젯(뷰)에 직접 이벤트 처리를 담당시키는 방법입니다. 이전에 살펴본 티치 혹은 키 이벤트는 콜백 함수를 재정의함으로써 해당 이벤트를 처리하도록 했습니다. 하지만 뷰 이벤트는 이와는 다른 방법으로 처리됩니다. 단순히 콜백 함수를 재정의함으로써 이벤트를 처리하는 것이 아니라 이벤트 핸들러와 이벤트 리스너를 연결하여 특정 위젯에서 발생한 이벤트를 처리하는 방식을 따릅니다. 다음 절에서 실제 예제를 통해 뷰 이벤트 처리하는 방법을 자세히 설명하도록 하겠습니다.

2 뷰 이벤트 처리

뷰 이벤트 처리 방법을 실습을 통해 알아보겠습니다. 다음과 같은 시나리오를 먼저 생각해봅시다. 앱 사용자는 아이디와 패스워드를 입력한 후 확인 버튼을 클릭합니다. 확인 버튼은 대표적인 기본 위젯 중 하나입니다. 이 버튼에 설정된 이벤트 핸들러를 통해 뷰 이벤트를 처리하여 화면에 아이디와 패스워드 정보가 잘 입력되었다는 토스트 메시지를 출력합니다. 동시에 사용자가 입력한 아이디와 패스워드를 앱 화면에 출력하는 앱을 만들어서 뷰 이벤트를 어떻게 다루는지를 알아봅시다.

먼저 앱 화면 디자인 에디터에서 그림 XIII-1과 같이 앱 화면을 설계합니다. 자세한 사항은 코드 XIII-1에 있는 XML 파일을 참고하여 각 위젯의 속성을 파악하기 바랍니다. 여기서는 뷰 이벤트 처리에 대한 자세한 설명을 위해 앱 화면에 배치된 위젯의 핵심적인 속성만 XML 코드(코드 XIII-1)에 나타냈습니다. 각 위젯에 대한 세부 속성은 모두 생략했음을 미리 밝힙니다.

그림 XIII-1 화면에서 사용자는 아이디와 패스워드를 입력한 후 '확인'버튼을 클릭합니다. 버튼에 연결된 이벤트 리스너가 이벤트를 감지하면 이벤트 핸들러가 화면에 토스 메시지를 출력합니다. 또한, 아래 그림에서는 보이지 않지만, 확인 버튼 아래쪽에는 2개의 텍스트뷰가 배치되어 있습니다(코드 XIII-1를 참고하세요). 이 두 개의 텍스트뷰에는 사용자가 입력한 아이디와 패스워드를 출력하도록 할 것입니다.

그림 XIII-1 뷰 이벤트 처리를 위한 앱 화면

코드 XIII-2 뷰 이벤트 처리를 위한 XML 파일

```
<?xml version="1.0" encoding="utf-8"?>
<LinearLayout
    android:orientation="vertical">
    <LinearLayout
        android:orientation="horizontal">
        <TextView
            android:text="아이디:" />
        <EditText
            android:id="@+id/editTextID"
            android:hint="아이디 입력"/>
    </LinearLayout>
    <LinearLayout
        android:orientation="horizontal">
        <TextView
            android:text="패스워드:" />
        <EditText
            android:id="@+id/editTextPW"
            android:hint="패스워드 입력"/>
    </LinearLayout>
    <LinearLayout
        android:orientation="horizontal">
        <Button
            android:id="@+id/buttonOK" />
    </LinearLayout>
    <LinearLayout
        android:orientation="vertical">
        <TextView
            android:id="@+id/textViewDisplayID" />
        <TextView
            android:id="@+id/textViewDisplayPW" />
    </LinearLayout>
</LinearLayout>
```

자 그럼 이제 메인액티비티 코틀린 코드를 열어서 이벤트 처리를 위한 코드를 작성해봅시다. 이를 위해 뷰 바인딩에 대해 먼저 알아야 합니다. 자 그럼 뷰 바인딩은 무엇인지부터 알고 다음 단계로 넘어가겠습니다.

뷰 바인딩은 XML 파일로 구성된 여러 위젯을 코틀린으로 작성된 MainActivity 에서 사용할 수 있도록 하는 방법을 제공합니다. 뷰 바인딩 기법이 제공되기 전에는 레이아웃 XML 파일에 등록한 위젯은 findViewById 함수를 이용하여 해당 위젯에 접근해야만 했습니다. 기존의 방법은 위젯을 코틀린 코드에서 활용하는 데 있어서 번거로운 작업 중 하나였습니다. 이 작업을 조금 더 수월하도록 해주는 기능이 바로 뷰 바인딩 기법입니다. 뷰 바인딩을 사용하기 위해서는 먼저 그래들 파일을 열어서 다음의 내용-코드 XIII-3에서 굵게 표시된 부분-을 넣어주어야 합니다. 아래처럼 수정한 후 오른쪽 위에 있는 "Sync Now"를 클릭하여 그래들 파일을 동기화시켜 줍니다. 자 이제 코틀린 코드에서 위젯 객체를 이용할 수 있게 되었습니다. 메인액티비티 코드에 이벤트 처리를 위한 코드를 어떻게 추가하는지 알아보겠습니다.

코드 XIII-3 뷰 바인딩 기법을 적용하기 위해 그래들 파일 수정

```
                    :
                    :
android {
    compileSdk 32

    buildFeatures {
        viewBinding = true
    }

    defaultConfig {
        applicationId "com.example.views"
        minSdk 21
        targetSdk 32
        versionCode 1
        versionName "1.0"

        testInstrumentationRunner "android.support.test.runner.AndroidJUnitRunner"
    }
                    :
                    :
```

먼저, 확인 버튼을 클릭하면 토스트 메시지를 띄워주는 이벤트부터 추가해봅시다. 코드 XIII-4에 따라 메인액티비티 코드를 수정하시기 바랍니다. 먼저 코틀린 코드에서 XML 파일의 확인 버튼에 접근하기 위해서는 확인 버튼의 아이디를 알아야 합니다. 코드 XIII-2의 XML 파일에서 확인 버튼의 아이디를 확인해보세요. 위젯의 아이디 중 굵게 표시된 부분을 찾으셨죠? 그중 버튼의 아이디는 "@+id/buttonOK"입니다. 이 전체를 다 사용하는 것은 아니고 "buttonOK"만을 사용하여 이벤트를 처리합니다. 자 그럼 아래 코드를 통해 어떻게 확인 버튼이 눌렸을 때, "확인버튼이 눌렸습니다."라는 토스트 메시지를 띄울 수 있는지 알아보겠습니다.

먼저 아래 코드에 대한 설명으로 시작하겠습니다. binding이라는 변수를 선언한 후 ActivityMainBining.inflate() 함수를 호출합니다. 이 함수 호출을 통해 획득한 바인딩 객체를 binding변수에 저장합니다. 이렇게 한 후 setContentView 함수에 binding.root를 전달합니다. 이렇게 하면 XML 내의 모든 위젯과 관련된 정보를 코틀린 코드에 이용하는 것이 가능해집니다.

```
val binding = ActivityMainBinding.inflate(layoutInflater)
```

binding 변수에 저장된 바인딩 객체와 버튼 위젯의 고유 아이디를 통해 리스너를 확인 버튼의 이벤트 리스너에 등록할 수 있습니다. 아래 코드가 버튼에 리스너를 등록하도록 합니다.

```
binding.buttonOK.setOnClickListener
```

자 이제 앱 사용자가 앱을 실행한 후 확인 버튼을 클릭하면 버튼에 등록된 이벤트 리스너가 이 이벤트를 감지하게 되고 이벤트 핸들러가 이벤트가 감지되었을 때 해야하는 토스트 메시지를 화면에 출력하는 일을 담당함으로써 이벤트 처리가 가능해집니다. 그림 XIII-2는 확인 버튼을 클릭했을 때 토스트 메시지가 출력된 모습을 보여줍니다.

다음으로 사용자가 입력한 아이디와 패스워드를 확인 버튼 아래에 출력하는 기능을 구현함으로써 뷰 이벤트 처리에 대해 좀 더 알아보겠습니다. 코드 XIII-4를 수정하여 사용자가 입력한 아이디와 패스워드를 화면에 출력하는 코드를 코드 XIII-5에 보였습니다. 뷰 바인딩 객체를 이용하여 아이디와 패스워드를 입력받을 때 사용한 위젯으로부터 입력된 정보를 얻어 아이디는 userID 변수에, 패스워드는 userPW 변수에 각각 저장합니다. 초기 화면에는 텍스트 정보가 없어서 보이지 않았던 2개의 텍스트뷰가 있는데 이곳에 아이디와 패스워드 정보를 이용하여 화면에 출력할 때도 뷰 바인딩 객체와 2개의 텍스트뷰 위젯의 고유 아이디를 이용합니다. 여기서는 텍스트뷰의 setText 함수를 이용하여 사용자가 입력한 아이디와 패스워드를 화면에 출력하였습니다.

지금까지 뷰 이벤트 처리 방법에 초점을 맞춰 사용자로부터 정보를 입력받아 해당 정보를 화면에 출력하는 일련의 과정을 예제를 직접 만들어봄으로써 공부하였습니다. 이번 장에서 배운 내용을 잘 숙지하여 뷰를 통한 사용자 이벤트 처리 기능을 구현할 때 응용하여 사용하시기 바랍니다.

코드 XIII-4 수정된 메인액티비티 코드

```
import android.widget.Toast
import com.example.views.databinding.ActivityMainBinding

class MainActivity : AppCompatActivity() {
    override fun onCreate(savedInstanceState: Bundle?) {
        super.onCreate(savedInstanceState)

        val binding = ActivityMainBinding.inflate(layoutInflater)
        setContentView(R.layout.activity_main)
        setContentView(binding.root)

        binding.buttonOK.setOnClickListener {
            Toast.makeText(applicationContext, "확인버튼이 눌렸습니다.",
                          Toast.LENGTH_LONG).show()
        }
    }
}
```

그림 XIII-2 확인 버튼 클릭 후 토스트 메시지 출력

코드 XIII-5 사용자가 입력한 아이디와 패스워드 화면 출력

```
class MainActivity : AppCompatActivity() {
    override fun onCreate(savedInstanceState: Bundle?) {
        super.onCreate(savedInstanceState)

        val binding = ActivityMainBinding.inflate(layoutInflater)
        setContentView(binding.root)

        binding.buttonOK.setOnClickListener {
            val userID = binding.editTextID.text.toString()
            val userPW = binding.editTextPW.text.toString()

            binding.textViewDisplayID.setText("입력한 아이디: ${userID}")
            binding.textViewDisplayPW.setText("입력한 패스워드: ${userPW}")

            Toast.makeText(applicationContext, "확인버튼이 눌렸습니다.",
                        Toast.LENGTH_LONG).show()
        }
    }
}
```

그림 XIII-3 사용자가 입력한 아이디와 패스워드를 화면에 출력한 모습

14차시

XIV. 액티비티와 인텐트

1. 학습목표

액티비티와 인텐트

2. 수업내용

- 액티비티의 개념을 학습한다.
- 액티비티 생명주기에 대해 배운다.
- 인텐트의 개념을 학습한다.
- 액티비티와 인텐트 사이의 관련성을 파악한다.

3. 수업성과

- 액티비티의 개념과 생명주기에 대해 이해한다.
- 인텐트의 개념을 활용할 수 있다.
- 액티비티 사이의 정보를 주고받을 수 있는 응용프로그램을 만들 수 있다.

이 장에서는 앱 UI(사용자 인터페이스)의 주요 구성요소인 액티비티 클래스에 대해 알아봅니다. 또한 인텐트를 사용하여 한 액티비티에서 다른 액티비티로 통신하는 방법을 배울 것입니다.

1 액티비티(Activity)

액티비티는 사용자가 상호 작용할 수 있는 인터페이스가 있는 앱의 단일 화면을 나타냅니다. 예를 들어, 이메일 앱에는 새 이메일 목록을 표시하는 하나의 액티비티, 이메일 작성을 위한 또 다른 액티비티, 개별 메시지 읽기를 위한 또 다른 액티비티가 있을 수 있습니다. 앱은 액티비티의 집합으로 직접 만들거나 다른 앱에서 액티비티를 재사용합니다.

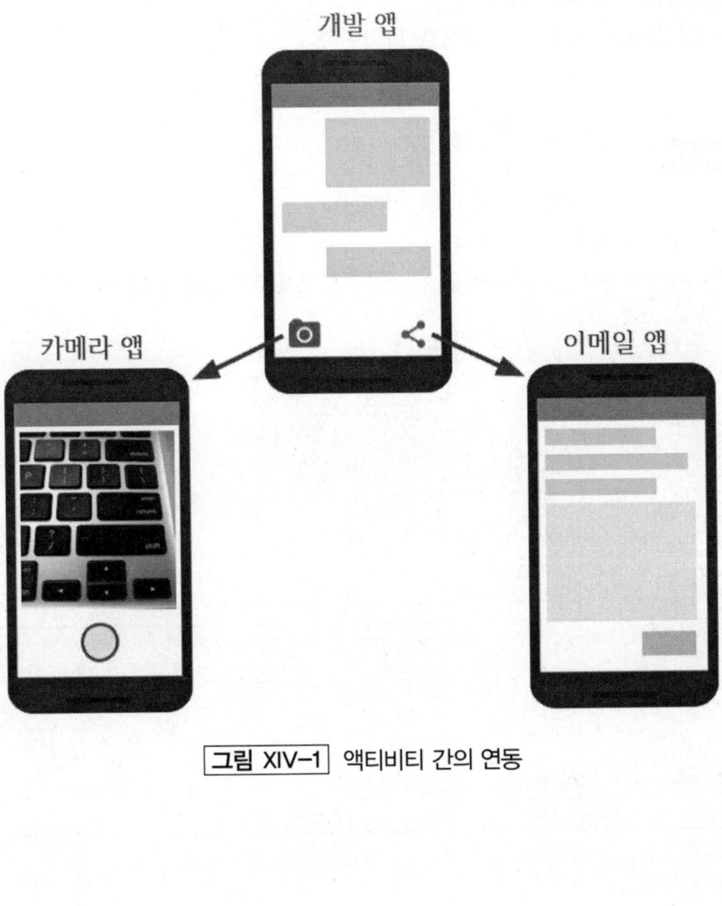

그림 XIV-1 액티비티 간의 연동

앱의 여러 액티비티가 함께 작동하여 앱에서 일관된 사용자 경험을 만들지만 각 액티비티는 서로 독립적입니다. 이것은 앱이 다른 앱에서 액티비티를 시작할 수 있고 앱에서 허용하는 경우 다른 앱이 액티비티를 시작할 수도 있습니다. 예를 들어, 그림 XIV-1과 같이 사용자가 작성하는 메시지 앱은 카메라 앱에서 액티비티를 시작하여 사진을 찍은 다음 이메일 앱에서 해당 사진을 이메일로 공유할 수 있습니다.

일반적으로 앱에 포함된 한 액티비티는 앱을 처음 실행할 때 사용자에게 표시되는 주 액티비티로 지정됩니다. 각 액티비티는 다른 액티비티를 수행하기 위해 해당 액티비티를 시작할 수 있습니다.

새 액티비티가 시작될 때마다 이전 액티비티가 중지되지만, 시스템은 이전 액티비티를 스택(back stack)에 보존합니다. 사용자가 현재 액티비티를 완료하고 뒤로 가기 버튼을 누르면 스택에서 팝(pop) 되어 이전 액티비티가 다시 시작됩니다. 새 액티비티가 시작되어 현재 액티비티가 중지되면 첫 번째 액티비티는 액티비티의 생명주기(lifecycle) 콜백 메서드를 통해 해당 변경 사항을 시스템에 알립니다. 액티비티 생명주기는 액티비티가 처음 생성된 시점부터 중지 또는 재개될 때마다 시스템이 액티비티를 완전히 제거하기 전까지 액티비티의 상태 집합을 말합니다.

1) 액티비티 만들기

앱에서 액티비티를 구현하려면 다음의 과정을 거칩니다.

- 액티비티 클래스를 작성한다.
- 해당 액티비티에 대한 사용자 인터페이스를 구현한다.
- 앱 매니페스트에서 새 액티비티를 선언한다.

앱에 대한 새 프로젝트를 만들거나 앱에 새 액티비티를 추가할 때 Android 스튜디오에서 프로젝트 폴더에서 New | Activity 메뉴를 선택하면 액티비티 클래스를 위한 템플릿 코드(template code)가 만들어집니다.

2) 액티비티 클래스 만들기

여러분이 작성한 액티비티는 액티비티 클래스의 하위 클래스 또는 현재 액티비티의 하위 클래스 중 하나입니다. 안드로이드 스튜디오에서 새 프로젝트를 만들 때 액티비티는 기본적으로 AppCompatActivity 클래스의 하위 클래스입니다. 기존에는 Activity 클래스의 상속을 받았으나 호환성을 지원하기 위해 AppCompatActivity 클래스를 사용합니다. AppCompatActivity 클래스는 최신 안드로이드 앱 기능을 사용하면서 앱이 이전 버전의 안드로이드를 실행하는 장치와 계속 호환되도록 하는 Activity의 하위 클래스입니다. 아래 코드는 MainActivity 클래스의 템플릿 코드입니다.

코드 XIV-1 MainActivity 클래스의 템플릿 코드

```
public class MainActivity extends AppCompatActivity {
   @Override
   protected void onCreate(Bundle savedInstanceState) {
       super.onCreate(savedInstanceState);
       setContentView(R.layout.activity_main);
   }
}
```

이 클래스에서 첫 번째 작업은 액티비티의 상태 변경을 처리하기 위해 표준 액티비티 생명주기 콜백 메서드(예 : OnCreate())를 구현하는 것입니다. 이러한 상태 변경에는 액티비티가 생성, 중지, 재개 또는 소멸하는 시기 등과 같은 사항이 포함됩니다. 다음 절에서 액티비티 생명주기 및 해당 상태별 콜백에 대해 자세히 알아보기로 하겠습니다.

앱에서 구현해야 하는 필수 콜백 함수는 onCreate() 입니다. 시스템은 앱의 액티비티를 생성할 때, 이 메서드를 호출하고 액티비티의 모든 필수 구성요소를 여기에서 초기화합니다. 가장 중요한 것은 OnCreate() 메서드가 setContentView()를 호출하여 액티비티의 기본 레이아웃을 생성한다는 것입니다.

일반적으로 하나 이상의 XML 레이아웃 파일에서 액티비티에 대한 사용자 인터페이스를 정의합니다. setContentView() 메서드가 레이아웃 파일의 경로와 함께 호출되면 시스템은 지

정된 레이아웃에서 모든 초기 뷰를 생성하여 액티비티에 추가합니다. 이러한 과정을 레이아웃을 팽창(inflate)시킨다고 말합니다.

액티비티 클래스에서 onPause() 메서드를 구현할 수도 있습니다. 시스템은 이 메서드를 사용자가 액티비티를 떠나는 첫 번째 표시로 호출합니다. 일반적으로 여기에서 현재 사용자 세션 이후에도 유지되어야 하는 변경 사항을 저장해야 합니다. 다음 절에서 onPause() 및 기타 모든 생명주기 콜백 함수에 대해 자세히 알아보기로 합시다. 생명주기 콜백 함수 이외에도 사용자 입력 또는 버튼 클릭과 같은 다른 동작을 처리하기 위해 액티비티에 메서드를 구현할 수도 있습니다.

3) 사용자 인터페이스 구현

액티비티에 대한 사용자 인터페이스는 액티비티 화면 내의 특정 공간을 제어하고 사용자와의 상호작용에 응답할 수 있는 뷰에 의해 제공됩니다.

뷰를 사용하여 사용자 인터페이스를 정의하는 가장 일반적인 방법은 앱 리소스의 일부로 저장된 XML 레이아웃 파일을 사용하는 것입니다. XML로 레이아웃을 정의하면 액티비티의 동작을 정의하는 소스 코드와 별도로 사용자 인터페이스의 디자인을 유지할 수 있습니다. 즉 디자인과 코드를 분리하여 개발하고 관리함을 의미합니다.

새로운 뷰 개체를 ViewGroup에 삽입한 다음 루트 ViewGroup을 setContentView()에 전달하여 액티비티 코드에서 직접 새 뷰를 만들 수도 있습니다. 레이아웃이 팽창된 후에는 소스코드와 관계없이 뷰 계층 구조의 어느 위치에서나 더 많은 뷰를 추가 할 수 있습니다.

4) 매니페스트에서 액티비티 선언

앱의 각 액티비티는 매니페스트 파일의 <application> 태그 안에 <activity> 태그 내에 선언되어야 합니다. 안드로이드 스튜디오에서 새 프로젝트를 만들거나 프로젝트에 새 액티비티를 추가하면 매니페스트 파일이 생성 및 갱신됩니다. 다음은 MainActivity에 대한 선언입니다.

코드 XIV-2 매니페스트 파일에 액티비티 선언

```
<activity
      android:name=".MainActivity"
      android:exported="true">
      <intent-filter>
          <action android:name="android.intent.action.MAIN" />
          <category android:name="android.intent.category.LAUNCHER" />
      </intent-filter>
</activity>
```

〈activity〉 태그는 레이블, 아이콘, 또는 테마와 같은 액티비티의 속성을 정의하기 위한 많은 속성이 포함되어 있습니다. 유일한 필수 속성은 android : name이며 액티비티의 클래스 이름(예: "MainActivity")을 지정합니다. 〈activity〉 태크는 인텐트 필터에 대한 선언을 포함할 수 있습니다. 인텐트 필터는 액티비티에서 허용할 인텐트의 종류를 지정합니다.

인텐트 필터는 적어도 하나 이상의 〈action〉 태그를 포함해야 하며 〈category〉 및 〈data〉 항목도 선택적으로 포함할 수 있습니다. 앱의 메인 액티비티에는 시스템이 앱을 시작할 수 있도록 "main" 액션과 "launcher" 카테고리를 정의하는 인텐트 필터가 필요합니다. 안드로이드 스튜디오는 자동으로 프로젝트의 기본 액티비티에 대해 이러한 인텐트 필터를 만듭니다.

〈action〉 태그는 이 응용 프로그램에 대한 주 시작점(main entry point)을 지정합니다. 〈category〉 태그는 사용자가 이 액티비티를 시작할 수 있도록 액티비티가 시스템의 앱 실행기 목록에 등록되어야 한다는 것을 말합니다. 앱의 다른 액티비티도 인텐트 필터를 선언할 수 있지만 메인 액티비티에만 'main' 액션이 포함되어야 한다는 것을 잊지 마시기 바랍니다.

2 액티비티 생명주기와 상태

이 절에서는 액티비티 생명주기, 생명주기의 각 단계에서 작업을 수행하기 위해 구현할 수 있는 콜백 이벤트, 액티비티 생명주기를 통해서 액티비티 인스턴스 상태를 처리하는 방법에

대해 알아봅니다.

1) 액티비티 생명주기

액티비티 생명주기는 액티비티가 생성된 시간부터 소멸하여 시스템이 리소스를 회수할 때까지 액티비티가 가질 수 있는 상태 집합입니다. 사용자가 기기의 앱 및 기타 앱과 상호 작용하면 현재 실행 중인 액티비티가 다른 상태로 변하게 됩니다. 예를 들어, 앱을 시작하면 앱의 주요 액티비티(그림 XIV-2의 Activity 1)가 먼저 시작됩니다. 잠시 후 사용자가 그림 XIV-2의 Activity 2를 시작하면 새로운 액티비티가 생성 및 시작되고 기존 액티비티는 중지됩니다. Acitivy 2를 완료한 후 뒤로 이동하면 Activity 1이 재개됩니다. 이때, Activity 2는 중지되며 더는 필요하지 않게 됩니다. 사용자가 Activity 2를 재개하지 않으면 시스템은 결국 이 액티비티를 영구히 소멸시킵니다.

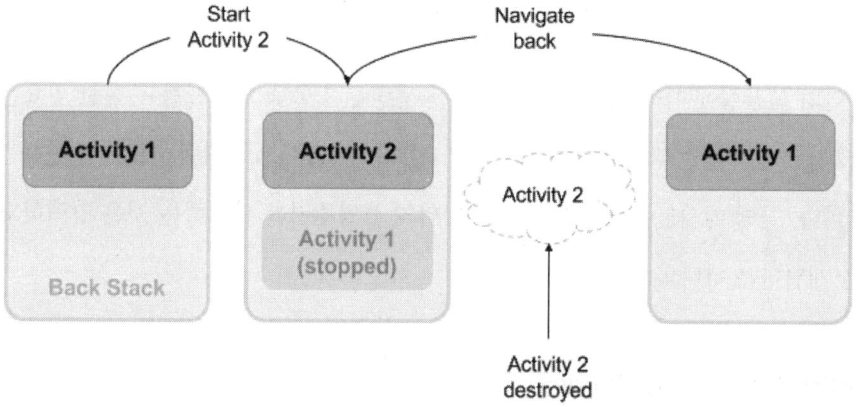

그림 XIV-2 서로 다른 두 액티비티의 상태 변화

2) 액티비티 상태와 생명주기 콜백 메서드

액티비티가 실행된 후 서로 다른 상태로 전환되면 안드로이드 시스템은 각 단계에서 여러 콜백 메서드를 호출합니다. 모든 콜백 메서드는 각 Activity 클래스에서 재정의(override)할 수 있는데, 사용자가 액티비티를 떠났다가 다시 실행할 때 해당 액티비티가 어떻게 동작하는지 정의할 수 있습니다. 생명주기 상태는 앱이 아닌 액티비티 기반으로 이루어지며 각 액티비티의 생명주기에서 서로 다른 지점에서 서로 다른 동작을 구현할 수 있습니다. 그림 XIV-3은 각 액티비티의 상태와 액티비티가 다른 상태로 전환할 때 발생하는 콜백 메서드를 보여줍니다.

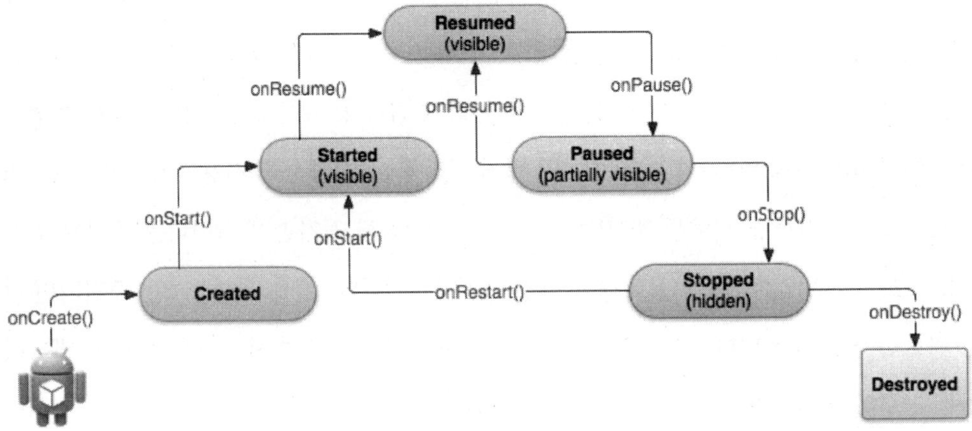

그림 XIV-3 액티비티의 상태와 콜백 메서드 관계

액티비티의 복잡성에 따라 액티비티에서 모든 생명주기 콜백 메서드를 구현할 필요는 없습니다. 그러나 각각을 이해하고 앱이 사용자가 기대하는 방식으로 작동하도록 구현하는 것은 중요합니다. 콜백 메서드를 구현하여 액티비티의 생명주기를 관리하는 것은 강력하고 유연한 앱을 개발하는 하나의 조건이 됩니다.

3) 액티비티의 생성: onCreate() 메서드

액티비티가 처음 생성되면 시스템은 해당 액티비티를 초기화하기 위해 onCreate() 메서드를 호출합니다. 예를 들어 사용자가 홈 화면에서 앱 아이콘을 탭 하여 해당 앱을 시작하면 시스템은 "실행기(launcher)" 또는 "메인" 액티비티로 선언한 앱의 액티비티에 대해 onCreate() 메서드를 호출합니다. 이 경우 액티비티 클래스의 onCreate() 메서드는 다른 프로그램에서의 main() 함수와 유사하다고 생각하면 됩니다.

onCreate() 메서드는 액티비티 클래스에서 구현해야 하는 유일한 필수 콜백입니다. onCreate() 메서드에서 사용자 인터페이스 설정, 클래스 범위 변수 할당 또는 백그라운드 작업 설정과 같이 한 번만 발생해야 하는 기본적으로 앱이 해야할 일을 수행합니다.

4) 액티비티의 시작: onStart() 메서드

액티비티가 onCreate()로 초기화된 후 시스템은 onStart() 메서드를 호출하여 액티비티를 시작합니다. onStart() 메서드는 사용자가 뒤로 가기 버튼을 클릭하여 이전 화면으로 이동한 후에 다시 원래 액티비티로 되돌아올 때도 호출됩니다. onCreate()는 액티비티가 생성될 때 한 번만 호출되지만, onStart() 메서드는 액티비티의 생명주기 동안 여러 번 호출될 수 있습니다.

5) 액티비티의 재시작 및 실행: onResume() 메서드

onResume() 메서드는 액티비티가 초기화되고 화면에 표시된 후 사용할 준비가 되면 호출됩니다. 이 상태는 사용자가 실제로 앱과 상호 작용하는 상태이기 때문에 종종 실행 상태라고 합니다. 액티비티가 처음 시작될 때 시스템은 onStart() 직후에 onResume() 메서드를 호출합니다. onResume() 메서드는 앱이 일시 중지된 상태에서 돌아올 때마다 여러 번 호출 될 수도 있습니다. onStart() 및 onStop() 메서드와 마찬가지로 일반적으로 onResume()을 onPause()에 대응하는 부분으로만 구현합니다. 예를 들어 onPause() 메서드에서 애니메이션을 중지하면 onResume()에서 해당 애니메이션을 다시 시작합니다. 사용자가 액티비티와 상호 작용하는 동안 이 상태로 유지됩니다. 재개된 상태에서 액티비티는 일시 중지된 상태로 이동할 수 있습니다.

6) 액티비티의 중지: onPause() 메서드

액티비티가 일시 중지 상태로 이동하면 시스템은 onPause() 메서드를 호출합니다. onPause() 메서드는 사용자가 액티비티를 떠날 수 있다는 첫 번째 표시이기 때문에 onPause()를 사용하여 애니메이션 또는 비디오 재생, 하드웨어 집약적인 리소스를 해제, 그리고 저장되지 않은 액티비티를 변경하는 것을 중지할 수 있습니다. onPause() 메서드는 빠르게 실행되어야 합니다. 데이터베이스에 영구적인 데이터를 쓰는 것과 같이 CPU 집약적인 작업에는 onPause()를 사용해선 안 됩니다. 앱이 일시 중지된 상태를 통과할 때 화면에 계속 표시될 수 있으며 onPause() 실행이 지연되면 사용자가 다음 액티비티로 전환하는 속도가 느려질 수 있습니다.

7) 액티비티의 정지: onStop() 메서드

액티비티는 더 이상 화면에 표시되지 않을 때 중지된 상태에 있다고 합니다. 이는 일반적으로 사용자가 다른 액티비티를 시작했거나 홈 화면으로 돌아가기 때문입니다. 안드로이드 시스템은 스택에 액티비티 인스턴스를 유지하고 사용자가 액티비티로 돌아가면 해당 액티비티를 다시 시작합니다. 리소스가 부족하면 시스템이 중지된 액티비티를 모두 종료할 수 있습니다. 액티비티가 중지되면 시스템은 onStop() 메서드를 호출합니다. onPause()에 너무 무거운 작업을 포함하여 onPause()에서 아직 릴리스하지 않은 리소스 및 영구적 데이터를 저장하려면 onStop() 메서드를 구현하면 됩니다.

8) 액티비티 소멸: onDestroy() 메서드

액티비티가 소멸하면 완전히 종료되며 액티비티의 인스턴스가 시스템에 의해 회수됩니다. onDestroy()를 사용하여 액티비티가 삭제된 후 해당 액티비티가 다시 실행되지 않도록 완전히 정리합니다.

9) 액티비티 재시작: onRestart() 메서드

다시 시작된 상태는 중지된 액티비티가 다시 시작된 경우에만 발생하는 일시적인 상태입니다. 이 경우 onRestart() 메서드는 onStop()과 onStart() 사이에서 호출됩니다. 중지하거나 시작해야 하는 리소스가 있는 경우 일반적으로 onRestart()가 아닌 onStop() 또는 onStart()에서 해당 동작을 구현합니다.

3 | 인텐트

모든 액티비티는 인텐트로 시작되거나 활성화됩니다. 인텐트는 실행시간에 앱 또는 일부 다른 앱에서 액티비티 또는 기타 앱 구성요소를 시작하도록 요청하는 메시지 객체입니다. 앱이 스마트기기 홈 화면에서 처음 시작되면 안드로이드 런타임(runtime)은 매니페스트 파일에서 MAIN 작업 및 LAUNCHER 카테고리로 정의된 액티비티 앱의 메인 액티비티를 시작하도록 앱에 인텐트를 보냅니다. 어떤 앱에서 다른 액티비티를 시작하거나 기기에서 사용 가능한 다른 액티비티에 의해 수행되는 작업을 요청하려면 인텐트 클래스를 사용하여 고유한 인텐트를 빌드하고 startActivity() 메서드를 호출하여 해당 인텐트를 보내야 합니다.

액티비티를 시작하는 것 외에도 인텐트는 액티비티 간에 데이터를 주고받는데 사용합니다. 새 액티비티를 시작하려는 인텐트를 만들 때 새 액티비티가 작동할 데이터에 대한 정보를 포함할 수 있습니다. 예를 들어, 메시지 목록을 표시하는 이메일 액티비티는 해당 메시지를 표시하는 액티비티에 인텐트를 보낼 수 있습니다. 화면에 표시한 액티비티에는 표시할 메시지에 대한 데이터가 필요하며 해당 데이터를 인텐트에 포함할 수 있습니다.

안드로이드 앱을 구성하는 핵심 컴포넌트 중 세 개 컴포넌트-액티비티, 서비스, 방송수신자-는 인텐트(intent)라고 불리는 메시지를 통해서 활성화됩니다. 인텐트 메세징은 동일 앱 내에 있는 컴포넌트 또는 다른 앱 내에 있는 컴포넌트 간의 시작 시점이 아닌 실행시간에 바인딩하는 도구입니다. 인텐트 자체, 즉 인텐트 객체는 수행되어야 하는 작업에 대한 설명이 있는 데이터 구조입니다.

안드로이드에는 두 가지 유형의 인텐트가 있습니다. 첫째, 명시적 인텐트(Explicit intents)입니다. 이 유형은 액티비티의 정규화된 클래스 이름으로 수신 액티비티(또는 다른 컴포넌트)를 지정합니다. 해당 구성요소의 패키지 및 클래스 이름을 이미 알고 있으므로 명시적 인텐트를 사용하여 자체 앱에서 구성요소를 시작합니다. 예를 들어, 사용자 인터페이스에서 화면 간 이동이 대표적입니다. 둘째, 암시적 인텐트(Implicit intents)입니다. 이 유형은 인텐트를 수신할 특정 액티비티나 기타 구성요소를 지정하지 않습니다. 대신 인텐트에서 수행할 일반 액션을 선언합니다.

4 | 액티비티와 인텐트

안드로이드 프로젝트를 만든 후 기본으로 만들어지는 액티비티 클래스는 MainAcitivity 입니다. 앱을 실행하면 바로 이 액티비티와 관련된 인텐트를 시스템에 전달함으로써 액티비티가 비로소 실행되며 앱을 사용하는 사람은 최초에 MainActivity에서 제공하는 사용자 인터페이스를 접하게 됩니다. 그렇지만, 우리는 프로젝트 생성 후 최초로 앱을 가상 에뮬레이터를 이용하여 실행할 때 MainActivity와 관련된 인텐트를 생성하지 않았습니다. 그 이유는 프로젝트를 만들면 안드로이드 시스템에서 자동으로 MainActivity와 관련된 인텐트를 등록하고 실행하기 때문입니다. 그렇다면, MainActivity 이외에 다른 액티비티를 만들어서 새롭게 만든 액티비티를 MainActivity에서 호출하는 경우에도 인텐트를 만들지 않아도 될까요? 답은 그렇지 않다 입니다. MainActivity이외에 다른 액티비티를 만들어 사용할 때는 인텐트를 선언하여 실행시키기 원하는 액티비티 정보를 담아서 시스템에 알려주어야 합니다. MainActivity에서 인텐트를 생성하여 새롭게 만든 액티비티를 실행시키는 방법을 단계별로 알아보도록 합시다.

1) 액티비티 생성 및 호출

첫 번째 단계로 안드로이드 스튜디오의 프로젝트 탐색기에서 app | java 디렉토리 밑에 있는 패키지를 마우스 오른쪽 버튼을 클릭한 후 그림 XIV-4와 같이 New | Activity | Empty Activity를 차례로 선택합니다.

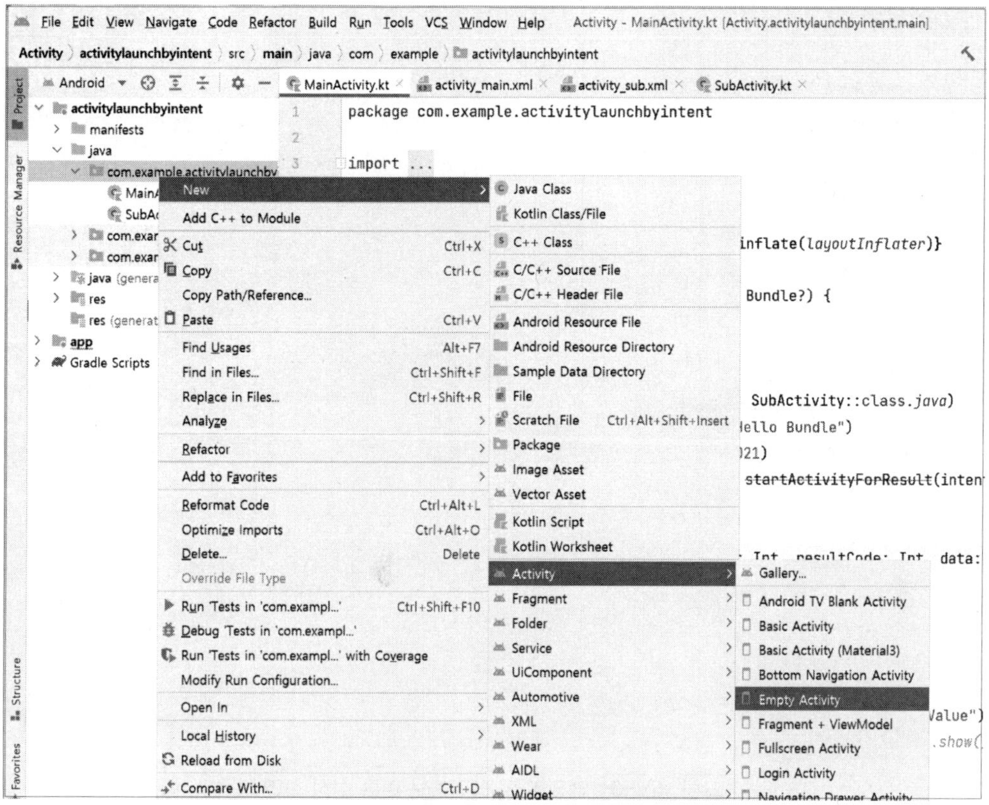

그림 XIV-4 액티비티 생성

두 번째 단계는 아래 그림과 같은 대화상자에서 새롭게 만들 액티비티의 이름을 입력합니다. 액티비티의 이름을 입력하면 자동으로 이 액티비티와 연관된 레이아웃 XML 파일의 이름도 수정되는 것을 확인할 수 있습니다. 액티비티 이름을 그림 XIV-5와 같이 "NewActivity"로 입력합니다. 이렇게 하면 레이아웃 이름도 액티비티 이름에 따라"activity_new"로 수정됩니다. 나머지 설정을 그대로 유지한 채로 Finish 버튼을 클릭하면 액티비티가 생성됩니다.

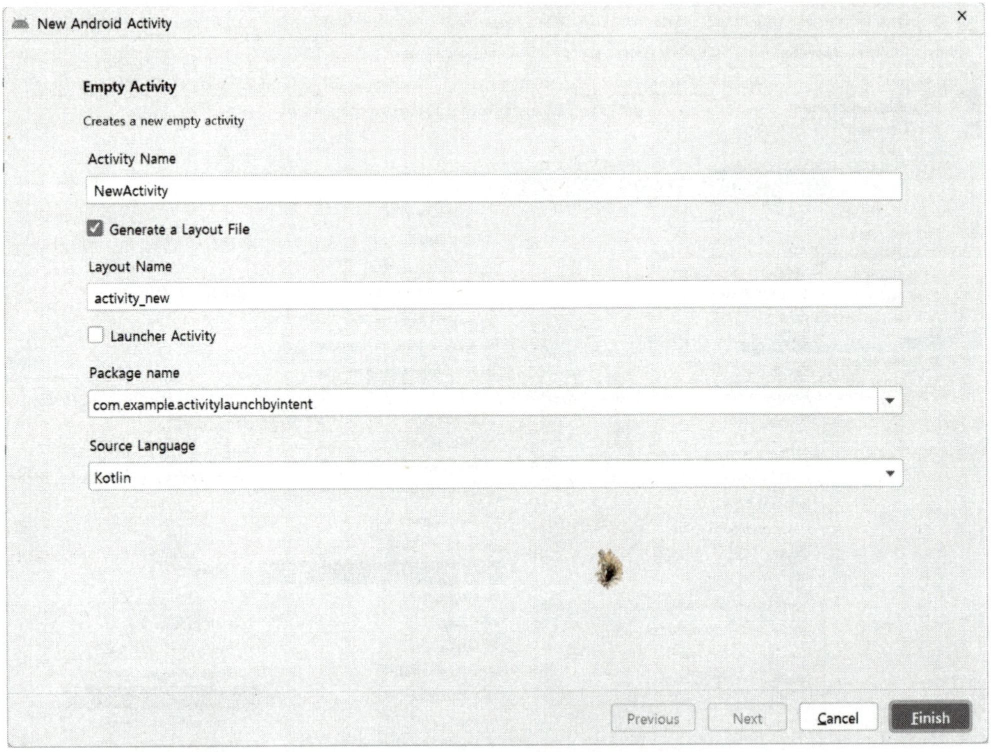

그림 XIV-5 액티비 및 레이아웃 이름 설정 화면

세 번째 단계는 두 번째 단계에서 만들어진 액티비티의 레이아웃을 그림 XIV-6을 참고하여 만듭니다. 단순히 텍스트뷰 하나를 화면 상단에 위치시킨 후 text 속성에 'New Activity', textSize 속성에 '20sp'라고 입력합니다. 또한, 컨스트레인트는 위쪽과 좌우, 이렇게 세 방향으로 연결합니다.

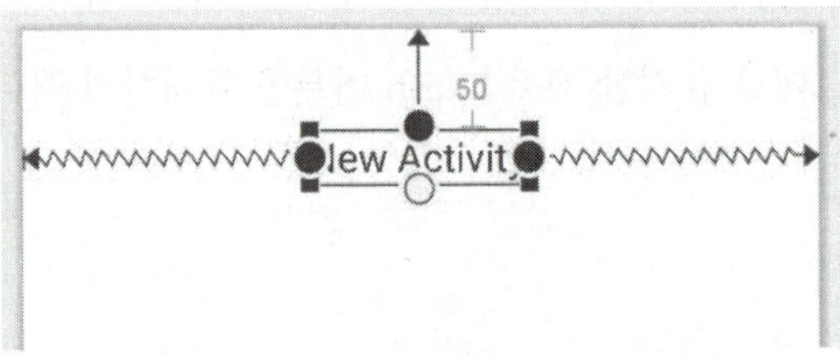

그림 XIV-6 액티비티 레이아웃 설정

다음으로 MainActivity의 레이아웃도 그림 XIV-7을 참고하여 만듭니다. 버튼의 id 속성은 'buttonNewActivity', text 속성은 'New Activity'로 설정합니다. 텍스트뷰의 text 속성은 'Main

Activity', textSize 속성은 '20dp'를 입력합니다.

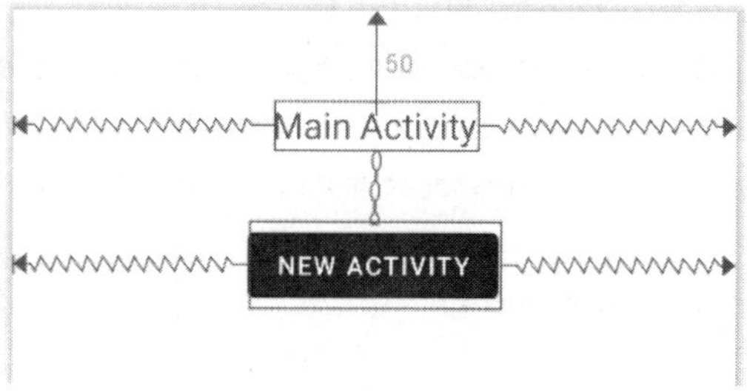

그림 XIV-7 MainActivity 레이아웃 설정

자 이제 MainActivity에서 NewActivity를 실행할 화면 구성 레이아웃에 대한 준비는 끝났습니다. 다음으로 MainActivity의 'New Activity' 버튼을 클릭하면 NewActivity 가 실행되도록 인텐트를 선언하여 해당 인텐트를 시스템에 전달하는 과정을 살펴보겠습니다. 먼저 13장 이벤트 처리에서 이미 설명했던 뷰바인딩 사용 설정을 그래들 파일에서 해주시기 바랍니다. 기억이 나지 않으면 13장을 참고하세요.

MainActivity.kt 파일을 연 후 기존 코드를 아래와 같이 변경합니다. 코드 XIV-3에서 진하고 이탤릭체로 되어 있는 부분이 기존 MainActivity.kt 코드를 변경한 부분입니다. 이 코드의 2번째와 5번째 줄은 뷰바인딩 사용을 위한 부분입니다. 우리는 이와 관련된 내용을 13장에서 이미 살펴봤습니다. 6번째와 7번째 줄을 주목하시기 바랍니다. 먼저 6번째 줄에서는 인텐트를 선언합니다. 인텐트 인스턴스를 생성하면서 새롭게 만든 NewActivity 클래스 이름을 명시합니다. 7번째 줄은 버튼을 클릭했을 때 startActivity 메서드를 통해 6번째 줄에서 생성한 인텐트 인스턴스를 매개변수로 넘깁니다. 이 정보는 시스템에 전달되고 시스템은 전달된 인텐트 정보를 확인하여 문제가 없다면 NewActivity 를 실행시킵니다. 이 과정에서 MainActivity의 상태와 NewActivity의 상태가 변하게 됩니다. 이와 관련된 내용은 이전 절 액티비티의 생명주기와 상태에서 이미 설명하였습니다. 자 그럼 가상 에뮬레이터를 실행하여 우리가 기대한 대로 MainActivity에서 버튼을 클릭할 때 NewActivity가 실행되는지 확인해봅시다. 그림 XIV-8은 MainActivity에서 'New Activity'버튼을 클릭한 후 NewActivity 가 실행된 모습을 보여줍니다.

코드 XIV-3 MainActivity 코드 변경

```
class MainActivity : AppCompatActivity() {
    val binding by lazy {ActivityMainBinding.inflate(layoutInflater)}

    override fun onCreate(savedInstanceState: Bundle?) {
        super.onCreate(savedInstanceState)
        setContentView(binding.root)

        val intent = Intent(this, NewActivity::class.java)
        binding.btnStart.setOnClickListener { startActivity(intent) }
    }
}
```

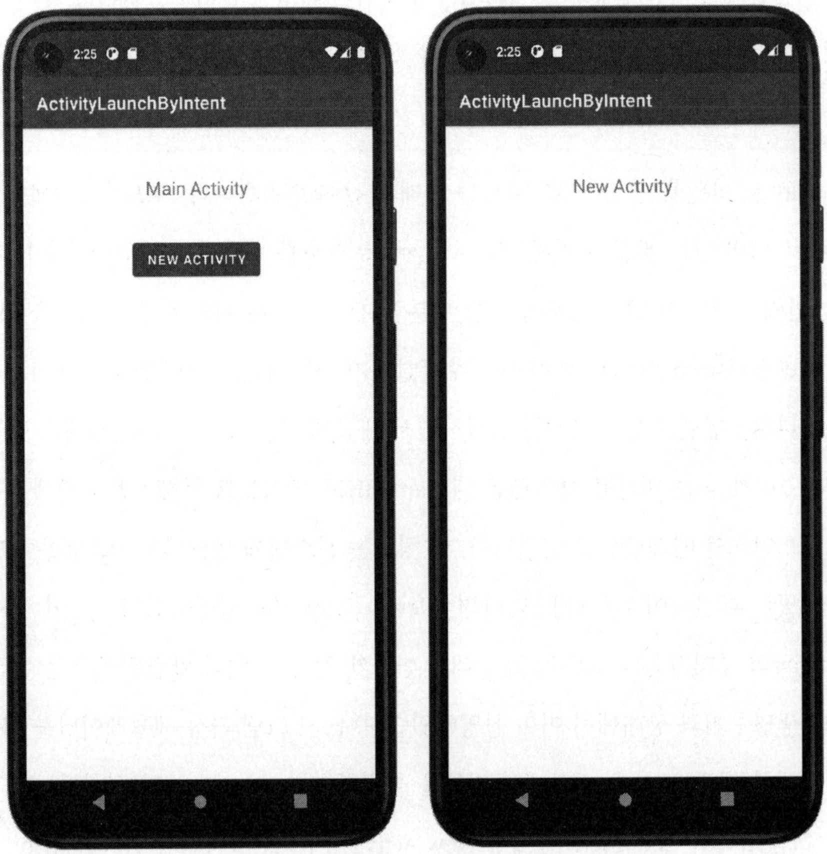

그림 XIV-8 인텐트를 통한 액티비티 실행

2) 액티비티 간 데이터 송수신

지금까지 인텐트를 이용하여 한 액티비티에서 다른 액티비티를 실행시키는 방법을 살펴봤습니다. 즉, 안드로이드 기반 앱은 특정 액티비티에서 다른 액티비티를 직접 호출할 수 없고, 인텐트에 호출할 액티비티 정보를 담아서 인텐트 메시지를 시스템에 전달하여 시스템이 해당 액티비티를 호출하는 방식을 사용한다는 것을 잊지 마시기 바랍니다.

인텐트는 다른 액티비티를 호출하는 목적으로도 쓰이지만, 액티비티 사이에서 정보를 주고받기 위한 목적으로 많이 사용됩니다. MainActivity와 NewActivity 사이에 정보를 주고 받는 방법에 대해 단계별로 알아보겠습니다. 전체적인 시나리오는 다음과 같습니다. 먼저, MainActivity에서 NewAcitivity 로 데이터를 전송하고 NewActivity는 전송받은 정보를 화면에 출력합니다. NewActivity는 MainActivity로부터 데이터를 전달받은 후 자신의 정보를 인텐트에 담아 MainActivity로 전달하고 MainActivity는 NewActivity로부터 전달받은 정보를 화면에 출력합니다. 이 과정을 통해 서로 다른 두 액티비티간 정보 전달이 어떻게 이루어지는지 살펴봅시다.

먼저, MainActivity와 NewActivity의 레이아웃을 아래 그림과 같이 수정하시기 바랍니다. 가상 에뮬레이티어를 통해 앱을 실행하면 제일 먼저 MainActivity 화면이 등장합니다. 가운데 있는 NewActivity 버튼을 클릭하면 MainActivity는 더이상 앱 화면에 등장하지 않고 NewActivity 화면으로 바뀝니다. 이때, MainActivity에서 전달된 문자열 메시지인 "메인 액티비티의 메시지"가 출력됩니다. 마찬가지로 NewActivity에서도 MainActivity 버튼을 클릭하면 미리 저장된 메시지인 "뉴 엑티비티의 메시지"가 인텐트에 담겨서 MainActivity로 전송되고, NewActivity는 종료됩니다. 그리고 앱 화면에는 MainActivity가 다시 등장하여 "전달받은 메시지: 뉴 엑티비티의 메시지"가 화면에 최종적으로 출력되는 것을 볼 수 있습니다. 코드 XIV-4와 XIV-5에 MainActivity와 NewActivity 사이의 데이터 송수신을 위한 코드를 보였습니다. 이 두 코드에서 주목해서 살펴볼 부분을 진하게 그리고 이탤릭체로 표시하였습니다. 아래 주어진 코드를 응용하여 액티비티 사이의 데이터 송수신을 위한 코드를 활용하시기 바랍니다. 마지막으로 그림 XIV-10에 앱의 실행결과를 나타냈습니다.

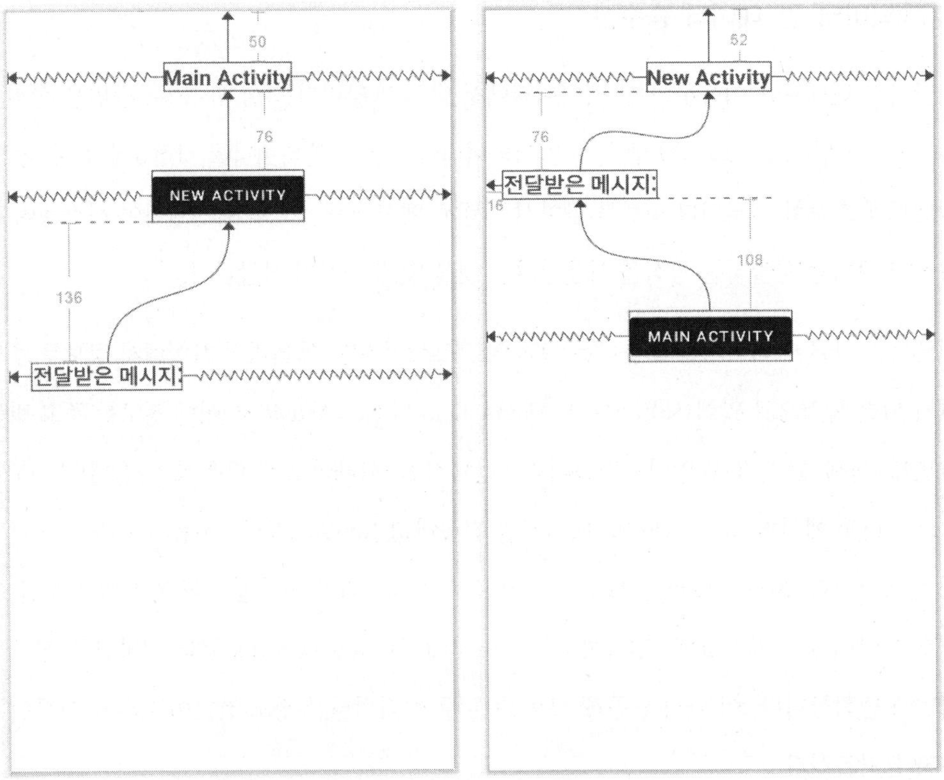

그림 XIV-9 액티비티간 정보 송수신을 위한 레이아웃 설정

코드 XIV-4 인텐트를 통한 액티비티 사이의 정보 전송을 위한 MainActivity 코드

```
class MainActivity : AppCompatActivity() {
    val binding by lazy { ActivityMainBinding.inflate(layoutInflater)}

    override fun onCreate(savedInstanceState: Bundle?) {
        super.onCreate(savedInstanceState)
        setContentView(binding.root)

        // NewActivity 보낼 메시지 변수 msg 선언 및 초기화
        val msg = "메인 액티비티의 메시지"
        // 인텐트 생성: NewActivity 호출
        val intent = Intent(this, NewActivity::class.java)
        // 생성된 인텐트의 putExtra 메서드를 통해 메시지 전달
        intent.putExtra("main", msg)
        binding.buttonNewActivity.setOnClickListener { startActivityForResult(intent, 99) }
    }
    // NewActivity로부터 메시지를 전달받아 MainActivity 화면에 출력
    override fun onActivityResult(requestCode: Int, resultCode: Int, data: Intent?)
{
        super.onActivityResult(requestCode, resultCode, data)
        if(resultCode == RESULT_OK) {
            when(requestCode) {
                99 -> {
                    val message = data?.getStringExtra("new")
                    binding.textRecvMsg.text = "전달받은 메시지: ${message}"
                }
            }
        }
    }
}
```

코드 XIV-5 인텐트를 통한 액티비티 사이의 정보 전송을 위한 NewActivity 코드

```
class NewActivity : AppCompatActivity() {
    val binding by lazy { ActivityNewBinding.inflate(layoutInflater)}

    override fun onCreate(savedInstanceState: Bundle?) {
        super.onCreate(savedInstanceState)
        setContentView(binding.root)

        // MainACtivity로부터 전달받은 메시지를 변수 recvMsg에 저장
        val recvMsg = intent.getStringExtra("main")
        // 전달받은 메시지가 null이 아니면 앱 화면에 출력
        if (recvMsg == null) {
            binding.txtMsg.text = "전달된 메시지 없음"
        }
        else {
            binding.txtMsg.text = "전달된 메시지: ${recvMsg}"
        }
        // 버튼을 클릭하면 메인액티비티로 전달할 메시지를 인텐트에 담아서 전달
        binding.buttonMainActivity.setOnClickListener {
            val myIntent = Intent()
            myIntent.putExtra("new", "뉴 액티비의 메시지")
            setResult(RESULT_OK, myIntent)
            finish()
        }
    }
}
```

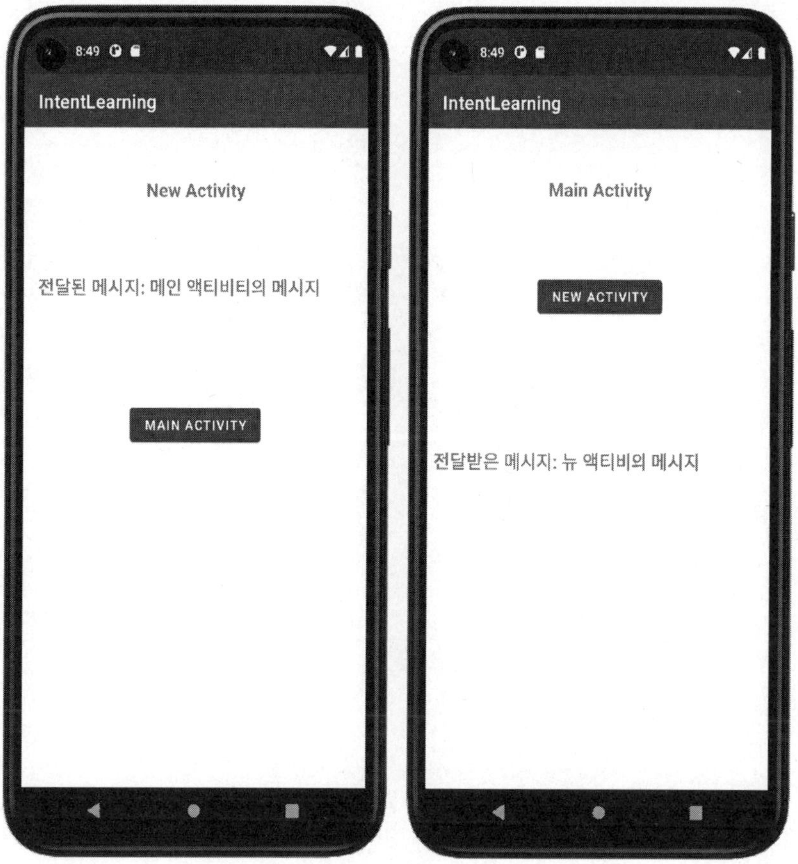

그림 XIV-10 액티비티 사이의 정보 송수신